# 일터에서 지지 않는 법

뵈.뵈.효. 지음

## : 일하는 여성을 위한
## 여성 노무사 4인의
## 실전 코칭

숨쉬는 책공장

# 차례

일러두기

이 책에서는 '노동자'라는 낱말을 주로 썼지만 법령 인용이나 설명 부분에서는
'근로자'라는 낱말을 혼용해 사용했습니다

# 1부
# 페미니스트 노무사가
# 페미니스트
# 노동자에게

_이슬아

# 1장
# 왜 노동법×페미니즘일까?

## 우리를 위한 이름이 생겼다

"취업 준비 해보니까 여자는 나이도 스펙이더라. 기업에
취직하고 싶으면 한 살이라도 어릴 때 준비해."

취업 준비생으로 먼저 살아본 언니들의 조언이었다.
면접에서 "여자인데 나이가……"로 시작하는 말을 심심치
않게 들었다고 했다. 그 말을 들은 언니들 나이는 많아봤자
고작 스물여섯이었다. 취업 후에도 출산이나 육아를 하면서
일을 포기(당)하는 언니들도 여럿 있었다. 당시 내 나이 겨우
스물둘이었지만, 여성 노동자로서 마주할 현실이 순탄치
않으리란 것을 쉽게 짐작할 수 있었다.

내 일을 하며 경제적으로 자립해 살고 싶었던 나는 진로 고민이 깊었다. 그러던 중 '노무사'라는 직업을 알게 됐다. 다양한 노동자를 만나고, 그들의 권리를 지켜줄 수 있다는 점이 매력적이었다. 노동자의 삶이 더 나아지는 데 기여하는 의미 있는 일 같았다. 임신·출산·육아의 과정을 거치고도 활발하게 활동하는 여성 노무사의 특강을 들은 후에는 어떤 안도감도 생겼다. 내가 하고 싶은 일을 실제로 잘 해내고 있는 '여성'의 존재 자체가 용기로 다가왔다. 당시에는 내가 이 일을 '하고 싶은가'만큼이나, 여성으로서도 이 일을 '할 수 있는가'가 중요한 고민이었다.

## 이 모든 것이 '느낌' 아닌 '사실'이었다는 사실

스물다섯 살에 노무사가 되었다. 역량을 키워서 주체적으로 일하고 싶었다. 일반 기업에 취업하는 것보다 노무법인에서 일하는 편이 나을 것 같았다. 그러면 나이도 별문제 되지 않을 줄 알았다. 그런데 웬걸, 노무법인에서는 스물다섯이라는 나이가 너무 어려서 채용에 불리하다는 이야기를 들었다. 자문사나 의뢰인이 어린 여성을 전문가로서 신뢰하지 않을 수 있기 때문이랬다. 여자 나이는 많아도 문제, 적어도 문제였다.

그깟 나이 먹어주는 것이야 어렵지 않다는 마음으로, 그간 하고 싶었지만 미뤄온 일들을 해나갔다. 그중에는 '공익인권법재단 공감'에서의 자원 활동도 있었다. 마침 나는 여성인권 파트에 배정되어 관련 이슈를 모니터링하고 자료를 찾거나 토론회와 세미나에 참석했다. 그러면서 내 고민은 더욱 깊어졌다.

　여성 노동자에게는 '노동자'로서 마주하는 현실에 더하여 '여성'이기에 마주하는 현실이 따로 있었다. 직장에서 페미니스트임을 밝혔을 때 일어나는 일(그게 뭐라고!), 성희롱을 당한 피해자가 신고를 했다가 도리어 2차 피해를 입는 일(말이 되냐고!) 들을 보며 받은 충격이 지금도 생생하다.

　금융권 채용 성차별 비리를 보면서는, 취업이 어려워 고생했던 주변 언니들이 떠올라 마음이 아팠다. 나이고 뭐고 그냥 '여성'이라는 이유만으로도 채용에서 불이익을 받은 사람들이 있음을, 회사는 점수를 조작하고 성비를 내정하면서까지 '여성'을 떨어뜨렸음을, 이 모든 것이 '느낌'이 아니라 '사실'이었음을 확인한 순간이었다. 본격적으로 노무사 일을 시작하기도 전에 여성 노동자의 현실이 무겁게 다가왔다.

## 아가씨, 노무사 바꿔주세요

　여성에 대한 채용 차별을 합리화하는 이들이 제시하는 근거는 보통 '임신·출산 가능성'이다. 비혼·비출산을 택하는 여성들이 늘어나고 있지만, 그들도 역시 '가능성'만으로 불이익을 받는다. 나 역시 그런 이유로 결혼 시기를 고민했다. 애인과 결혼하기로 결정했으니 본격적으로 일하기 전에 결혼식을 치러놓는 게(?) 편할 것 같았지만, '기혼자' 타이틀이

취업에 방해가 될까 봐 걱정이었다. 실제로 결혼은 취업 후에 하는 것이 좋겠다고 조언해주는 여성 노무사 선배들이 많았다. 물론 기혼자라는 이유로 불이익을 주는 노무법인이라면 들어가봤자 고생길이 훤하니 애초에 피하는 게 낫다는 선배도 있었다.

좌충우돌 끝에 다행히 평등한 조직문화를 자랑하던 일터에서 일하게 됐지만, 그렇다고 사회 전반에 깔린 성차별적 문화에서 자유로울 수는 없었다. 노동 상담을 할 때면 내담자에게서 심심치 않게 '아가씨'라고 불렸다. '아가씨'가 아니라 노무사라고 말해도 그들은 마치 습관처럼 아가씨를 찾았다(물론 남성 노무사에게 '아저씨'라고 부르지는 않았다).

내가 상담 전화를 받으면 상대가 대뜸 "노무사 바꿔주세요"라고 말하는 경우도 많았다. "네, 제가 노무사입니다. 말씀하세요" 하면, "정말 노무사 맞아요?"라고 되묻기도 했다. '여성' 노동자가 노동법률 '전문가'라는 것이 믿기지 않는 모양이었다. 악의가 아니라 편견에 의한 것임을 알기에 더욱 씁쓸했다.

다른 여성 노무사들의 성토를 들어보면 내 경험은 너무 흔하고 진부한 축에 속했다. 어떤 선배 노무사는 의뢰인에게서 이런 말을 듣기도 했다.

> "내 말을 고분고분 잘 들어줄 줄 알고 일부러 여자를 골랐는데, 왜 내 말대로 안 하는 거야?"

여성 노동자를 '여성'으로만 바라보는 것도 문제지만, 그마저도 살아 있는 여성이 아니라 그저 여성에 대한 고정관념의 집합이었다. 동일한 일을 하더라도 여성 노동자는 더 많은 감정 노동을 요구받고, 각종 성차별적 발언과 성희롱에 노출되기 쉬웠다. 출산휴가나 육아휴직 사용을 거부당했다거나, 사용했다는 이유로 불이익을 받았다는 상담 전화도 자주 걸려왔다. 다양한 노동자들과 사건을 접하며 내 문제의식은 커져만 갔다.

## '페페로'가 탄생하다

그러던 중 노동인권실현을위한노무사모임(이하 '노노모')에서 페미니즘에 관심이 많은 노무사들을 만났다. 그들과 함께, 여성 노동자로 일하며 겪는 어려움을 나누고, 나아가 전체 여성 노동자의 현실을 고민하기로 했다. 공부가 더 필요한 부분이 보였고, 하고 싶은 활동도 많았지만, 일단 여수진 노무사의 기획으로 '페미니스트 노동자를 위한 노동법' 강의를 시작했다. 최여울 노무사가 이 강의에 '페페로(페미니스트 노무사가 페미니스트 노동자에게 알려주는 노동법)'라는 이름을 붙였다. 마르지 않는 열정의 김한울 노무사는 첫 시도에 대한 우리의 부담감과 걱정을 자주 덜어주었다.

2019년 12월, 처음으로 강좌를 열었다. 아무도 신청하지 않으면 우리끼리 공부나 하는 계기로 삼자며 일을 벌였는데,

너무 많은 분들이 신청해주셔서 조기 마감을 해야 했다. 이러한 기획 자체를 반기고 응원하는 여성들이 많았다. '여성'이라는 이유로 유사한 노동 현실에 놓여본 경험이 있는 이들이었다. 덕분에 강의실은 '페미니스트 노동자'라는 연대감으로 충만했다. 많은 참여자들이 이러한 시도가 계속되길 바란다며 애정 어린 격려와 조언을 건넸고, 어떤 분은 강의 마지막 날 이런 기획을 해줘서 고맙다며 우리 손을 잡고 울기도 했다.

여성 노무사로 일해온 지난 시간 동안 나는, 나를 노무사이기 전에 '여성'으로 바라보는 시선이 불편했다. 여성이라는 틀에 갇히는 게 싫었다. 하지만 '여성', '페미니스트' 노무사이기에 할 수 있는 일도 있었다. 페페로와 함께하는 것이 그 시작이었다.

## '여성 노동'이 의미하는 것

학습지 교사, 어린이집 보육교사, 요양보호사.

우리 엄마가 거쳐온 직업의 이름들이다. 이 직업들에는 두 가지 공통점이 있다. 첫째는 여성들이 주로 종사하는 직종이라는 점이고, 둘째는 임금이 낮고 고용이 불안정하다는 점이다. 그런데 이 두 가지 공통점은 사실 둘이 아니라 하나다. 여성들이 주로 종사하는 직종은 대개 임금이 낮고 고용이 불안정하니 말이다.

혹자는 여성들이 주로 하는 일이 '쉽고 편한 일'이라서 그렇다는데, 엄마의 삶을 옆에서 지켜본 나로서는 고개를 갸우뚱할 수밖에 없다. 엄마의 노동이 단 한 번이라도 쉽고 편했던 적이 있던가? 임금과 고용안정성이 결정되는 방식은 과연 공정하고 합리적인가?

## 방광염, 역류성식도염, 근골격계질환, 화상, 폐암…

엄마가 학습지 교사를 하던 시절에는 화장실이 가장 큰 문제였다. 빡빡한 수업 일정을 소화하며 서둘러 이동하느라 공중화장실을 찾아갈 시간이 없었다. 그렇다고 학생 집 화장실을 이용해도 괜찮은지 매번 양해를 구하기도 쉽지 않았다. 엄마는 결국 수업을 하는 동안 물을 한 모금도 마시지 않는 방법을 택했고, 학부모가 마실 것을 챙겨줄 때마다 미안해하며 거절해야 했다.

실제로 학습지 교사들은 방광염에 걸리는 비율이 상대적으로 높다. 그야말로 직업병이다. 그렇게 일해도 기본급이 정해져 있지 않아서 최저임금조차 받지 못할 때가 많다. 학습지 교사는 노동자가 아니라 '회원 수만큼 성과급을 가져가는 개인사업자'라는 이유로 노동법의 보호를 제대로 받지 못하기 때문이다. 그러나 이 '사업자'들은 정규직인 회사 직원들에게서 회원 모집에 대한 영업 압박을 끊임없이 받는다. 한마디로 일할 때는 노동자, 돈 받을 때는 개인사업자다.

어린이집 보육교사를 하던 시절에는 점심을 제대로 못 먹는 게 문제였다. 근로계약서상에는 점심시간을 쉬는 시간이라고 명시하고 무급으로 처리하지만, 대부분 보육교사에게 실제 점심시간은 노동시간이나 마찬가지다. 아이들이 밥을 먹을 수 있도록 지도하고 돕는 것이 우선이기 때문에, 교사 자신은 허겁지겁 먹거나 제대로 먹지 못하기 일쑤다. 그렇다 보니 많은 어린이집 보육교사들이 역류성식도염을 달고 산다.

그뿐 아니다. 잠시라도 한눈을 팔면 아이들이 다칠 수 있기 때문에 매 순간 집중해야 한다. 돌보아야 하는 아이들이 있는 한, 절대 편하게 쉴 수가 없다. 또한 몸무게가 10kg이 넘는 아이들을 들어올리고 돌보는 것도 여간 힘든 육체노동이 아니다. 그 시절 엄마는 한쪽 팔을 제대로 들기 힘들 만큼 몸이 상하기도 했는데, 퇴사를 하고 나서야 회복되었다. 이렇게 육체노동과 정신노동을 골고루 해낸 대가는 역시 최저임금 수준이었다.

요양보호사는 또 어떤가. 요양보호사는 간병인과 달리 환자의 건강, 안전, 심리 상태 등 모든 것을 책임지고 돌본다. 피보호자의 밤사이 안부를 물으며 아침을 시작하고, 단순히 기저귀만 교체하는 것이 아니라 다친 곳은 없는지, 염증이 생기거나 불편한 곳은 없는지도 체크한다. 손톱 깎기, 면도, 목욕은 물론, 이·미용을 도울 때도 있다.● 몸을 제대로 가누지 못하는 이들을 씻기거나, 욕창을 방지하기 위해 자세를

● 　이은주,《나는 신들의 요양보호사입니다》(헤르츠나인, 2019), 288쪽.

바꾸어줘야 할 때 얼마나 큰 힘이 들지 상상해보면, 그들이
근골격계질환을 달고 사는 이유를 짐작할 수 있다.

치매 증상을 보이는 이들이 같은 말을 반복하거나
위험한 행동을 할 때도 존중을 바탕으로 돌보아야 한다.
3교대 근무를 하며 수면 장애를 겪기도 하고, 365일을 함께한
이들을 하늘나라로 떠나보내는 슬픔을 겪기도 하지만, 그러한
정신적·육체적 노동의 대가 역시 최저임금 수준이다.

지금까지 설명한 노동들은 일종의 돌봄노동이다.
전통적으로 여성이 무급으로 수행해온 노동으로, 유급노동으로
전환된 후에도 그 가치를 제대로 평가받지 못하고 있다. 적어도
노동 강도는 전혀 고려되지 않는 것으로 보인다.

가사노동과 관련이 깊은 직업도 마찬가지다. 이를테면
학교 급식노동자를 생각해보자. 주로 여성으로 이루어진
급식노동자들이 근골격계 통증을 호소하는 정도는
근골격계질환의 유병률이 높다고 알려진 농업인이나 선박
제조업종 노동자들의 호소율보다 높았다.[*] 노동자 1인당 평균
100명이 넘는 학생의 급식을 만들어야 하는 이 일은 노동
강도가 높을 뿐 아니라 사고의 위험도 많다. 많은 노동자가
화상을 입거나 미끄러운 급식실 바닥에서 넘어지고, 칼에
베이거나 음식물 처리기 등 기계에 손가락이 잘리기도 한다.[**]

[*]   전국학교비정규직노동조합, 〈학교급식실 산업안전실태조사결과 발표 및
      급식실 노동환경개선 촉구 기자회견 보도자료〉, 2019.06.27.
[**]  정환봉 기자, 〈급식노동자 94%가 '골병' … "튀김하는 날은 가스실 같다"〉,

환기 설비가 제대로 갖춰지지 않아서 폐암이 발병하는 경우도 많다. 그럼에도 대개는 저임금에 비정규직이다.

## 한국 여성 2명 중 1명은 비정규직

여성의 노동이 저평가되는 현상은 비단 돌봄노동과 가사노동에 국한되는 것도 아니다. 출판사, 디자인회사, 사회복지기관 등 노동자 수가 50명을 넘지 않는 소규모 회사는 대규모 회사에 비해 여성을 많이 채용한다. 이러한 회사의 노동조건은 상대적으로 열악하다. 반면 300명 이상의 노동자가 일하는 금융 및 IT업계 회사는 남성을 많이 채용한다. 물론 50명 미만의 노동자가 일하더라도 로펌과 같은 고수익 회사는 이른바 '남초회사'다.•

그런데 여성을 충분히 채용하지 않는 대기업에서도, 계약직이나 보조적인 업무를 하는 직군에서는 '여성만' 뽑기도 한다. 이를테면 회계나 경리 업무를 수행하는 직군을 따로 만들어 모두 계약직으로 채용하는데, 대부분 여성이다. 이들은 기간제법에 의해 무기계약직으로 전환된다 하더라도 처음부터 정규직으로 채용된 사람들과는 달리 승진이 없고 호봉제 적용도 안 된다. 이렇게 여초 직군을 따로 구분해놓는 관행은

---

《한겨레》, 2019.06.25.
• 한국여성민우회 여성노동팀, 《회사의 조직문화를 고민하는 ___의 책상 위에 올려놓고 싶은 책》(한국여성민우회, 2018), 102~103쪽.

금융업체, 제조업체, 유통업체를 가리지 않고 존재한다.

2021년 기준, 한국은 OECD 국가 중 최악의 성별 임금 격차를 기록했다. 많은 사람들이 성별 임금 격차의 원인을 여성의 경력 단절로 꼽는다. 하지만 대졸 20대 청년층의 졸업 직후 성별 소득 격차를 분석한 결과에서도 여성의 소득은 남성보다 19.8% 적었다. 가족 배경이나 성별에 따른 세부 전공 차이, 출신 대학의 순위 차이, 기타 다른 모든 인적 자원 변수를 통제해도 이 격차는 거의 달라지지 않았다. 같은 학교, 같은 학과, 같은 학점을 받아도 경력 초기 노동시장에서 여성의 소득은 남성의 소득보다 17.4% 낮았다.

성별 소득 격차는 '여성이 제조업 등의 어렵고 힘든 일을 기피하기 때문'에 생긴다는 반론을 검증하기 위해서 농림어업, 광업, 제조업, 건설업 취업자를 제외하고 분석했으나 결과는 큰 차이가 없었다.[*] 오히려 직종 내 여성 비율이 10% 높아지면 평균 임금이 1.5% 하락한다는 연구 결과도 있다.[**]

2022년 8월 기준, 여성 임금근로자 중 비정규직 비율은 46%다. 여성 2명 중 1명꼴로 비정규직이라고 해도 과언이 아니다. 이는 남성 임금근로자 중 비정규직 비율인 30.6%에

[*] 김창환·오병돈, 〈경력단절 이전 여성은 차별받지 않는가? 대졸 20대 청년층의 졸업 직후 성별 소득격차 분석〉, 《한국사회학》 제53집 제1호(한국사회학회, 2019), 196~197쪽.
[**] 최세림·정세은, 《성별 직종분리와 임금격차》(한국노동연구원, 2019), 71쪽.

비해 꽤 높은 편이기도 하다.●

    IMF 경제위기를 회상할 때 많은 사람들이 '고개 숙인 아버지'를 연상하지만, 실제로 그 당시 해고 대상자 1순위는 여성 노동자였다. 남성을 생계 부양자로 상정하는 가부장제의 이데올로기는 여성 노동자를 '반찬값 정도만 벌면 되는 보조자'로 전락시켰다. 여성이 노부모를 부양하고 있는 가장인지, 혼자 자녀를 키우고 있는 싱글맘인지 등은 고려하지 않았다. 경기가 조금 회복된 후에도 여성들이 많이 종사하는 직무는 비정규직화되었다.

    여성이라는 이유로 임금을 낮게 받고 고용이 불안정할 수 있다니, 21세기라는 것이 믿기지 않을 만큼 이상하고, 때로는 지겹기까지 하다. 그러나 이것이 여성들이 마주하는 현실이다. 어쩌면 아직 발견하지 못한 문제가 곳곳에 있을지도 모른다. 이를 찾아내는 것부터가 여성 노동자의 현실을 개선하는 첫 걸음이 아닐까.


## 여성 노동자라면 노동법을 더욱 잘 알아야 한다


    "알바도 연차가 있나?"


●   〈경제활동인구조사〉근로형태별 부가조사(통계청, 2022.08.).

내가 모 공공기관에서 일할 때 상급자에게 들은 말이다. 일주일에 총 20시간을 일했으니 소위 '아르바이트'였다. 계약 기간이 두 달인 기간제 노동자이기도 했다. 한 달을 개근한 후에 연차를 쓰겠다고 말했다. 딱히 일이 있는 것은 아니었고, 그냥 쉬고 싶었다. 상급자는 연차를 쓰겠다는 내게 눈치를 주려는 게 아니라, 정말로 알바노동자에게 연차가 있다는 사실을 모르는 것 같았다.

> "노무사 공부 할 때 알았는데, 5인 이상 사업장에서 주 15시간 이상 일하는 노동자에게는 연차가 있어요."

상급자에게 말했지만, 그는 노무사가 무엇인지도 모르는 것 같았다. 그리 놀랄 일은 아니었다. 노무사 한다고 하면 어떤 '농사'를 짓느냐고 묻는 사람들도 있었으니까.

상급자는 갸우뚱하면서 곧바로 기관의 인사팀에 문의를 하더니, 연차를 써도 된다고 했다. 이런 적은 처음이라는 말도 덧붙였다. 여러 생각이 스쳐 지나갔다. 이 공공기관에서 일한 알바노동자는 왜 연차를 쓰지 않은 걸까? 회사에 눈치가 보였을까? 설마 연차를 쓰기 싫었을까? 연차를 안 썼다면 연차수당은 받았을까?

## '작은' 회사가 그렇지, 뭐?

오랜 시간이 지나지 않아 그 답을 짐작할 수 있었다.

연차를 쓴 이후로 그 기관에서 일하던 여러 사람들이 내게 노동법을 물었다. 그리고 "아르바이트도 연차가 있다는 걸 처음 알았다"고 덧붙였다. 노동자들조차도 단시간 노동자에게는 권리가 제한된다고 지레짐작한 것이다.

회사 규모에 따라서도 비슷한 오해가 있다. 노동자 7명이 일하는 식당에서 평일 오후 5시부터 12시까지 일하던 여성 노동자를 상담한 적이 있다. 살펴보니 연장근로 및 야간근로가산수당부터 연차휴가미사용수당까지 한 번도 받지 못한 상황이었다. 그러나 노동자와 사용자 모두 노동법 위반 사실을 모르고 있었다. 작은 회사라서 노동법이 적용되지 않는다고 알고 있었던 것이다. 계산해 보니 1년 남짓한 재직 기간 동안 체불액이 수백만 원에 달했다.

단순히 '단시간 노동자'라서, 혹은 '소규모 회사'라서 노동법이 적용되지 않는 것은 아니다. 또한 노동법은 어디까지나 최저 기준일 뿐이므로 근로계약서나 취업규칙, 단체협약에서 노동법 이상의 권리를 보장하고 있지는 않은지 확인할 필요도 있다.

물론 현행 노동법에서 일주일에 15시간 미만으로 일하는 노동자(이를 초단시간 노동자라고 부른다)에게 주휴수당이나 퇴직금 등 여러 가지 권리를 보장하고 있지 않기 때문에 이러한 오해가 생기는 것이 이해 못 할 일은 아니다.

## 여성의 노동법과 남성의 노동법은 정말 같은가

2022년 기준, 여성 시간제 노동자가 남성 시간제 노동자보다 약 2배 가까이 많았다.[•] 또한 많은 여성들이 규모가 작은 회사에서 일한다. 노동법이 제대로 지켜지지 않기 쉬운, 혹은 노동법으로부터 소외된 노동환경에 놓여 있다는 뜻이다.

**2022년 사업장 규모별 여성 노동자 수 비율**(자료: 통계청)

| 1~4인 | 5~29인 | 30~99인 | 100~299인 | 300인 이상 |
|---|---|---|---|---|
| 35.4% | 34.1% | 15.5% | 6.6% | 8.4% |

게다가 대기업 정규직으로 일하는 여성 노동자라고 해서 노동권을 완벽히 보장받는 것도 아니다. 똑같이 노동법을 잘 몰라도 유독 여성 노동자가 피해를 입기 쉬운 영역이 있다. 임신·출산·육아와 관련된 부분이 그렇다. 이 영역은 '법적 권리'가 아니라 '회사 복지'라는 오해도 받는다.

출산휴가는 노동자가 별도의 신청을 하지 않아도 사용자가 의무적으로 부여해야 한다. 그런데 출산휴가 90일을 꽉 채워서 썼다고 핀잔을 주거나, 법적으로 당연한 휴가를

---

[•] 2022년 8월 통계청 〈경제활동인구조사〉 근로형태별 부가조사에 따르면, 시간제 노동자 중 여성은 256만 2,000명이고, 남성은 112만 5,000명이다.

부여하고는 인심을 쓴 듯 생색내는 사용자도 있다.

　육아휴직을 사용하고 싶은데 회사가 허락하지 않는다고, 포기해야 하냐는 지인의 연락을 받은 적도 있다. 법적 요건에 맞게 신청한 육아휴직은 사용자가 허용해야 하므로 기록에 남는 방식으로 신청하라고 조언했다. 다행히 지인은 육아휴직을 사용할 수 있었지만, 이를 알지 못하는 많은 노동자들이 부당하다는 인식도 없이 쉽게 권리를 포기(당)할 수 있겠다는 생각이 들었다. 육아휴직을 사용하지 못해서 퇴사를 결정하는 노동자가 여전히 많고, 이때 떠밀려 나가는 노동자는 대개 여성이다.

　여성 노동자는 직장 내 성희롱으로 인해 안전하게 일할 권리를 침해받기도 쉽다.〈2022년 국가인권위원회 성희롱 진정사건 백서〉만 보아도 지난 10년 동안 국가인권위원회에 제기된 성희롱 진정 사건 중 여성이 피해자인 경우가 85.5%로 나타났다. 본인이 예민한 건 아닌지 의심하거나, 신고했다가 불이익을 받을까 봐 걱정되어 참고 넘어간 여성들까지 합하면 더욱 많을 것이다.

### 모르는 게 당연하지만, 그럼에도 알아야 하는 이유

　내가 노무사가 되었다는 소식이 전해지면서 그동안 연락이 뜸했던 지인들과 통화할 기회가 자주 생겼다. 노무사가 어떤 직업인지 정확히는 몰라도, 노동법과 관련된 일을 한다고 하니 이것저것 물어보고 싶은 듯했다. 가족, 친구, 친척, 심지어

지인의 지인에게서도 연락이 왔다.

야근을 밥 먹듯이 하는데 시간외근로수당은 못 받는다는 이야기, 공휴일이 연차로 대체되었다는 이야기, 갑작스럽게 해고를 당했다는 이야기, 일터에서 성희롱을 당했다는 이야기, 육아휴직 사용을 거부당했다는 이야기 등등 상담 내용은 참으로 다양했다. 하지만 질문을 하는 사람들 모두가 공통적으로 하는 말이 한 가지 있다.

"미리 알았더라면 좋았을 텐데!"

우리가 노동법을 잘 모르는 건 어쩌면 당연하다. 정규 교육 시간에 제대로 배울 기회가 없었기 때문이다. 최근에야 중·고등학교에 노동인권교육 시간이 배정되기도 하지만, 그마저도 1년에 2시간 남짓이다. 심지어 사법고시를 치렀거나 로스쿨을 졸업한 법조인 중에도 간혹 '노동법은 비주류 과목이라 생소하다'고 말하는 사람들이 있으니, 일반인에게는 오죽 낯설게 느껴질까.

하지만 우리는 낯섦을 이겨내고 노동법과 친해져야 한다. 부당한 경험을 하기 쉬운 약자의 위치에 있을수록, 문제의식이 있을수록, 자기 권리를 지키고 싶을수록 그러는 수밖에 없다. 그중에서도 열악한 노동조건이나 노동환경에서 일하는 경우가 많고, 직장 내 성희롱처럼 부당한 경험을 하기 쉬운 여성 노동자들이 노동법을 더욱 잘 알았으면 좋겠다. 최소한 법적으로 보장된 권리만이라도 당당하게 행사하기를 바란다.

'이런 작은 회사에서 무슨 노동법이냐'고 큰소리치는 사장이 있다면, '노동법은 노동자가 인간다운 생활을 할 수 있는 최소한의 권리'라고 한 수 가르쳐주자. 혹 사장이 법적으로 당연한 의무를 지키고는 큰 인심이라도 쓴 것처럼 생색낸다면, 참 대단한 일 하셨다는 표정으로 피식 웃어 주는 것도 방법이겠다.

# 2장
# 노동법의 시작과 지금을 만들어온 여자들

## 노동법의 탄생에 여성 노동자가 있었다

"성냥팔이 소녀를 아시나요?"

노동법 교육을 할 때 심심치 않게 던지는 질문이다. 많은
사람들이 동화의 구체적인 내용은 기억하지 못하더라도,
마지막 장면은 어렴풋이 떠올리곤 한다. 추운 겨울날, 거리에서
성냥을 팔다가 얼어 죽은 소녀의 모습 말이다. 그런데 성냥팔이
소녀 이야기의 마지막 장면은 그저 동화 속에만 존재했던
비극이 아니다.

19세기 산업혁명 시대에 성냥공장은 아이들을 착취하며
운영됐다. 아이들은 저임금에 하루 10시간이 넘는 장시간

노동을 하면서도 쉽게 저항하지 못했다. 심지어 그들은 성냥공장에서 나오는 유독성 물질에도 노출되었다. 직업병에 걸려 턱뼈가 무너져 내리는 아이들을, 공장은 해고하기 바빴다. 아이들 손에 성냥 한 줌만 쥐어준 채로 말이다.

아이들은 공장에서 받은 성냥을 팔면서 생명을 이어가다가 동화에서처럼 길거리에서 죽어갔다. 이처럼 산업혁명 당시 노동자들은 일 때문에 다치거나 아파도 제대로 보상받지 못했고, 특히 어린이와 청소년 노동자의 사망률이 극도로 높았다.

노동법이 없던 시대에 노동자는 사용자의 노예나 다름없었다.

1888년 런던, 브라이언트 앤드 메이를 상대로 파업에 돌입한 여성 노동자들(출처: Wikimedia Commons)

노동자는 생존을 위해 싸웠다. 1888년 런던의 브라이언트 앤드 메이(Bryant and May) 성냥공장의 어린 여성 노동자들이 파업을 일으키면서 비로소 성냥공장의 유해물질 사용이 금지되기 시작했다. 오늘날 사회적·경제적 약자인 노동자를 보호하기 위한 노동법은 이러한 투쟁의 산물이었다.•

•    강진구 기자, <성냥공장 아동착취 고발…163년 지나도 노동 참극은 현재 진행형>, 《경향신문》, 2018.12.22.

## 몇천만의 여성 방직 노동자, 거리로 나오다

그렇다면 한국에서는 노동법이 어떻게 만들어진 걸까?
우리나라 노동법은 1953년 한국전쟁 상황에서 만들어졌기에,
정부의 '체제 안정화 장치'의 결과물로 평가되기도 한다.
이승만이 국민과 노동자를 포섭해, 자신의 정치적 위기감을
극복하고 권력 기반을 공고히 하기 위해 노동법을 제정했다는
것이다.[•] 하지만 노동법 입법이 촉진되기까지, 대한민국 정부
수립 후 가장 치열한 다툼으로 평가되는 조선방직 노동자들의
투쟁이 있었다.

1948년 대부분의 여성 노동자는 농업에 종사했고,
공업에 종사하는 소수 중 약 66%가 방직공업에 종사했다.
방직공장은 실을 뽑아서 천을 짜는 공장인데, 대표적으로
당시 부산에 조선방직공장이라는 대규모 공장이 있었다.[••]
지금도 부산 범일동 일대를 '조방앞'이라고 부르는데, 이는
'조선방직앞'에서 유래한 것이라고 한다.[•••]

그런데 1951년 9월, 당시 대통령 이승만의 심복이었던
강일매가 조선방직공장의 사장으로 취임하면서 문제가 생기기

---

[•]  유혜경, 〈이승만정권시기의 노동운동과 노동법: 단독정부수립후 1953년
     노동법제정 전후의 상황을 중심으로〉,《노동법학》제30호(한국노동법학
     회, 2009), 132쪽.
[••] 강인순, 이옥지,《한국여성노동자운동사1》(한울아카데미, 2001), 67쪽.
[•••] 이창규, 〈부산 조선방직 쟁의행위에 따른 노동법 제정에 관한 연구〉,《항도
     부산》제32호(부산광역시사편찬위원회, 2016), 149쪽.

시작했다. 강일매는 기존에 일하던 노동자들을 부당하게 해고하고 욕설과 폭행까지 자행하며 노동조합을 탄압했다. 노동자의 이익이 아니라 회사의 이익을 우선하는 '어용노조'를 만들고, 기존 노동조합의 지도자는 해고하는 식이었다.

노동자들은 '강일매는 물러가고, 해고된 노동자들이 원래대로 일할 수 있도록 인사 문제를 복구하라'는 요구 등을 벽보로 제작해 붙이기 시작했다. 벽보가 경찰에 의해 철거되면 작업복에 구호를 새겨서 입고 다니기도 했다. 그러나 문제는 계속 해결되지 않았고, 당시 노동조합의 상급단체였던 대한노총이 돌파구를 찾기 위해 정부에 중재를 요청했다. 그러나 정부도 이유 없이 해고당한 노동자들을 구제할 방안을 내놓지 않았다. 강일매 사장이 당시 대통령 이승만과 유착 관계에 있었기 때문이다.

노동자들의 분노는 정부를 향해서도 거세졌다. 그 과정에서 여성 노동자 1,000여 명이 1952년 1월 21일 개회 중인 국회의사당 앞으로 몰려가 시위를 벌이기도 했다. 이 시위는 2시간 만에 경찰에 의해 해산됐지만, 오후에 다시 1,300여 명이 공장에서 거리로 뛰쳐나와 행진을 하고 조선방직 앞에서 농성을 벌였다.

그리고 1952년 3월, 무려 6,000여 명의 노동자가 파업을 했다. 당시 방직업에 종사하던 여성 노동자의 비율에 비추어 보건대, 이 파업에 참가한 사람 중 4,000명 정도가 여성 노동자였을 것으로 추정된다.•

조선방직을 둘러싼 다툼은 정부의 탄압 탓에 쉽게

해결되지 않았지만, 이러한 대규모 투쟁은 노동자의 기본권 보장에 대한 사회적 인식을 높였다. 결과적으로 노동법 제정의 필요성과 중요성을 일깨우는 계기가 된 것이다.[**]

그리하여 이듬해인 1953년, 한국에도 드디어 노동조합법, 노동쟁의조정법, 노동위원회법, 근로기준법 등의 노동법이 제정되었다.

## 여성 노동, 보호에서 평등으로

"여자와 소년의 근로는 특별한 보호를 받는다."

1948년 7월 17일, 우리나라 헌법 제정 당시 제17조의 일부 내용이다. 이처럼 헌법에는 여성과 청소년의 근로를 하나로 묶어 특별히 보호한다는 정신이 담겨 있었다. 이러한 헌법 정신 아래에서 제정된 과거 근로기준법 또한 여성을 '청소년과 동일한' 보호 대상으로 바라보았다. 이를테면 당시 여성은 청소년과 마찬가지로 야간근로나 휴일근로를 할 수 없었고, 이를 하기 위해서는 사회부(지금의 고용노동부)의 허락을 받아야 했다.

여성을 '특별히 보호'하는 이러한 관점은 여성 노동자들

---

- 《한국여성노동자운동사1》, 69~75쪽.
- 〈부산 조선방직 쟁의행위에 따른 노동법 제정에 관한 연구〉, 167쪽.

사이에서도 비판받았다. 여성을 스스로 권리를 쟁취하는
주체적인 존재가 아니라 국가에 의해 보호받아야 하는
수동적인 존재로 인식하게 한다는 이유였다.

그리하여 1987년 개헌 당시, '여자와 소년'을 묶음으로
보던 조항이 폐지되고, 여성의 근로가 단순한 보호의 대상일 뿐
아니라 차별을 받아서도 안 된다는 점을 명시했다.•

현재 헌법 제32조 제4항에는 "여자의 근로는 (…)
고용·임금 및 근로조건에 있어서 부당한 차별을 받지
아니한다"라는 평등에 관한 내용이 추가되어 있다. 이 조항이
형식적 평등이 아니라 실질적 평등을 지향한다는 등의
가치관과 철학을 제시하는 데까지 나아가는 것이 앞으로의
과제다.

## 모성의 보호? 모성권의 보장!

현행 헌법 제36조 제2항은 "국가는 모성의 보호를 위하여
노력하여야 한다"라고 규정하고 있다. 이에 대해, 여성의
모성도 '보호'가 아니라 '권리'의 관점으로 보아야 한다는
비판이 있다. 여성이라면 당연히 임신과 출산을 하며 이를
보호받아야 하는 것이 아니고, 출산 '능력'을 갖춘 것일 뿐

• 박선영 외 6인, 《헌법상의 여성관련조항 개정방안》(한국여성정책연구원,
  2007), 29쪽.

출산 여부는 여성이 선택할 수 있어야 한다는 것이다. 이러한 맥락에서 본다면 '모성의 보호'는 '모성권의 보장'으로 고쳐 쓰는 것이 적절해 보인다.

다만 헌법 개정은 국민투표를 거치는 등 엄격한 절차하에 이루어지므로, 개정되기까지 많은 시간이 걸릴 수 있다. 그러므로 기존의 헌법을 현대적 관점으로 해석해 활용하는 것도 하나의 방법이 될 수 있을 것 같다. 최근 대법원도 헌법 제32조 제4항과 헌법 제36조 제2항을 평등의 관점으로 해석했다. 이러한 헌법 규정을, "누구든지 성별에 의하여 정치적·경제적·사회적·문화적 생활의 모든 영역에 있어서 차별을 받지 아니할 헌법 제11조의 평등권"의 특수성을 고려해 구체화한 것으로 본 것이다(대법원 2020.4.29. 선고 2016두41071). 이를 근거로 대법원은 모 병원 간호사였던 여성 노동자들이 업무 중 유해한 요소들에 노출되어 임신 중 태아 건강에 손상이 발생한 사건은 산업재해이므로 요양급여를 받을 수 있다고 판단했다.

한편, 평등에 관한 규정을 하위법률을 통해 구체화하는 방법도 있다. 근로기준법상 성평등에 관한 규정은 제6조 "사용자는 근로자에 대하여 남녀의 성을 이유로 차별적 대우를 하지 못하고, 국적·신앙 또는 사회적 신분을 이유로 근로조건에 대한 차별적 처우를 하지 못한다"가 전부였다. 이 규정은 너무 추상적일 뿐 아니라, 채용 '이후' 근로조건에 관한 차별만 금지하는 것도 문제였다. 근로기준법만으로는 모집 단계에서부터 이루어지는 성차별을 전혀 규율할 수 없었다.

이러한 문제들은 결국 남녀고용평등법의 탄생으로 이어졌다.

## 여성들에게만 적용되던 결혼퇴직제와 조기정년제

그동안 한국에서 성차별은 모집 단계는 물론이고 퇴직 단계에서도 팽배했다. 1960~1970년대에는 여성 노동자가 결혼하면 바로 회사를 나가야 하는 결혼퇴직제가 흔했다. 이는 회사에 관행적으로 존재할 뿐 아니라, '결혼을 한 경우 퇴직해야 한다'는 내용의 각서를 써야 채용이 가능하기도 했으며, 아예 결혼이 퇴직 조건으로 근로계약서 혹은 취업규칙에 명시되기도 했다. 여성은 결혼과 동시에 전업주부가 되어 누군가의 아내 혹은 어머니로 살아가는 것이 당연하게 여겨진 것이다. 이러한 사고방식은 기혼 여성뿐만 아니라 비혼 여성에게도 영향을 미쳤다. 이와 관련해 유명한 사건이 하나 있다.

1983년, 스물한 살 된 한 여성이 교통사고로 일을 할 수 없게 되었다. 비혼인 이 여성은 사고 가해자를 상대로 손해배상청구소송을 제기했다. 그런데 서울민사지방법원에서 손해배상액을 산정할 때 "우리나라 여성의 평균 결혼연령인 26세부터는 가사노동에 종사하는 것으로 보아야 한다"며, 26세부터 55세까지의 수입은 회사에서 퇴직했음을 전제해 일용도시여성근로자 일당 임금 4,000원으로 계산했다.

이 판결은 1987년 9월 대법원에서 뒤집혔다. 이 여성이 교통사고를 당하지 않았더라면 결혼과 상관없이 남성

노동자의 정년퇴직 연령인 55세까지 근무할 수 있는 것으로 보아야 한다는 것이 결론이었다.[*]

　당시에는 결혼퇴직제뿐만 아니라 조기정년제도 흔히 적용되었다. 여성이 남성에 비해 일찍 정년에 도달하는 제도였다. 이와 관련한 사건으로는 '전화교환원 정년차별 사건'이 대표적이다. 당시 H공사의 일반적인 정년연령은 55세였다. 그런데 유독 전화교환원 직렬의 정년연령만 43세였다. 여성이 약 4,800명이고 남성은 3명에 불과한, 사실상 여성 전용 직렬이라는 이유로 일찍 정년에 도달하도록 한 것이다.

　이에 1982년 정년퇴직한 여성 노동자가 H공사의 정년 규정은 성차별적 규정이며, 이에 근거한 정년퇴직조치는 무효임을 주장하는 소송을 제기했다. 이 사건은 여성 노동자의 승리로 끝이 났지만, 대법원 판결을 받기까지 약 7년에 걸친 법정 투쟁을 벌여야 했다(대법원 1988.12.27. 선고 85다카657).

　이 소송이 진행되던 당시, 많은 여성들이 조기정년제와 결혼퇴직제 철폐를 위해 싸웠다. 이러한 목소리에 힘입어 1987년 '남녀고용평등과 일가정양립지원에 관한 법률'(이하 남녀고용평등법)이 제정되었다. 비록 제정 당시 남녀고용평등법은 충분한 토론과 수정 과정을 거치지 않고

---

[*]　문은미, 〈여성노동자 50년, 여공에서 워킹맘까지 : 차이와 평등의 딜레마 버전 업〉,《여/성이론》통권 제31호(도서출판여이연, 2014), 194쪽.

졸속으로 입법되어 한계가 많았다.[•] 그러나 이 법은 여성들의
끊임없는 투쟁으로 이후 지속적인 발전을 이루었다.


## 지금의 남녀고용평등법이 되기까지

　　1987년 남녀고용평등법이 제정되면서 고용상 성차별을
금지하는 조항이 구체적으로 만들어지기 시작했다. "사업주는
근로자의 정년 및 해고에 관하여 여성인 것을 이유로 남성과
차별하여서는 안 된다", "사업주는 근로 여성의 혼인, 임신
또는 출산을 퇴직사유로 예정하는 근로계약을 체결해서는 안
된다" 등의 내용이 법에 명시되었다. 덕분에 조기정년제나
결혼퇴직제와 같은 차별은 점차 완화되었다.

　　그러나 그 밖의 차별을 규율하기에 당시
남녀고용평등법은 너무 부실했다. 지금의 남녀고용평등법은
많은 여성들이 현실에 존재하는 차별을 드러내고 법의 한계를
비판하면서 점차 발전해온 것이다. 그 과정에서 여성들의
수많은 노력이 있었는데, 여기서는 몇 가지의 사례만 살펴보려
한다.


---

- 　조순경·신인령, 〈남녀고용평등법의 한계와 과제: 동일노동 동일임금 조항
을 중심으로〉,《한국여성학》제6집 (한국여성학회, 1990), 105~127쪽.

## 키 160cm 이상, 체중 50kg 이하

제정 당시 남녀고용평등법은 모집과 채용에서 성차별을 금지하기 위해 "사업주는 근로자의 모집 및 채용에 있어서 여성에게 남성과 평등한 기회를 주어야 한다"라는 규정을 두고 있었다. 그러나 많은 기업이 남녀고용평등법 규정에 아랑곳하지 않고, 여성 노동자를 모집할 때 직무 수행과 관련 없이 '키 160cm 이상에 체중 50kg 이하'와 같은 신체 기준이나 '미모 겸비', '외모 출중' 등의 조건을 대놓고 요구했다. 이로 인해 많은 여성들이 외모에 자신감을 갖지 못하면 열등감에 빠져 무기력해지거나, 취업을 위해 다이어트나 성형수술을 받는 등 외모 가꾸기에 열중하게 되었다.•

1994년 여성민우회, 대학교수, 현직교사 등 33개 단위가 고졸 여사원 채용 시 외모 제한을 한 44개 기업체를 남녀고용평등법 위반 혐의로 서울지방검찰청에 고발했다. 그러나 검찰은 44개 중 36개의 기업을 무혐의처리하고 8개 기업만을 벌금 100만 원에 약식 기소했다. 남성과 여성을 동시에 채용하면서 여성에게만 신체 조건을 부과한 것이 아니라, 여성만을 채용하면서 용모 제한을 한 기업을 무혐의처리한 것이다. 검찰은 이러한 기업의 행위가

• 임인숙, 〈여성의 취업과 용모차별 : 기업의 용모차별적 모집 추세와 특성의 변화〉, 《한국여성학》 제19권 1호(한국여성학회, 2003), 119쪽.

'남녀차별'이 아니라 '여여차별'이기 때문에 남녀고용평등법 위반이 아니라고 변론했다.

즉, 특정 신체 조건에 해당하는 여성과 그렇지 않은 여성 간의 차별이라는 것이다. 그러나 여성들은 '남성에게 요구하지 않는 신체 조건을 여성에게만 구체적으로 적용하는 것'이 바로 성을 매개로 한 차별이며, 여성을 눈요깃감으로 채용하겠다는 가부장적 발상이라고 계속해서 비판했다.●

여성들이 꾸준히 문제 제기를 한 끝에 법제 정비가 이루어졌다. 남녀고용평등법에 "직무 수행에 필요하지 아니한 신체적 조건이나 미혼 조건 등을 요구하여서는 안 된다"라는 규정이 추가되었다. 법제 정비 이후에도 이를 위반하는 회사가 있었지만, 여성들은 차별을 근절하기 위해 문제 제기를 멈추지 않았다.

1998년 5월 한국여성단체협의회와 한국여성단체연합은 여승무원 선발 과정에서 외모 제한을 둔 면접을 실시한 철도청을 고발했고, 성차별적인 채용에 대한 사회적 관심을 환기했다. 그러면서 이와 유사한 관행은 점차 감소했다.●●

● 앞의 논문, 114쪽, 119~120쪽.
●● 앞의 논문, 126쪽.

# '예민함'이야말로 노동법을 넘어서는 힘

지금까지도 꾸준히 문제가 되고 있는 '직장 내 성희롱'은
법에서 금지되기 이전에, 한 여성 노동자의 문제 제기로
공론화되었다. 1993년, 이른바 '서울대 신 교수 성희롱
사건'이 계기였다. 서울대 신 교수가 계약직이었던 우
조교에게 성희롱을 했고, 우 조교가 항의하자 신 교수는 우
조교의 재임용 추천을 하지 않았다.[●] 당시에는 한국 사회에
'성희롱'이라는 개념조차 제대로 정립되지 않은 때였지만,
우 조교는 손해배상청구 소송을 통해 1998년 신 교수의
성희롱 사실을 인정받았다(대법원 1998.2.10. 선고 95다
39533). 그리고 이듬해인 1999년 처음으로 직장 내 성희롱이
남녀고용평등법을 통해 금지되었다.

직접차별뿐 아니라 간접차별까지 남녀고용평등법을
통해 금지된 것 또한 처음부터 당연했던 일이 아니다.
남녀고용평등법은 현재 '모집·채용·임금·임금외금품
및 복리후생·교육·배치·승진·정년·퇴직·해고에 있어서
간접차별을 금지'하고 있다.

직접차별과 간접차별의 개념을 이해하기 위해 간단한
예시를 살펴보자. "남성만 승진시킨다"는 직접차별이다.

●● 김한솔 기자, 〈'93년 '신 교수 성희롱' 사건이 한국사회에 피해자 중심주의
사례로 첫 등장〉, 《경향신문》, 2012.10.28.

## 지지 않는 법

### 직접차별과 간접차별

1)직접차별: 사업주가 근로자에게 성별, 혼인, 가족 안에서의 지위, 임신 또는 출산 등의 사유로 합리적인 이유 없이 채용 또는 근로의 조건을 다르게 하거나 그 밖의 불리한 조치를 하는 경우.
2)간접차별: 사업주가 채용조건이나 근로조건은 동일하게 적용하더라도 그 조건을 충족할 수 있는 남성 또는 여성이 다른 한 성(性)에 비해 현저히 적고 그에 따라 특정 성에게 불리한 결과를 초래하며 그 조건이 정당한 것임을 증명할 수 없는 경우.


성별을 사유로 합리적 이유 없이 조건을 다르게 하고 있기 때문이다. 그런데 "키가 170cm 이상인 사람만 승진시킨다"는 어떨까? '키 170cm 이상'이라는 승진 조건을 남성과 여성에게 동일하게 적용하고 있으므로 직접차별은 아니다. 그러나 결과적으로 '키 170cm 이상'이라는 조건을 충족할 수 있는 성별에는 남성이 훨씬 많다. 즉, 결과적으로 여성이라는 특정 성에게 불리한 결과를 초래한다. 만약 사용자가 '키 170cm 이상'이라는 조건이 승진에서 정당한 것임을 증명하지 못한다면, 이는 간접차별에 해당한다.

　　실제로 국가인권위원회가 환경미화원 채용 시험을 간접차별로 인정한 사례가 있다(국가인권위원회 2015. 12. 24. 자 15진정0477000 결정). 당시에는 환경미화원 채용 시 1차 서류전형, 2차 서류심사 및 체력시험, 3차 면접시험의 절차를 거치고, 최종 합격은 2차 시험과 3차 시험의 점수를 합산해 고득점자 순으로 선발했다. 그런데 2차 체력시험에서 여성과 남성 응시자에게 동일한 기준을 적용해, 여성과 남성의 체력 검사 평균 점수가 5~8점 차이가 벌어졌다. 서류전형 평균 점수는 성별 간 차이가 없거나 미비한 데 비해, 체력시험 평균 점수는 여성이 남성에 비해 현저히 낮았던 것이다. 그 결과, 2015년에는 무려 여성 지원자 전원이 탈락했다.

국가인권위원회는 이 체력시험이 외관상 중립적인 기준처럼 보이지만, 여성과 남성의 생물학적 체력 수준의 차이를 감안한 측정 방법이라는 점이 입증되지 않았기에 차별임을 인정했다. 게다가 환경미화원의 주된 업무가 배정된 구역의 가로변 주변을 청소하는 것인데, 강인한 체력적 요건이 절대적 직업 수행 능력으로 수반된다고 보기 어렵다고 판단했다. 그도 그럴 것이, 2차 체력시험 종목은 윗몸일으키기, 철봉 잡고 오래 매달리기, 모래주머니 메고 50m 달리기 등이었다.● 직업 수행과 직접적인 관련이 없었던 것이다.

직접차별만을 금지하고 있던 과거의 남녀고용평등법으로는 이러한 사례를 차별로 규정하기 어려웠을 것이다. 그러나 이제는 간접차별의 개념을 통해 차별의 영역에 들어왔다.

노동법은 끊임없이 변해왔고, 그 배경에는 기존의 법에

● 《고용상 성차별 사례집》(고용노동부, 2020), 89쪽.

문제 제기를 한 사람들이 있었다. 이들은 소위 '예민한' 사람들, 그러니까 '노동인권감수성'과 '성인지감수성'이 뛰어난 사람들이다. 계급, 성별 등 다양한 권력관계에서 만들어진 크고 작은 불평등을 감지한 사람들, 동시에 그로 인한 차별이 당연하지 않다고 말하는 사람들 말이다. 아직도 현행법으로는 감지되지 않은 차별 과제들이 많이 남아 있다.

노무사인 나를 포함해 많은 사람들이 법의 테두리에 갇히기 쉽다. 실제로는 부당하다고 느꼈는데, 법에서 보장하고 있지 않다는 말을 들으면 '내가 지나친 요구를 했나 보다' 혹은 '내가 예민했나 보다'라고 생각한다. 하지만 그 예민함이야말로 노동법의 한계를 뛰어넘을 수 있는 힘이다.

지금까지 많은 여성들이 남녀고용평등법을 갈고닦아온 것처럼, 노동법은 앞으로도 변해야 한다. 우리는 노동법을 알고 활용하되, 법의 테두리에 갇히지 말아야 한다.

# 3장
# '강주룡'의 계보에 우리의 이름을

## 전태일 열사가 나타나기 40년 전에

"노동법만으로는 충분하지 않습니다."

내가 노동법 교육을 하러 가서 자주 하는 말이다. 기껏 노동법을 잘 알아야 한다며 교육하러 가서는, 굳이 이런 말로 김빠지게 만드는 이유가 있다. 노동법은 어디까지나 '최소한'의 조건이다. 노동법으로 여성 노동 현실을 개선하는 데에는 한계가 있다.

또한 노동법은 '일률적'으로 적용된다. 노동자 각자가 처한 현실을 섬세하게 고려할 수가 없다. 게다가 노동법은 현실보다 항상 한발 느리다. 문제를 미리 예방하기보다 문제가

터지면 반영하는 식이다. 그렇기 때문에 여성 노동 현실을
개선하려면 노동법을 넘어서야 한다.

## 고무공이 모단 껄 꿈을 꾸든 말든

실제로 노동법이 생기기 전부터, 주어진 현실에 순응하지
않고 부당함에 싸워온 페미니스트 노동자가 있었다. 이민경의
책《우리에게도 계보가 있다》의 제목처럼, 여성노동운동에도
계보가 있다. 노동운동가 하면 많은 사람들이 전태일을
떠올리지만, 여기서는 전태일보다 약 40년 전에 노동운동을
하다가 생을 마감한 페미니스트 노동자를 만나보려 한다.

"우리들은 우리들 임금이 깎이는 것만 걱정하지 않습니다. 우리
임금이 깎이면 평양에 있는 다른 고무 공장 노동자들의 임금도
깎일 것입니다. 나는 많이 배우지는 못했습니다. 그렇지만 내가
권리를 포기해서 다른 사람에게까지 피해를 줄 수는 없습니다."●

한국 최초로 고공농성을 한 노동자, 약 12m 높이의
을밀대 꼭대기에 올라가 장장 9시간을 머무르며 투쟁한
강주룡의 이야기다. 강주룡은 자기가 먼저 권리를 포기하면
고무 직공으로 일하는 다른 노동자들에게도 피해가 갈 수

●　이임하·조승연,《한국 여성사 편지》(책과함께어린이, 2009), 194쪽.

있다고, 그래서 죽기를 각오하고 싸우는 것이라고 말했다.

이토록 기개가 넘치는 노동운동가를 보면 처음부터 다른 세계에서 나고 자란 사람 같은 느낌이 든다. 그런데 박서련의 소설 《체공녀 강주룡》을 보면 평범한 여성 노동자 강주룡이 노동운동가가 될 수밖에 없었던 흐름을 자연스럽게 따라가게 된다. 처음부터 어떤 거대한 신념이나 비장한 결의로 시작한 것이 아니라, 자신의 삶을 주체적으로 꾸려나가려 하는 의지, 그리고 친구와 동료들을 향한 애정이 원동력이 되었기 때문이다.

> "여직공은 하찮구 모단 껄은 귀한 것이 아이라는 것. 다 같은, 사람이라는 것. 고무공이 모단 껄 꿈을 꾸든 말든, 관리자가 그따우로 날 대해서는 아니 되얐다는 것."●

일제 강점기였던 그때에 여성 노동자는 신분, 계급, 성별, 그 모든 측면에서 약자의 위치에 있었다. '일본인'은 제사 공장에서 일하는 어린 여성 노동자를 무시했고, 한국인 '남성 관리자'도 여성 노동자에게 폭행과 성희롱을 서슴지 않았으며, 어떤 여성 노동자의 '남편'은 파업에 참여하면 이혼을 할 거라고 협박했다. 겹겹이 쌓인 차별의 문제는 페미니즘을 이론적으로 배우지 않았어도 삶을 통해 충분히 느낄 수 있는

●  박서련, 《체공녀 강주룡》(한겨레출판, 2019), 180쪽.

것이었다.

## 조선여성동우회, 근우회… 그리고 이 책을 읽는 당신

조선의 페미니스트 노동운동가에 강주룡만 있는 것은
아니다. 1924년에는 사회주의 여성단체인 조선여성동우회가
있었다. 이들은 여성의 인간적·경제적 평등권을 주장하고,
여성 문제의 궁극적 해결을 위해 사회주의 실현을 목표로
삼았다. 구체적으로는 노동 야학을 기획하거나 여성들이 처해
있는 현실을 알고자 통계를 작성하고, 여성들의 생활고를
덜어주기 위해 여성직업조합을 설립하기도 했다.•

조선여성동우회는 1927년 근우회에 흡수된다. 근우회는
정치적 좌우를 초월해 조선 여성의 지위 향상을 위해 설립한
단체였다. 여기서 활동한 주세죽, 허정숙이라는 실존 인물은
조선희의 소설 《세 여자》에서 자세히 그려지기도 했다.

페미니스트의 노동운동은 조선에서부터 지금까지
이어져 오고 있다. 이 책을 읽는 당신도 그 계보를 이어가고
있는 2000년대의 페미니스트 노동자일지 모르겠다. 물론
노동운동을 해온 역사 속 여성들이 타고난 소설 주인공처럼
보이고, 그들의 거침없는 투쟁은 개개인의 대범한 기질
덕분 같을 때 나 역시 거리감을 느낀다. 흔히 볼 수 없는

• 《우리는 연결될수록 강하다》(민주노총 서울본부 여성위원회), 16~17쪽.

캐릭터이기에 멋있고 매력적이지만, 많은 사람들이 그와 같기는 어려울 것이다.

이렇게 생각하는 건 아마도 나부터가 대범함과는 거리가 먼 소심한 노동자이기 때문이고, 내가 만나온 많은 노동자들이 그랬기 때문이다. 소설 속 등장인물 중 다소 비겁하고 지질한 캐릭터가 나오면 답답하면서도 친밀감이 느껴지는 것은 그런 이유에서다. 그렇다면 우리같이 소심하고 평범한 노동자는 노동 현실을 바꾸기 위해 무엇을 할 수 있을까?


## 노동조합으로 노동법 넘어서기

많은 여성 노동자가 노동법의 사각지대에 있다. 예컨대, 사실상 여성 직종인 어린이집 교사를 떠올려보자. 현재 근로기준법은 원칙적으로 노동자 수가 5인 이상인 사업장에만 적용된다. 5인 미만 사업장이라면 예외적으로 몇 가지 규정만 적용될 뿐이다. 많은 어린이집 교사가 노동자 수 5인 미만인 사업장에서 일한다. 이들은 부당하게 해고를 당해도 구제신청을 할 수가 없다. 연장, 야간, 휴일 노동 시 가산수당을 받을 권리나 연차휴가를 사용할 권리도 없다. 심지어는 직장 내 괴롭힘 금지법의 보호도 받지 못한다. 이뿐 아니라 사실상 여성 직종이어서 임금이 낮게 책정되고 비정규직화되는 것 또한 법으로는 해결하기 어려운 문제다.

## 앞으로도 볼 사이인데 어떻게

당장 법으로 해결할 수 없는 문제라도, 누군가 계속해서 목소리를 내야 바꿀 수 있다. 하지만 현실적으로 우리는 이미 있는 법을 가지고도 문제 제기 하기를 어려워한다. 한 초등학교에 노동인권교육을 하러 갔다가 학생들과 나눈 대화가 생각난다. PPT에 '노동자'와 '사장'이라는 글자를 띄워놓고, 둘 중에 누가 더 힘이 센지 물었다. 학생들은 자신 있게 외쳤다. "사장이요!"

우리가 이미 알고 있는 권리도 사용자에게 쉽게 주장하지 못하는 것은 어쩌면 당연한 일이다. '불평등한 권력관계' 때문이다. 자본주의 사회에서 자본가는 노동자보다 경제적으로 우위에 있고, 이는 관계의 불평등으로 이어진다.

노동자는 사업장에 근로기준법 위반 사실이 있다는 것을 고용노동부에 알릴 수 있고, 이를 이유로 사용자가 근로자에게 해고나 그 밖에 불리한 처우를 하면 사용자는 2년 이하의 징역 또는 2,000만 원 이하의 벌금에 처해진다. 그럼에도 불구하고 많은 노동자들이 퇴직하고 나서야 법 위반 사실을 다툰다. 노동 상담 중에, 임금채권 소멸시효가 3년이라서 퇴직 후 신고를 하면 최근 3년 치 외의 임금은 받기가 어렵다고 말씀드릴 때가 있다. 그러면 노동자는 반문한다.

"그렇다고 해서 어떻게 재직 중에 신고를 해요? 앞으로도 볼 사이인데."

평등한 관계라 하더라도 법적 분쟁을 겪고 나면 사이가 좋기 어려운데, 애초에 불평등한 관계에서 법적 분쟁을 거치기는 여간 어렵지 않다.

하지만 문제 제기를 하는 사람이 혼자가 아니라 여럿이라면 어떨까.

## 천 개의 노동, 천 개의 노동조합

"10년쯤 된 노조는 사실상 등산모임이나 다름없었지만 가끔 병원이 이상한 짓을 벌일 때 따끔하게 목소리를 냈다. 그럴 때마다 젊은 의사들은 부러운 속내를 비치기도 했다. 의사들은 계약서도 없이 주 100시간씩 일하고 있어서 처우로 치면 한참 처졌다."[•]

소설 속 내용이지만, 현실에 충분히 있을 만한 이야기다. 소설 속 병원에서는 100명 안팎의 방사선사가 병원 노동조합의 핵심 세력이다. 그렇다 보니 방사선사가 오히려 의사보다 좋은 처우를 받는다. 평소에는 등산모임이나 다름없지만 회사가 노동자에게 불이익한 일을 벌이려고 할 때 목소리를 낸다. 이로 인해 병원이 마음대로 "이상한 짓"을 할 수가 없다.

[•] 정세랑,《피프티 피플》(창비, 2016), 56쪽.

노동법을 배우기 전에는 나도 노동조합이라는 말 자체가 낯설고 부담스러웠다. 노동조합의 이미지는 빨간 머리띠를 두른 40~50대 중년 남성의 모습이었으므로 멀게만 느껴졌다. 노동법을 배우고 나서야 누구나 노동조합을 할 수 있다는(혹은 해야 한다는) 것을, 그리고 노동조합이 얼마나 중요한지를 깨달았다. 세상에 얼마나 다양한 노동조합이 있는지도 그 후에야 알았다.

헌법은 애초에 노동법이 노동자에게 '최소한'의 노동조건임을 인정하고, 노동자 스스로 노동조건을 개선할 수 있도록 '노동3권'을 마련해 두었다. 노동3권은 먼저 노동자들이 뭉칠 권리인 '단결권'으로 시작한다. 그것을 바탕으로 노동자들이 뭉쳐서 만든 단체가 바로 노동조합이다.

노동조합은 노동자가 2명 이상만 되면 만들 수 있다. 일단 노동조합이 있으면 하고 싶은 말을 '같이'할 수 있다. 노동자 개인과 사용자 개인이 다툰다면 사용자가 우위에 있기 쉽지만, 노동자들이 뭉치면 이야기가 달라진다.

노동조합에게는 '단체교섭권'이 있다. 사용자와 근로조건을 유지하거나 개선하기 위해 교섭할 수 있는 권리다. 또한 교섭이 잘되지 않을 때 단체적으로 행동할 권리인 '단체행동권'도 갖는다. 노동조합이 하는 대표적인 단체행동에는 파업이 있다. 초등학교에 노동 인권 교육을 가서 파업이 무엇인지를 물었더니 학생들이 외쳤다.

"회사 망하게 하는 거요!"

파업이 그런 이미지로 남은 이유를 모르는 바는 아니지만, 실제로 파업은 회사를 망하게 하려는 것이 아니다. 노동자들이 일을 멈춤으로써 노동자 없이는 회사가(더 나아가서는 사회가) 돌아갈 수 없음을 보여주는 것이다. 이를 통해 노동자의 존재감과 중요성을 보여주고, 노동자들이 어떤 대우를 받아야 하는지를 드러낼 수 있는 헌법상의 권리라고 할 수 있다.

## 하고 싶은 말은커녕 해야 할 말도 못 하는 우리여도

물론 노동자들이 처음부터 반드시 '노동조합'이라는 이름으로 모일 필요는 없다. 어떤 방식으로든 일단 뭉치면 힘이 된다. 하지만 노동조합을 해야만 '단체협약'을 맺을 수 있다. 단체협약이란 노동조합과 사용자 사이에 맺는 약속으로, 법과 마찬가지의 효력을 갖는다. 만약 단체협약을 위반하는 취업규칙 또는 근로계약이 있다면, 그 부분은 노동조합및노동관계조정법(이하 노조법)에 따라 무효가 된다. 단체협약이 근로계약서나 취업규칙보다 막강한 효력을 갖는 것이다. 근로계약서나 취업규칙은 대체로 사용자가 일방적으로 정한 것이지만, 단체협약은 노동자들과 사용자가 상호 합의로 정한 것이기 때문이다.

노동조합은 각종 성차별을 규제할 수 있는, 법보다 나은 단체협약을 맺을 수 있다. 임금 성차별을 막기 위해 "회사는 임금실태를 조사하고 노동자 또는 노동조합이 관련 자료를 요구할 시 결과를 제공해야 한다"라는 규정을 단체협약에 넣을 수도 있다. 고객에 의한 성희롱이 빈번한 사업장에서는 "노동자는 고객에 의한 성폭력 등이 발생했을 시 작업을 중지하고 현장을 이탈할 수 있어야 한다"라는 규정을 넣을 수도 있겠다. 그 밖에도 "성별을 이유로 노동과정의 가부장적 차별(잡무, 호칭, 유니폼 등)을 해서는 안 된다"라는 규정을 넣는 것은 어떨까.●

　　노동운동이란 노동자의 경제적·사회적 지위를 향상시키려는 운동이고 그중 대표적인 활동이 노동조합을 하는 것이라면, 누구나 할 수 있고 누구나 할 수 있어야 한다. 주어진 현실에 안주하지 않고 무언가를 바꾸려는 길이 순탄치만은 않겠지만 주어진 현실을 그대로 사는 것도 순탄하지만은 않다. 다행히 대의보다는 개인의 안위를 먼저 걱정하는 지극히 인간적인 노동자, 하고 싶은 말은커녕 해야 할 말도 제대로 못 하는 소심한 노동자라도 '함께'라면 할 수 있는 일이 많다.

　　여성 노동자들의 역사는 비범한 소수의 노동자와 평범한 다수의 노동자의 연대로 만들어왔다. 어쩌면 비범한 한 사람보다 평범한 여러 명의 모임이 더 강하다. 노동운동가이자 전태일의 어머니인 이소선도 "100명 모이면 싸움하는 데 3일이면 되고 1,000명 모이면 1시간이면 되고

●　〈전국공공운수사회서비스노동조합 2020년 모범단체협약 및 해설〉 (2020), 110~113쪽.

10,000명 모이면 30분이면 된다"라고 말했다.● 그리고 여성 노동자들은 이 말을 몸으로 보여주었다.

## 여성이 뭉치면 이야기가 달라진다

페페로와 함께 공부하기 전까지, 나는 여성 노동자들의 투쟁이 얼마나 격렬하고 유구한 역사를 가졌는지 알지 못했다. 그전까지 알고 있던 1970년대 투쟁 사례는 동일방직 여성 노동자들이 똥물을 뒤집어쓴 사건, 이른바 '똥물 사건'이 전부였다. 중·고등학생 때 교과서에서 사진을 보고 너무 충격을 받은 나머지 기억에 남았다. 그마저도 여성 노동자들이 지독하게 탄압받은 사건이라는 이미지만 어렴풋이 있었다. 동일방직 여성 노동자들이 민주노조를 지키려다가 그러한 탄압을 받았다는 사실은 나중에 알았다. '민주노조'라는 말이 생소하게 느껴지는 독자도 있을 것이다. 민주화 운동은 많이 들어봤어도, 민주노조운동은 낯설 수 있다.

● 　유정숙, 신순애, 김한영 등 씀, 유경순 엮음,《나, 여성노동자 1: 1970~80 년대 민주노조와 함께한 삶을 말한다》(그린비, 2011), 85쪽.

## 동일방직 노조: 똥물을 맞아가면서도 싸워야 했던 까닭

　　1970년대 유신체제가 선포되면서 노동조합에 대한 정부의 탄압이 더욱 거세졌다. 이에 많은 노동조합이 정부나 회사 등 권력기관에 투항했다. 쉽게 말해 노동자의 권리를 위해 활동하기보다는 정부나 회사에 아첨만 하는 노동조합이 생긴 것이다. 이러한 노동조합을 '어용노조'라 불렀다.

　　반면, 노동조합의 자주성과 민주성을 지킨 노동조합을 '민주노조'라 부르기 시작했다.[•] 동일방직 노동조합은

동일방직 여성 노동자들의 시위 장면
(자료 제공: 경향신문사)

대표적인 민주노조였다. '똥물 사건'의 전말도 이 맥락 속에 있다. 동일방직 노동조합의 지도자가 회사 말만 잘 듣던 남성 노동자에서 노동자의 권리를 위해 일하는 여성 노동자로 바뀌었다. 덕분에 동일방직 노동조합은 자주적이고 민주적으로 변하기 시작했다. 그러자 회사의 이익을 위해

---

　•　강인순, 이옥지, 《한국여성노동자운동사 1》(한울아카데미, 2001), 315쪽.

움직이는 어용노조와 회사, 그리고 정부의 탄압이 일어났다. 회사의 사주를 받은 남성 노동자들이 민주노조 조합원인 여성 노동자들에게 똥물을 뿌리고 경찰은 이를 방관했다. 여성 노동자들이 말도 안 되는 탄압 속에서 민주노조를 지키기 위해 얼마나 끈질기게 투쟁했는지를 보여주는 역사적 장면이다.

동일방직 노동조합 외에도 여성 노동자 투쟁의 자랑스러운 역사가 길고도 풍부함을 이제야 알아가는 중이다. 민주노조를 하면 회사와 싸우는 것은 물론, 어용노조와도 싸우고, 심지어 정부와도 싸워야 했다. 그럼에도 여성 노동자들이 노동조합이라는 이름으로 끈끈하게 뭉쳐서 투쟁한 모습이 자랑스러웠고, 한편으로는 어떤 질문이 계속 맴돌았다.

여성 노동자들은 왜 노동조합을 했을까.
여성 노동자들이 노동조합을 통해 얻은 것은 무엇일까.

### 청계피복 노조: 가지마다 숱한 꽃송이, 아카시아회

1970년대에는 많은 여성들이 중·고등학교를 졸업하기도 전에 공장에 취직했다. 자신을 위해서가 아니라 오빠나 남동생을 뒷바라지하기 위해서였다. 그러나 이들에게 닥친 노동조건은 너무나 열악했다. 전태일이 일했던 평화시장만 해도 노동자의 약 80%가 미싱사와 '시다'(견습공)로 일하는 여성이었는데, 하루 14~16시간을 일하면서도 교통비를 빼면 남는 게 별로 없을 정도로 저임금을 받아 온종일 굶고 일하는

경우도 많았다.* 당시 평화시장에서 일했던 한 여성 노동자는
당시를 이렇게 회상했다.

> "시간이 흘러가면서 나는 기술을 점차 인정받아 일류 미싱사가
> 되었지만 자신을 위해선 책 한 권 볼 수 없었을 뿐만 아니라 쉴 수
> 있는 시간조차 없었다. 한 달에 한 번 쉬는 셋째 주일은 목욕하고
> 밀린 잠만 자는 날이다. 일만 하는 기계로 살아가는 자신이
> 지겹고 힘겨워 차라리 죽어 없어졌으면 하는 생각을 하기도
> 했다."**

하지만 여성 노동자의 생각은 거기서 그치지 않았다.
이 글을 쓴 유정숙은 1970년 11월 전태일의 죽음을 보며
어두운 현실을 바꿀 희망을 품었다. 그는 1971년, "가지마다
많은 꽃송이들이 모여 좋은 향기를 풍기는 모임"이라 하여
'아카시아회'라는 여성 노동자 모임을 만들었다. 아카시아회는
노래 부르기, 통기타 배우기 등의 문화 활동부터 '불우청소년
성탄 위안 잔치' 같은 행사도 주최하며 친목을 다졌다. 당시
여성 노동자들은 곧바로 노동조합에 들어가기는 망설인 반면,
아카시아회에는 더 쉽게 가입했다.
1973년 아카시아회 안에는 백합, 무궁화, 물망초,

---

●　　앞의 책, 143~144쪽.
●●　유정숙, 신순애, 김한영 등 씀, 유경순 엮음,《나, 여성노동자 1: 1970~80
　　년대 민주노조와 함께한 삶을 말한다》(그린비, 2011), 29쪽.

청계피복지부 아카시아회 회지 제9호
(자료 제공: 전태일재단)

옥잠화, 크로바, 매화, 장미, 태양, 코스모스, 일심, 개나리, 진달래, 세븐, 봉선화, 목화, 스마일이라는 16개의 소모임이 생겼고, 총 인원은 160여 명으로 늘어났다. 아카시아회는 미용 강습처럼 당시 여성들이 관심을 많이 갖던 교육부터, 근로기준법과 노동조합법을 넘어 노동운동의 방향까지 공부하기에 이르렀다. 이렇게 성장한 아카시아 회원들은 1970년대 중반 청계피복노동조합 투쟁을 주도했다.[•]

당시 시다의 임금은 사용자가 아니라 미싱사가 지급했다. 다시 말해, 시다에게 임금을 주어야 할 책임을 사용자가 미싱사에게 미루고 있었던 것이다. 청계피복노동조합은 투쟁을 통해 이러한 관행을 '사용자 직불제'로 바꾸었다. 사용자가 시다에게 직접 임금을 주게끔 한 것이다.[••] 노동조합이 투쟁으로 월급과 퇴직금 등을 받아내자, 어떤

---

•     앞의 책, 39~43쪽.

••    《한국여성노동자운동사 1》, 325쪽.

사람들은 노동조합을 '체불임금 받아 주는 곳'으로 인식하기도
했다.[•]

그 밖에도 노동조합은 건강검진을 실시하고 노동자
급식소를 설치하는 등 노동조건을 개선하고, 노동시간 단축
투쟁을 통해 퇴근 시간을 앞당기기도 했다. 200~300명의
노동조합원들이 몰려가 싸워낸 덕이었다.[••]

## 콘트롤데이타 노조: 나의 직업 '공순이'

1970년대 여성 노동자들은 대부분 생존권을 위해 싸워야
했지만, 더 나아가 여성에 대한 차별 문제에 대항하기도 했다.
고등학교까지 졸업한(그 당시로서는 고학력이었다) 여성들이
일하던 전자 업체 콘트롤데이타에서 벌어진 일이었다.
콘트롤데이타는 미국에 본사를 두었고 연간 매상고가 20억
달러나 되던 다국적 기업이었지만, 여성 노동자의 노동조건은
다른 회사와 크게 다를 바 없이 열악했다. 회사가 강제적인
잔업이나 특근으로 하루 평균 10시간의 장시간 노동을
시키고도 인건비를 줄이겠다고 임금이 높아진 경력 사원을
해고하고 신규 사원을 채용하는 식이었다.

1973년, 여성 노동자 8명이 콘트롤데이타 노동조합을

---

[•]    《나, 여성노동자1》, 49쪽.
[••]   《한국여성노동자운동사 1》, 322~324쪽.

만들었다. 조합원 수는 점차 늘어 1976년에는 약 1,300명이 되었다. 전부 여성이었다. 이들은 노조 활동을 통해 임금과 같은 물질적 조건뿐 아니라 조직문화도 바꿨다. 1977년 말 통근버스에서 벌어진 일이 본격적인 사건의 발단이었다. 남성 노동자가 여성 노동자에게 폭언을 했고, 노조가 이에 대해 공개 사과를 요구했다. 만약 공개 사과를 하지 않을 경우, 회사가 그 남성 노동자를 징계해야 한다는 요구도 덧붙였다.

당시 남성들은 서로 뭉쳐 노조의 요구에 절대로 사과하지 않을 것이라고 했고, 회사도 처음에는 남성 사원들의 편을 들었다. 그러자 노조는 연장근무를 거부하고 일부러 작업 능률을 떨어뜨려 여성 노동자들의 힘을 보여줬다. 생산성이 떨어지자 회사는 결국 남성 직원을 징계하고 공개 사과 하도록 했다. 이 사건을 계기로 남성 관리자들이 여성 노동자들에게 예사로 행했던 반말도 없어졌다. 노조가 회사 방침으로 모두에게 경어를 쓸 것을 요구했기 때문이다.●

당시 노조 활동을 했던 유옥순은 이 사건을 "여성노동자들의 기를 살리고 '목에 힘주고' 일하는 직장 분위기를 만들었던" 일로 기억하고 있다.●● 그 밖에도 이 사건이 노동자에게 미친 영향은 엄청났다. 이를테면 당시 많은 노동자들이 자신이 노동자임을 부끄러워하고 감추려는

●    앞의 책, 373~377쪽.
●●   《나, 여성노동자 1》, 261쪽.

의식이 있었는데, 이 사건을 계기로 서류를 작성할 때 직업란에
자랑스럽게 '공순이'라고 기재할 정도였다.●

콘트롤데이타 노조가 이뤄낸 것은 이뿐만이 아니다.
남녀고용평등법에 결혼퇴직제가 명시적으로 금지되기
10년 전인 1977년, 노조는 관행적으로 이루어지고 있었던
결혼퇴직제를 철폐했다. 그전까지 회사는 남성 노동자가
결혼하면 결혼휴가를 주면서, 생산직 여성 노동자가 결혼하면
퇴직을 강요했다. 이에 대해 노조는 투쟁을 통해 남성들에게만
주어졌던 결혼휴가 6일과 축의금을 여성 노동자도 받을 수
있게 했다.

이후에는 임신, 출산 후에도 회사에 다닐 수 있는
분위기를 만들고자 투쟁이 이어졌다. 당시 회사는 '언제 그만둘
거냐?', '남편이 능력이 없냐(남편이 얼마나 시원치 않으면,
임신한 아내를 돈 벌러 내보내느냐)?'와 같은 인격적 모욕으로
여성 노동자의 사직을 종용했다. 실제로 여성들 역시 임신한
상태에서 일하는 것을 부끄럽고 창피하게 여기기도 했기
때문에, 노조는 임신과 출산 후에도 일을 하는 것이 여성에게
얼마나 중요한 것인지를 점심시간에 교육했다. 또한 회사의
압력에도 적극적으로 대항해 출산전후휴가를 받아냈다.
그리하여 1982년 콘트롤데이타에는 기혼 여성 노동자가
전체의 15%였고, 그들 중 임신한 노동자는 30%에

●   《한국여성노동자운동사 1》, 381쪽.

이르렀다.•

## 현행법이 따라잡을 수 없는 여성 노동자의 세계

처음 질문으로 돌아가 보자. 여성 노동자들은 왜 노동조합을 했을까, 또한 여성 노동자들이 노동조합을 통해 얻은 것은 무엇일까.

당시 여성 노동자들에게는 두 가지 공통점이 있었다. 첫째, 오빠나 남동생을 부양하기 위해 학업을 중단하고 일을 해야 했다. 둘째, 여성이기 때문에 일터에서 부당한 대우를 받았다. 그런 여성들이 어두운 현실을 혼자 감내하지 않고 뭉쳤다. 함께 문화 활동과 배움을 해나가며 성장할 때의 만족감, 서로 간의 깊은 유대감이 그들에게 얼마나 유의미했을지 굳이 묻지 않아도 알 수 있다. 그것을 동력으로 자신 앞에 놓인 현실을 바꾸기 위해 노동조합 활동까지 이어나간 것은 어쩌면 아주 자연스러운 흐름이었다.

그들은 법적 권리를 쟁취했을 뿐 아니라 남녀고용평등법이 만들어지기 10년 전에 이미 결혼퇴직제를 철폐하기도 했다. 남성 노동자가 여성 노동자에게는 쉽게 반말을 사용하던 관행을 노조의 힘으로 바꾼 대목 또한 놀랍다. 현행법이 따라오지 못하는 노동자의 기본적인 노동조건을

• 　앞의 책, 377~379쪽.

노조를 통해 단체협약으로 만들고, '먼지 차별'과 같이 사소해 보이나 결코 사소하지 않은 유해한 차별을 노조를 통해 없애는 일, 1970년대에 이미 선배 여성 노동자들이 해낸 일들을, 지금의 우리도 할 수 있지 않을까. 여성 노동자들의 현실은 계속해서 변해왔지만 한 가지 사실은 달라지지 않았다. 우리가 뭉치면 이야기가 달라진다.

## 당신도 노동조합원이 될 수 있다

고용노동부가 발표한〈2021년 전국노동조합 조직현황〉에 따르면, 노동조합에 가입한 노동자의 비율은 14.2%(약 293만 명)이며, 이 중 여성 노동자의 노동조합 가입률은 25.8%(약 76만 명)에 그쳤다. 노동조합에 가입한 노동자 수 자체가 적은데, 그중 여성은 더 적다는 뜻이다.

여성 노동자의 노동조합 가입률이 처음부터 낮았던 것은 아니다. 1970년대에는 오히려 여성 노동자의 노조 가입률이 남성에 비해 크게 높았는데, 1980년대 우리나라 주력 산업 분야의 변화와 1990년대 외환위기 후 여성의 비정규직화 문제 등이 겹치면서 점차 줄었다. 이처럼 노동조합 안에서 여성 비율이 낮으면 여성을 위한 요구에 힘이 실리기 어렵고, 여성 의제가 나와도 후순위로 밀리기 쉽다.

비정규직이라면 노동조합 가입을 더욱 망설일 수 있다. 사용자가 노동조합에 가입했다는 이유로 대놓고 해고를 하면 오히려 대응하기가 쉽겠지만, '계약기간만료'를 이유로

## 지지 않는 법

### 부당노동행위에 대한 처벌

노조법에서는 사용자가 만약 어떤 노동자가 노동조합에 가입했거나, 가입하려고 했거나, 노동조합을 조직하려고 했거나, 기타 노동조합의 업무를 위한 정당한 행위를 한 것을 이유로 해고하거나 그 노동자에게 불이익을 주면, 2년 이하의 징역 또는 2,000만 원 이하의 벌금에 처한다고 규정하고 있다.

근로계약을 종료하면 다투기가 어렵기 때문이다. 노동자는 재계약이 되지 못할 수도 있다는 고용불안 때문에 사용자의 눈치를 더 보게 되고 노동조합 가입을 꺼린다.

물론 정규직 노동자라고 쉽게 노동조합에 가입하는 것도 아니다. 많은 노동자들이 노동조합에 가입했다가 불이익을 당할까 봐 두려워한다.

이러한 두려움 때문이 아니더라도, 노동조합을 하지 않는 이유는 다양할 수 있다. 자신의 회사를 '평생직장'으로 생각하지 않아서 굳이 싸우려고 하지 않는 사람들도 많다. 노동조건이 마음에 들지 않으면 그것을 바꾸기보다는 다른 회사로 이직하는 것이 더 쉽게 느껴진다. 문제는 이직을 해도 노동조건이 나아지지 않을 수 있다는 것이다. 특히 직장을 옮겨도 직종이 그대로라면 크게 달라지지 않을 가능성이 높다.

어차피 같은 직종에 오래 있을 생각이라면 초기업별 노동조합에 가입하는 것도 방법이다. 노동조합이 회사별 노동조합일 필요는 전혀 없다. 보육교사 노동조합과 같은 직종별 노동조합이 있을 수 있고, 금속 노동조합 같은 산업별 노동조합도 있을 수 있다. 나아가 청년유니온과 같은 세대별 노동조합, 알바노조와 같은 고용형태별 노동조합, 전국여성노조와 같은 성별 노동조합도 있다.

덧붙여, 노동조합을 한다고 해서 꼭 '빨간 머리띠'를 두르고 '결사 투쟁!'을 부르짖어야 하는 것은 아니다. 노동조합으로 할 수 있는 활동은 무궁무진하다. 이를테면 '다 같이 보라색 티셔츠 입기'를 하며 노동조합의 결속력을 높이는 것도 방법이다.

심지어 노동조합의 힘을 보여줄 수 있는 파업의 형태도 다양하다. 2019년 네이버노조(민주노총 화학섬유식품산업노조 네이버지회)는 업무를 멈추고 영화〈어벤져스: 엔드게임〉을 단체관람하는 형태로 파업했다. 당시 오세윤 지회장은 파업으로 영화를 관람하니 조합원들이 얼마나 참여했는지 출석 체크도 확실하고 조합원들의 기분도 좋다고 말했다.•

어쩌면 여전히 노동조합의 남성 중심적 이미지 때문에 가입을 꺼려하는 여성 노동자들이 있을지도 모르겠다. 실제로 가부장적인 문화를 가진 노동조합도 존재한다. 여성들이 연대의 필요성을 느끼면서도 누구와 어떻게 연대할지를

---

• 최은혜 기자,〈새내기 노조들의 노동조합 경험기〉,《참여와 혁신》, 2019.07.12.

고민하는 이유는 이 때문일 것이다.

하지만 그러한 고민을 하면서도 지금 어디에선가 여전히 싸우고 있는 여성 노동자들이 있다. 1997년 외환위기를 겪으며 5%대로 추락했던 여성의 노조 조직률은 최근 다시 상승세를 타면서 2021년 8%대 진입에 성공했다. 최근 노조 조직률 상승세는 여성이 이끌고 있다는 것이다.[•] 여성 노동자, 당신은 혼자가 아니다.

• 어고은 기자, 〈노조하는 여자들, 보이지 않는 벽을 부수다〉,《매일노동뉴스》, 2023.03.09.

# 2부
# 시작부터
# 질 수
# 없지
# : 채용과 근로계약

_최여울

# 1장
# 채용 성차별

## 내 직업을 내가 선택한 게 맞을까?

어느 날 저녁, 동기 노무사와 술을 한잔하다가 넷플릭스 예능 프로그램 이야기가 나왔다. 동기는 자기가 청소년기에 이 프로그램을 봤다면 직업이 달라졌을 것 같다고 말했다. 그러면서 자기 계정 아이디와 비밀번호를 알려주며 나에게도 꼭 보라고 권유했는데, 그 프로그램은 바로 〈사이렌: 불의 섬〉이었다.

〈사이렌〉은 각 직업군으로 이루어진 6개의 팀이 생존을 목표로 경쟁하는 서바이벌 리얼리티다. 개인적으로 프로그램 내용 자체는 특별하지 않다고 느꼈지만, 출연진이 모두 여성이라는 점, 그리고 그 6개 팀의 각 직업군이 '경찰관,

소방관, 경호원, 군인, 운동선수, 스턴트 배우'라는 점은
인상적이었다.

## 여성에게 좋은 직업: 여성이라는 이유로 잘리지 않는 직업

분명 우리 사회에는 각기 다른 직업을 가진 여성들이
존재한다. 과거에도 그랬고, 현재에도 그렇고, 미래에도
그러할 것이다. 그럼에도 그동안 미디어가 우리에게 보여준
여성들의 모습이 주로 어떠했는지를 떠올려보면 〈사이렌〉이 왜
특별한지는 금세 알 수 있다.

다양한 직업군의 여성들을 어렸을 적부터 자주 접했다면,
롤모델로 삼을 수 있는 여성의 모습이 다양했다면 어땠을까?
어쩌면 동기의 말처럼 적지 않은 여성들이 지금과는 다른
직업을 선택했을지도 모르겠다.

몇 년 전, 경북교육청 교육감이 교사 연수에서 '여교사는
최고의 신붓감'이라는 발언을 한 적이 있다. 이 발언은
교사라는 직업을 가진 여성의 이미지를 함부로 평가한 것을
넘어서 여성을 성적대상화했다는 점, 결혼을 당연한 것으로
전제했다는 점에서 많은 이들의 지탄을 받았다. 여기에 그놈의
'여'교사까지 화룡점정이다. 글자 수는 10개밖에 안 되는데, 그
안에 숨겨진 성차별은 어마어마한 것이다.

그런데 사실 많은 여성들이 느꼈겠지만, 교육감의 발언이
대단히 신선하고 충격적으로 다가오는 건 아니다. 우리는

그러한 발언과 비슷한 맥락의 이야기를 꽤 자주 들어왔다. 예컨대 과거에는 '그 직업은 시집가기 참 좋다'는 식의 이야기가 마치 덕담처럼 이루어졌고, 현재에도 '그 직업은 여자에게 좋다'는 이야기를 심심치 않게 들을 수 있다.

여기서 여자에게 좋은 직업이란 대개 출산휴가와 육아휴직을 잘 보장해주거나 '여자치고' 월급이 꽤 높은 직업을 말한다. 그러나 과연 남성들은 직업을 선택할 때, 결혼 이후의 삶을 우선적으로 고려한다거나 배우자출산휴가와 육아휴직이 잘 보장되는 곳을 선호하고 있을까?

과거에 여성은 주로 출산과 육아의 주체로만 인식되었기에, 일터에서도 다시 가정으로 돌아갈 '일시적'이고 '부차적'인 존재로 취급되어왔다. 즉, 여성은 결혼하거나 아기를 낳으면 회사를 그만둬야 하는 존재였던 것이다. 그러므로 기업에서 누군가를 잘라야 하는 상황이 오면 여성은 늘 0순위 대상자가 되었고, 상당수의 여성들은 단지 여성이라는 이유로 잘리지 않는 직업을 좋은 직업이라 여기며 이를 선택해왔다.

## 헌법에 위배되는 반쪽짜리 자유

반면, 여성이 하기에 적합하지 않다거나 잘 해내지 못할 것이라고 평가되는 직업군도 있다. 대표적으로 '남성이 여성보다 이공계열 능력이 뛰어나다'는 전제는 오랜 시간 동안 우리 사회에 통용되고 있으며, 이에 따라 이공계열 직업의 대다수는 남성들이 차지하고 있다.

남녀의 이공계열 능력에 차이가 없다는 사실이 경제협력개발기구(OECD)의 국제학업성취도평가(PISA) 등을 통해 드러났음에도 불구하고, 한국여성과학기술인육성재단(WISET)이 조사한 결과에 따르면 2021년 기준으로 이공계를 전공하는 여성의 비율은 약 22%에 불과했다. 이러한 현상에 대해 스탠퍼드대학의 사회학자 셸리 코렐은 여성이 수학에 소질이 없다는 문화적 고정관념을 받아들여 자신의 능력을 저평가하고 수학 관련 진로 선택을 피하는 경향이 있다고 설명했다.[*]

여성이기 때문에 어떤 일을 하기에 적합지 않다는 전제는 실제 법률에도 버젓이 존재한다. 대한민국 근로기준법 제72조는 여성의 갱내근로(광산, 터널, 굴 등의 지하작업을 의미한다)를 원칙적으로 금지하고 있고, 이로 인해 여성은 광부라는 직업을 갖지 못하게 되었다. 특정 성별이 특정한 직업을 갖지 못하도록 하는 법률이 최근까지 유지되어왔다는 사실이 새삼 놀라울 따름이다.[**]

일을 시작하기 전에 우리는 먼저 무슨 일을 할 것인지 선택해야 한다. 그러나 앞서 살펴본 것처럼 우리가 무슨 일을

---

[*] 김지혜,《선량한 차별주의자》(창비, 2019), 71쪽.

[**] 고용노동부는 연구 용역을 통해 해당 조항의 개정이 가능한지 검토하고 있으며, 국회에도 여성의 갱내근로를 허용하는 내용의 근로기준법 개정안 이 발의된 상황이다(2023년 8월 기준).

할 것인지를 선택하는 것은 '나의 자유로운 의지'보다도 '사회적 편견'에 의해 좌우되는 경우가 많다. 헌법 제15조는 "모든 국민은 자유롭게 직업을 선택할 수 있다"라고 규정하고 있는데, 이 말은 국가나 사회로부터 간섭받지 않고 원하는 직업을 자유롭게 선택할 수 있어야 한다는 뜻이다.

여성이라는 이유로, 장애인이라는 이유로, 성 소수자라는 이유로 특정 직업군에서 배제하거나 특정 직업군을 선택하도록 유도하는 사회적 분위기는 헌법에서 규정하고 있는 '직업선택의 자유'를 침해하는 것이다. 그동안 우리는 헌법에 의해 보장된 자유를 절반만 보장받아온 셈이다.

그런데 이렇게 좁은 선택지 안에서 직업을 선택한 여성들이 본격적으로 노동시장에 들어서려고 할 때조차도 여성에 대한 차별은 멈추지 않고 계속된다. 이 장에서는 채용 과정에서부터 여성들이 어떠한 차별을 겪게 되는지, 이를 해결하기 위해서는 무엇을 알고 있어야 하고, 무엇을 바꿔야 하는지에 대해 이야기해보도록 하겠다.

## 고용 성차별 비긴스: 채용

여기 한 여성이 있다. 그녀의 직업은 아나운서다. 그녀는 각 지역 지상파 방송사에 들어가기 위해 열심히 노력하지만, 이상하리만치 늘 '계약직' 아니면 '프리랜서'로 채용이 됐다. 덕분에 1~2년 주기로 이직을 반복했다.

이 여성이 프리랜서로 입사한 곳에는 어김없이 남성 아나운서가 새로 입사했다. 그는 그녀와 같은 시험을 보고 입사했고, 입사 후에는 그녀와 같은 일을 했다. 그러나 그는 그녀보다 80~100만 원 더 높은 월급을 받는다. 게다가 1~2년 간격으로 이직을 하지 않아도 된다. 그녀와 달리 그는 연차휴가가 부여되고 정년이 보장되는 '정규직'이기 때문이다.

"서로 상호 대체 가능한 업무를 수행할 수 있음에도 불구하고, 왜 애초에 시작부터 달라야 하는 것인가, 명백한 채용 성차별이었습니다. 이 시작은 결국 성별 임금 격차로 이어지게 됩니다. (…) 경력 인정은 언감생심, 역시나 방송국에 종속적으로 일하는 아나운서였음에도 프리랜서 채용이었습니다. 그리고 4년 후 마주하게 된 익숙한 상황. 남성 아나운서의 정규직 채용. 두 번의 상처는 더욱 쓰라렸습니다."•

## 차별이 맞으니 시정하라는 '권고'

성차별 관행을 깨기 위해 지난 2019년 3월, 유 아나운서는 동료 김 아나운서와 함께 국가인권위원회에 채용 성차별 시정을 요구하는 진정을 제기했다. 그 이후 유 아나운서는

• 　유지은, 〈저는 채용성차별에 맞선 아나운서입니다〉, 《오마이뉴스》, 2020.3.3.

진행하던 뉴스 프로그램에서 하차하게 되었고, 김 아나운서가 진행하던 프로그램들은 모두 중단됐다.

문제를 제기한 지 약 1년이 지난 후인 2020년 4월 28일, 국가인권위원회는 이 사태에 대해 만장일치로 채용 성차별임을 인정했고, 정규직 전환 및 위로금 지급, 채용 성차별 관행을 해소하기 위한 대책 마련을 권고했다. 당연한 결과이고, 바라던 결과였지만, '여성이라는 이유로 차별을 한 것이 맞다'는 것을 다시 한번 확인하니 씁쓸한 기분이 들었다.

국가인권위원회 결정문[19진정0493800·19진정0939000 (병합)]에 따르면, 해당 방송국 16개 지역 계열사에 고용된 남성 아나운서는 87.8%가 정규직 혹은 무기계약직에 해당하는 반면, 여성 아나운서는 61.1%가 계약직 및 프리랜서에 해당하는 것으로 나타났다. 2019년 8월 기준으로 보았을 때, 남성 아나운서는 전체 36명 가운데 31명이 정규직인 반면, 여성 아나운서 40명 중 정규직은 11명에 불과했다. 11명의 정규직 여성 아나운서 가운데 4명은 그마저도 최근 2년 동안 입사한 것이고, 2명은 계약직으로 입사한 뒤 정규직으로 전환된 경우였다. 반면, 남성은 대부분 입사 연도와 관계없이 정규직으로 채용됐다. 이러한 현상에 대해 지역 방송사 제작·보도 담당자들은 '시청자들이 여성 아나운서에게 빨리 질리고 거부감이 강하다', '여성은 숙직도 못한다는 생각이 있던 시절의 관행이 남아 있기 때문', '나이 든 남성 앵커와 젊은 여성 아나운서 구도에 익숙한 문화도 영향이 있을 것'이라고 말했다.●

국가인권위원회의 결정은 사회적으로 큰 의미가 있기는
하나 '권고'에 불과하기 때문에 해당 결정을 반드시 따라야
하는 구속력이 인정되지 않는다는 한계가 있다. 이에 따라 해당
방송국은 문제를 제기한 아나운서를 정규직으로 전환했지만,
프로그램 하차 등에 대한 위로금 500만 원을 지급하라는
권고는 따르지 않았다. 덧붙여 국가인권위원회의 성차별 인정
결정에 동의하지는 않는다는 입장을 밝히기도 했다.

과연 해당 방송국이 자신들의 잘못을 진심으로
인정했다고 볼 수 있을까? 성차별적 채용 관행을 해소하기
위한 대책을 마련하기는 했을까?

## 연쇄적인 성차별의 고리를 끊기 위해

고용노동부는 남녀고용평등법 제23조(고용노동부장관은
차별, 직장 내 성희롱, 모성보호 및 일·가정 양립 등에 관한 상담을
실시하는 민간단체에 필요한 비용의 일부를 예산의 범위에서 지원할
수 있다)에 따라 전국적으로 '고용평등상담실'을 운영하고
있다.•• 미투운동을 계기로 2018년 3월부터는 홈페이지에

---

• 박다해·옥기원 기자, 〈[단독] '여 아나운서는 질려서'… 지역MBC '채용
성차별' 논란〉,《한겨레》, 2019.09.03.
•• 고용노동부는 2024년부터 전국 19개 민간 고용평등상담실에 대한 예산
을 전액 삭감하고, 직접 고용평등 심층상담 서비스 체계를 구축해 운영하
고 있다. 전국 48개 지방노동청을 통해 고용평등 관련 초기 상담을 지원
하고, 8개 권역별 대표 지청에 전문인력(고용평등상담지원관)을 추가 배

'직장 내 성희롱·성차별 익명신고센터'를 개설해 운영하고 있기도 하다.•

2014년부터 2018년까지 고용평등상담실에 접수된 고용 성차별 상담은 총 1,170건으로 1년 평균 234건에 이르며, 2018년 9월부터 2020년 1월까지 익명신고센터에 신고된 고용 성차별 건수는 약 311건에 이른다.

그런데 2019년까지 남녀고용평등법상 고용 성차별 위반으로 처벌받은 건수는 총 12건(모집·채용에서 6건, 교육·배치·승진에서 6건)에 불과했다. 현실에서는 무수히 많은 고용상 성차별이 일어나고 있는데, 1년에 단 2건만이 고용상 성차별로 처벌받은 것이다.•• 이와 같은 상담 건수와 처벌 건수의 크나큰 간극을 우리는 어떻게 보아야 하는 것일까?

이러한 사실에 대해 고용노동부는 "상호합의가 이루어지면서 기소로까지 이어지지 않은 사건이 대다수인 탓"이라고 해명한다. 사후적으로 가해자와 피해자가 어떠한 합의를 했다거나 피해자가 처벌을 원하지 않았다는 이유로 범죄사실을 처벌하지 않는 것은 피해자에게 책임을 전가하는

---

치해 관련 사건을 지원하겠다는 것이다. 2000년부터 24년간 직장 내 성희롱, 성차별 등 피해자 지원 업무를 수행해온 민간 고용평등상담실의 역할을 고용노동부가 대체할 수 있는지에 대해서는 여러 비판이 존재한다.

- 구미영, 〈성희롱 성차별 익명신고센터의 성과와 개선 방향〉,《KWDI 이슈페이퍼》(한국여성정책연구원, 2021), 1쪽.
- •• 정경윤, 〈고용성차별, 어떻게 깰 것인가〉,《이슈페이퍼》(민주노총, 2020), 11쪽.

것이다. 범죄 처벌과 피해자 구제 문제는 별개로 보아야 하지 않을까?

다시 처음 사례로 돌아가 보자. 비정규직으로 채용된 여성 아나운서는 정규직으로 채용된 남성 아나운서보다 더 낮은 임금을 받았다. 잦은 이직으로 인한 길고 짧은 경력 단절로 인해 승진을 할 수도 없었다.

물론 여성이라는 이유로 채용에서 배제하는 것, 남성과 여성의 고용형태를 정규직과 비정규직으로 구분해 채용하는 것, 남성과 여성의 직군·직종을 분리해 채용하는 것은 그 자체로 성차별 문제이고, 해결되어야 하는 사안이다.

그러나 채용 성차별 해소가 더욱 중요한 이유는 채용에서의 성차별이 다른 고용상 성차별로 계속 이어진다는 점 때문이다. 채용 성차별은 배치, 승진, 임금에서의 차별을 불러올 수 있다. 이 연쇄적인 성차별 고리를 해결하기 위해 우리는 채용 성차별 문제에 대한 강력한 예방과 처벌을 요구하는 것이다. 채용 성차별 문제는 고용상 성차별의 시작이자 핵심이기 때문이다.


## 요즘 세상에 그런 거 묻는 사람이 있어요?

얼마 전 한 프랜차이즈 고깃집은 오프라인 마케팅의 일환인 시식차 운행 업무에 대한 채용공고를 올렸다. 여기에는 '학력 무관', '운전면허증 필수', '남성'과 같은 자격 요건이 쓰여 있었다. 그 아래에는 20~26세를 우대한다는 내용도 있었다.

운전 업무에 남성을 우대한다는 것만 해도 황당한데, 아예 남성만이 지원할 수 있다니. 얼마 지나지 않아 해당 채용공고에 대한 비판이 제기되었고, 이에 대해 관계자는 "해당 업무는 1톤 트럭을 몰고 전국을 순회해야 하기 때문에 업무 특성상 여성이 수행하기에 적합하지 않다고 판단해서 남성 위주로 지원받았다"라고 해명했다.

이 프랜차이즈 고깃집은 이번뿐만 아니라 다른 해에도 '20대 여성 직원이 말썽을 일으키는 전례가 많았다'며 앞으로는 채용하지 않겠다는 채용공고를 올린 적이 있다. 같은 논리로 두 번이나 "말썽을 일으"켰으니 나는 앞으로 이 프랜차이즈를 소비하지 않으려고 한다.

## 공고: 여성은 안 받습니다 vs 여성을 환영합니다

채용공고상의 성차별은 여성을 뽑지 않겠다는 배제의 방식 외에도 다양한 유형이 있다. 반대로 여성의 지원을 환영한다고 하면서 '외모에 자신이 있어야 한다'거나 '지성과 미모를 겸비해야 한다'는 외모 집착형, 마케팅 업무 담당자를 뽑으면서 'C컵 이상'일 것을 요구하는 성희롱형, 남성은 일당 11만 원을 주지만 여성은 9만 7,000원을 준다거나 남성은 45세 이하만 지원할 수 있지만 여성은 40세 이하만 지원할 수 있다는 '동일 직군 다른 조건형' 등이다. 참고로 이 예시들은

## 지지 않는 법

### 채용 성차별에 대한 최초의 처벌 사례

1989년 11월 20일 자 경향신문 4면
(자료 제공: 경향신문사)

1989년 11월 14일, '서울지역 여대생 대표자 협의회'(여대협) 회장 직무대행인 서현주 씨가 동아제약, 신도리코, 대한교육보험, 대한생명보험 총 4개의 회사와 4명의 대표이사를 남녀고용평등법 위반으로 고발했다. 이들이 같은 해 10월과 11월에 신입사원을 모집하면서 자격 요건을 '1961년 또는 1962년 1월 1일 이후 출생한 남자로 병역필 또는 면제자'로 제한한 모집공고를 냈기 때문이다.

1990년 3월, 검찰은 4개 회사와 4명의 대표이사를 각각 벌금 100만 원에 약식기소했다. 2개월 후인 5월 지방법원은 벌금 100만 원의 약식명령을 내렸다. 이는 남녀고용평등법이 생긴 이후 이루어진 채용 성차별 첫 처벌 사례였다.●

● 최민지 기자, 〈11월20일 '채용 성차별 그만!' 첫 제동걸다〉, 《경향신문》, 2019.11.20.

모두 실제로 인터넷에 게시된 채용공고들이다.

남녀고용평등법 제7조에 따르면 노동자를 모집하거나 채용할 때 남녀를 차별해서는 안 된다. 특히 여성 노동자 모집·채용 시 업무 수행에 필요하지 않은 용모·키·체중 등의 신체적 조건, 미혼 조건 등을 제시하거나 요구해서는 안 된다. 이를 위반하는 경우에는 500만 원 이하의 벌금이 부과된다.

요즘 세상에, 아직도, 대놓고 여성을 차별하는 '촌스러운' 채용공고가 있는지 의아할 수 있다. 그러나 예전처럼 많지 않을 뿐 여성을 차별하는 채용공고는 여전히 존재한다.

고용노동부에 따르면, '고용상 성차별 익명신고센터'가 운영된 지 4개월 만에 총 122건이 신고되었는데, 신고 유형 중 채용상 성차별이 62건(51.6%)으로 가장 높았다고 한다. 또한 고용노동부가 2022년 9월부터 주요 취업포털에 올라온 14,000개의 구인 광고를 모니터링한 결과, 그중 924개 업체에서 성차별적인 채용·모집 공고를 게재했다고 한다. 우리도 성차별 채용공고를 보게 되면 그저 비웃으며 넘길 게 아니라, 익명으로 신고할 수 있다. 고용노동부 홈페이지 상단에 있는 [민원]-[신고센터]-[고용상 성차별 익명신고] 메뉴를 누르고 신고하면 된다.

## 서류 전형: AI와 '블라인드'의 채용 대결

세계적인 인터넷 종합 쇼핑몰인 아마존(amazon)은 2014년부터 인공지능(AI) 채용 프로그램을 개발해왔다.

인공지능은 지난 10년간 회사에 수집된 이력서, 채용 패턴 등을 학습했다. 그 결과, 인공지능은 대개 남성 지원자를 적합한 고용 후보로 제시했으며 '여성'은 감점 요소로 분류했다. 이력서에 '여자대학교', '여성 체스 동아리' 등 여성과 관련된 단어나 문구가 들어간 경우, 인공지능은 이를 채용 대상에서 배제한 것이다. 인간의 성차별을 기계가 그대로 답습해버린 셈이다. 아마존은 인공지능의 여성 차별적 알고리즘을 바로잡기 위해 여러 가지 시도를 했지만 뚜렷한 방법을 찾지 못했고, 결국 2018년 10월 해당 프로그램을 자체적으로 폐기했다고 한다. 아마존의 사례는 그동안 여성들이 채용 과정에서 단지 여성이라는 이유만으로 불이익을 받아왔다는 것을 단적으로 보여준다.

이렇듯 채용 과정에서 성별이 밝혀지는 순간 여성은 불리해진다. 이러한 성별 등에 의한 불합리한 불이익을 없애기 위해 정부가 2017년 7월 5일 〈평등한 기회·공정한 과정을 위한 블라인드 채용 추진방안〉을 발표하면서 2017년 하반기부터 공공기관에 블라인드 채용제도가 도입되었다. 블라인드 채용은 이력서나 자기소개서 등에 성별, 사진, 출신지, 가족관계, 나이, 학력, 출신 학교, 종교 등을 요구하지 않는 것을 핵심 내용으로 한다. 불필요한 정보는 걷어내고 업무 능력을 위주로 채용을 결정하겠다는 것이다.

현재 대다수 공공기관은 서류 단계에서 블라인드 채용제도를 도입한 상황이다(정부 방침으로 인해 2023년 1월 1일부터 공공 연구기관에서는 블라인드 채용이 폐지되었다).

고용노동부에 의하면 블라인드 채용 도입 이전인 2016년에 비해 2019년 공공기관의 여성 채용 비율은 34%에서 39%로 5%p 증가했다.● 2019년 문화체육관광부 산하 주요 5개 공공기관의 여성 정규직 채용 비율은 평균 58%를 기록했고, 특히나 한국콘텐츠진흥원은 블라인드 채용 도입 전 여성 채용률이 41%였으나, 2019년에는 74%를 기록했다.●●

또한 청와대에서는 2017년 12월, 블라인드 채용을 통해 대통령 비서실 전문 임기제 공무원을 뽑았는데, 합격자 전원이 여성이었다고 한다. 그동안 같은 직무에 합격한 인원의 95%가 남성이었던 것에 비하면 놀랄 만한 결과라고 할 수 있다.●●●

공공기관의 블라인드 채용제도 도입 이후, 일부 민간기업에서도 블라인드 채용을 활용하고 있다. 그러나 이는 기업의 재량일 뿐 의무가 아니다. 최근 '채용절차공정화에 관한 법률'(이하 채용절차법)의 개정으로 민간기업에도 공공기관의 블라인드 채용제도와 비슷한 내용이 신설되었지만, 서류상 '성별 기재'와 '사진 부착'은 금지되지 않았다. 특히 사진 부착의 경우, 최초 개정안에는 금지 항목에 포함되었으나 법제사법위원회 통과 단계를 거치면서 제외되었는데 그

● 재단법인 교육의 봄, <253개 공공기관 블라인드 채용조사(고용노동부, 2020) 결과 관련 포럼 보도자료>(2021.09.13.)

●● 이솜이 기자, 〈문체부 산하 5개 공공기관, 작년 평균 여성 채용비율 58%…블라인드 채용 '효과'〉,《CEO스코어데일리》, 2020.04.13.

●●● 이현정 기자, 〈靑 전문임기제 블라인드 공채 합격 6명 모두 여성〉,《서울신문》, 2017.12.13.

## 지지 않는 법

### 채용절차법

채용 비리를 방지하고 공정한 채용 절차 수립을 위해 2014년 1월 21일에 제정되었다. 2019년 7월 19일에 채용 시 업무와 관련 없는 개인정보를 요구할 수 없도록 법이 개정되었다. 구체적인 요구 금지 항목은 ①구직자 본인의 용모·키·체중 등의 신체적 조건, ②구직자 본인의 출신 지역·혼인 여부·재산, ③구직자 본인의 직계 존비속 및 형제자매의 학력·직업·재산이다(제4조의 3). 채용 과정에서 이 항목에 대한 정보를 요구하는 경우에는 500만 원 이하의 과태료가 부과된다.

그 밖에도 채용절차법에는 거짓 채용 광고 금지(제4조), 채용 부정 청탁 금지(제4조의2), 채용 심사 비용 부담 금지(9조), 채용 서류의 반환(제11조) 등에 대한 내용이 규정되어 있다.


이유가 무엇인지는 밝혀지지 않았다.

또한 채용절차법은 상시근로자 수가 30인 이상인 사업장에만 적용되기 때문에 소규모 사업장에 취업하려는 구직자를 보호하지 못한다는 한계도 존재한다.

2023년 1월 17일, 국민권익위원회는 고용노동부에게 2024년 6월까지 채용절차법을 개정해 상시근로자 수 5인 이상 사업장에도 적용하라고 권고했다. 하지만 아쉽게도 서류상 성별의 기재나 사진 부착을 금지하는 내용은 권고 사항에 포함되지 않았다. 채용절차법이 취업 시장에서 더 많은 이들을 보호하는 방향으로 개정될 수 있도록 우리 모두의 꾸준한 관심이 필요하다.

## 면접 전형: 결혼한다 하면 불합격, 안 한다 하면 '혼나고' 불합격

2017년 6월 취업포털 잡코리아에서 취업준비생을 대상으로 실시한 설문조사에 따르면, 여성들은 '이성 친구 유무, 결혼계획 등을 묻는 질문'을 면접에서 받기 싫은 질문 유형 1위(31.8%)로 뽑았고, 남성들은 '극단적인 상황을 가정한 압박질문'을 가장 받기 싫은 질문 유형(36%)으로 뽑았다.

또한 2020년 취업포털 사람인에서 실시한 설문조사에 따르면, 면접에서 결혼·출산·자녀·연애 관계에 대한 질문 등 성별을 의식한 질문을 받은 적이 있냐는 물음에 여성은 30.4%가 있다고 대답했지만, 남성은 9.6%만이 해당 질문을 받은 적이 있다고 대답했다. 어렵사리 서류의 문턱을 넘고 면접이라는 단계에 들어온 뒤에도 여성들은 각종 성희롱과 성차별적인 질문에 더 많이 노출된다는 것이다.

"이력서에 있는 사진이랑 같은 분 맞으세요?"나 "실물이 더 예쁘시네요"와 같은 외모 평가부터, '결혼은 언제쯤 할 생각인지', '남자 친구는 있는지', '출산 계획이 있는지' 등 업무와 직접적으로 관련이 없는 질문들까지. 같은 질문을 하도 많이 들어서 여성 취업준비생들 사이에서는 결혼, 남자 친구, 출산의 앞 글자를 딴 '결남출'이라는 신조어까지 생겨났다고 한다.

2018년《여성동아》11월호 기사에 따르면, 어떤 여성은 결혼할 남자친구가 있다고 하면 불리해질까 봐 면접에서 당분간 결혼 생각이 없다고 답변했다. 그러나 면접관으로부터 결혼과 출산의 중요성에 대한 설교를 듣고 채용에 탈락했단다. 여성 지원자로서는 이렇게도 저렇게도 대답할 수 없는 상황인 것이다.

채용공고에서의 성차별은 '채용공고'라는 명확한 물증이 있기 때문에 비교적 쉽게 문제를 제기할 수 있다. 그런데 채용 과정에서의 성차별은 그렇지 않다. 여성이기 때문에 서류전형에서 떨어졌다거나 면접에서 성차별적 발언이 있었다는 것을 입증하기가 쉽지 않기 때문이다. 대다수의 기업에서 면접장에 핸드폰을 가지고 들어갈 수 없도록 하기 때문에 녹음을 할 수 없는 경우가 많다. 물론 객관적인 증거가 없더라도 구인사이트 등을 통해 기업 면접 후기를 생생하게 올리거나, 앞서 소개한 고용상 성차별 익명신고센터에 신고할 수도 있다. 그렇지만 객관적인 증거 자료가 없기 때문에 해당 발언을 한 당사자와 기업에 '실효적인 처벌'이 내려지기를 기대하기는 어렵다. 애석하게도 현재의 한국 법과 제도에 의해서는 채용 과정에서의 성차별 문제를 예방하고 규제할 만한 뚜렷한 해결책이 없다.

독일은 면접에서의 성차별을 방지하기 위해 면접 질문을 제한하는 제도를 두고 있다. 일정 유형의 질문을 면접에서 무조건 금지한 것인데, 대표적인 질문 유형으로는 임신, 질병, 장애, 종교 등이 있다. 면접관으로부터 이러한 질문을 받았다고 하더라도 구직자는 거짓으로 답변할 수 있고, 채용 이후 거짓말을 한 사실이 밝혀지더라도 회사는 노동자에게 징계, 손해배상 등의 조치를 취할 수 없다. 애초에 물어보면 안 되는 질문을 한 것이기 때문이다.

또한 독일은 100인 이상의 공공기관과 간접적으로 공공기관의 역할을 수행하는 민간기업에서 채용을 진행할 경우, 의무적으로 성평등 담당관을 두도록 하고 있다. 비슷한 사례로 영국도 평등법에 따라 차별적 질문을 방지하기 위해 평등기회훈련과정을 이수한 자만을 면접관으로 위촉할 수 있도록 하고 있다. 물론 이러한 제도만으로 성차별을 완전히 없앨 수는 없겠지만, 그래도 한국 역시 최소한의 예방 장치를 마련해야 하지 않을까?

2023년 1월, 국가인권위원회는 전북의 한 금융권 기업에서 남성 면접관 다수가 여성 지원자에게 "○○과라서 예쁘네", "○○과면 끼 좀 있겠네"라고 말하며 춤을 춰보라고 지시한 사례를 소개하며, 다수 기업에 여전히 채용 면접 시 성희롱·성차별적 발언 관행이 남아 있음을 지적했다.

국가인권위원회는 2023년 상반기 채용 면접 시 성차별 사례에 대한 집중적인 상담과 진정 접수를 시작했으며, 이 기간을 통해 피해자들에 대한 구제와 더불어 면접 시 성차별에 대한 제도적 미비점을 개선하는 방안을 모색할 예정이라고 밝혔다. 머지않아 한국에도 채용 면접 시 성차별을 예방하기 위한 제도적 장치가 마련되기를 기대해본다.

## 걸러내기 꼼수와 솜방망이 처벌을 넘어

2019년 10월 17일 한국여성민우회는 '채용 성차별 당사자 집담회'를 개최했다. 채용 성차별이 없었다면 채용되어야 했던 여성 784명의 이야기를 듣는 자리였다. 이 말은 즉, 여성이라는 이유만으로 채용에 탈락한 여성이 무려 784명에 달한다는 뜻이다. 물론 이 수치는 2019년 10월 기준, 객관적으로 밝혀진 사실에만 근거한 것이다. 한국여성민우회를 포함해 60개 단체로 구성된 채용성차별철폐공동행동은 2019년 10월 9일 공동성명을 통해 '최근 2년 동안 적발된 채용 성차별 사건은 13건이며, 이 중 4건은 공기업에서 일어난 일'이라는 사실을 발표하기도 했다. 도대체 기업은 채용에서 여성을 어떻게 탈락시켜온 것일까? 이미 만천하에 공개된 기업들의 채용 성차별 사례를 살펴보자.

### 여성을 걸러내는 갖가지 채용 꼼수

**Step 1. 남녀 채용 비율 정해놓기**

A은행은 2013년 남녀 채용 비율을 상반기에는 9.4 : 1, 하반기에는 4 : 1로 계획했다. 최초 지원자의 남녀 비율은 1.3 : 1로 비슷했지만, 전형이 진행될수록 성비 격차는 벌어졌다. 사전에 계획된 남녀 채용 비율을 맞추기 위해 여성의 합격 점수 커트라인을 높였기 때문이다. 실제로 하반기 서류 전형의 경우, 여성의 합격 커트라인은 467점이었지만 남성은

419점으로 나타났다.

　이에 대해 당시 금융감독원 부원장보는 "남녀 차별 없이 커트라인을 운영했다면 남녀 비율은 1:1에 근접해 여성 합격자가 무려 619명이 증가하고 남성은 그만큼 감소했을 것"이라고 발표했다. 결과적으로 2013년 상반기에는 여성 9명, 남성 97명이 채용되었으며, 하반기에는 여성 19명, 남성 104명이 채용되었다. 즉, 실제 남녀 채용 비율은 10.8:1, 5.5:1로 계획보다 성비 격차가 더 높게 나타났다. A은행에 재직 중인 노동자는 SBS 뉴스팀에 이메일을 보내 2015년 채용에서도 성별 비율이 정해져 있었다는 사실을 제보하기도 했다.

　한편, 공기업인 B기업은 2017년 상반기 남성 채용 비율을 40%로 설정했다. 이로 인해 B기업의 서류 전형 합격자는 여성 163명, 남성 37명에서 여성 120명, 남성 80명으로 변경되었다. 현재 정부가 시행하고 있는 양성평등채용목표제●는 남녀 중 한쪽 성비가 적어도 30% 이상이 되도록 하고 있으나, B기업은 합리적인 이유 없이 남성의 채용 비율을 40%로 상향 조정해 여성 지원자 43명을 탈락시킨 것이다.

● 5명 이상의 채용을 예정한 공무원 채용 시험에서 시행하는 제도다. 1995년 제정된 여성발전기본법에 따라 1996년 여성채용목표제가 도입되었으나, 남성에 대한 역차별이라는 이유로 양성평등채용목표제로 전환되었다.

### Step 2. 아.묻.따 남성 지원자에게 더 높은 점수 주기

C은행은 2015년 상반기와 하반기, 2016년 하반기 세 차례에 걸쳐 1차 서류 전형에서 남성 지원자에게 특별한 이유 없이 높은 점수를 부여했다. 이로 인해 각 공채 때마다 약 100명씩, 총 300명이 넘는 남성이 혜택을 보았다. 그러나 남성 지원자들의 점수가 높아지면서 여성 지원자 일부는 서류 전형에서 탈락한 것으로 나타났다.

### Step 3. 여성 지원자 점수 깎기

D공사는 2016년 7월 무기계약직 공개채용에서 여성 지원자의 점수를 깎는 방법으로 6명의 여성을 채용에서 탈락시켰다.• 당시 최종 면접을 본 68명 중 합격한 61명은 모두 남성이었다. 최종 면접에서 최고점을 받은 여성 지원자 최씨의 평균 점수는 원래 87점이었지만, 실제 면접 점수는 평균 48점으로 하락했다. 면접위원은 인사팀장이 '여성이 하기 힘든 일이고, 현장 여건도 여성을 채용할 준비가 안 되어 있다'는 이야기를 해 어쩔 수 없이 최씨의 점수를 조정할 수밖에 없었다고 말했다. 이에 애매하게 점수를 조정하면 최씨가 합격할 수 있기 때문에 과락 점수인 50점 미만으로 점수를 조정했다고 한다.

● D공사는 채용 성차별이 밝혀진 이후, 피해 여성 6명을 만나 사과의 뜻을 전달했다. 그리고 피해 당사자의 상황 및 의사에 따라 6명 중 4명을 당시 지원했던 분야에 입사할 수 있도록 했다.

실제 최씨가 지원한 업무의 전문 인력을 양성하는
대학들은 수석졸업을 하는 학생 대다수가 여성이라고 밝힌 바
있다. 인사팀장은 무슨 근거로 해당 업무가 여성이 하기 힘든
일이라고 얘기한 것일까?

E공사는 2014년 청년인턴 채용 서류 전형에서 여성에게
고의적으로 낮은 점수를 부여해 여성 지원자 142명 중 단
3명만을 통과시켰다. 이후 면접에서도 여성 지원자에게
비정상적으로 낮은 점수를 주어서 전원을 탈락시켰고, 남성
6명만을 최종 합격시키기도 했다.

## 채용 성차별로 인정받아도 최대 500만 원 벌금이 고작

다양한 방법으로 채용 성차별 범죄를 자행한 기업은
어떤 처벌을 받을까? 우리가 원하는 처벌 수준과 법에서
정하고 있는 처벌 수준은 하늘과 땅 차이다. 남녀고용평등법은
성차별 범죄에 대한 처벌을 고작 최대 500만 원 벌금으로
규정하고 있다. 남녀 성비를 사전에 계획하고, 남성 지원자에게
불합리하게 높은 점수를 부여하고, 여성 지원자에게는 일부러
낮은 점수를 주어 고의적으로 탈락시켰어도 500만 원만 내면
되는 것이다.

앞서 소개한 사례들 중에는 이미 남녀고용평등법
위반으로 채용 성차별이 확정되어 유죄판결을 받은 것도
있는데, 이 역시도 처벌은 500만 원 벌금에 불과했고, 현재
진행 중인 재판이나 앞으로 진행될 재판에서도 500만 원의

벌금만이 부과될 것이다.

　　남녀고용평등법이 채용 성차별을 제대로 규제하고 있지 못하다는 비판이 잇따르자 2018년 5월 24일 심상정 의원을 비롯한 12인은 고용상 성차별 처벌 강화에 대한 남녀고용평등법 개정안을 발의하기도 했다. 고용상 성차별 시 5년 이하의 징역 또는 2,000만 원 이하의 벌금을 부과하는 내용이다. 2018년 8월 28일 환경노동위원회 역시 성차별적 채용 문제 방지를 위해 벌칙을 강화할 필요가 있다고 판단했으나, 2024년 3월 현재까지 법안은 국회에 계류 중이다.

　　한편, 2020년 1월 모 은행의 채용 성차별 혐의에 대해 서울동부지방법원이 무죄판결을 내린 일이 있었다. 법원은 채용팀이 합격자 남녀 비율을 통계표로 작성해 관리해왔다는 점과 여성 지원자의 점수가 변경되어 1차 면접에서 탈락한 사실이 있는 점, 결과적으로 남녀 채용 비율이 3:1에 맞춰졌다는 점을 인정했다.

　　그러나 법원은 불합격권에 있는 여성이더라도 특별한 능력이나 채용에 고려할 만한 특이점을 갖춘 지원자는 합격권으로 점수가 변경된 사례가 있다는 점을 들어, 여성이라고 해서 무조건 채용에 탈락한 것이 아니라고 보았다. 결과적으로 모든 여성이 여성이라는 이유로 채용에 탈락한 것은 아니라며 '증거 부족'을 이유로 채용 성차별을 인정하지 않았다.

　　그러나 일부 여성이 채용에 합격했다고 하더라도, 다른 여성 지원자가 단지 여성이라는 이유로 다른 남성보다 낮은 점수를 받아 채용에서 탈락한 사실은 변하지 않는다. 법원은 어떤 증거를 원했던 것일까? '모든 여성이 채용에서 탈락했다'거나 '여성이어서 탈락시켰다'고 쓰여 있는 문서라도 있어야 했던 것일까?

## 채용 성차별, 어떻게 해결할 수 있을까?

남녀고용평등법은 고용상 성차별 해소 및 여성 고용 확대 증진을 위해 적극적 고용개선조치(Affirmative Action: AA)제도에 대해 규정하고 있다(제2조 제3호). 2006년부터 실시된 AA제도에 따르면, 500인 이상 근로자를 고용하고 있는 회사나 공공기관 등은 매년 3월 31일까지 직종별·직급별 남녀 근로자 현황을 고용노동부에 제출해야 한다.

고용노동부는 동종 산업 유사 규모 대비 여성 노동자 및 여성 관리자 비율이 평균 70% 이상을 충족하는지 확인하고, 충족하지 못할 시에는 개선 계획서를 제출하도록 지시한다. 3년 이상 연속으로 미달하는 경우에는 기업 명단을 공표한다(찾아보면 우리가 잘 알고 있는 회사도 많다).

AA제도 시행 이후 여성 고용율은 2006년부터 2018년까지 30.77%에서 38.15%로, 여성 관리자율은 10.22%에서 20.56%로 다소 증가하긴 했으나 사실상 변화의 폭이 크지 않다. 또한 적용 기업의 여성 고용 현황 정보가 공개되지 않아 여성 고용률과 여성 관리자율에서 실제 채용과 승진이 어떻게 운영되어 나타나는 결과인지 알 수 없고,

정규직·비정규직 현황과 직종·직급별 여성 고용 현황을 전혀 알 수 없어 제도의 효과나 파급력에 대해 비판받고 있다.●

공기업과 은행권의 채용 성차별 문제가 드러나면서 2018년 1월 31일, 대통령 직속 일자리위원회 여성TF 회의가 개최되었다. 여성TF는 채용 단계별 성비 공개를 강력하게 주장했다. 각 단계별로 합격자 성비를 공개해 성차별이 의심되는 곳에 대하여 실태조사와 근로감독이 이루어질 수 있도록 하자는 것이다.

그러나 2018년 7월 일자리위원회는 여성 TF의 의견과 달리 신규 채용자 성비, 즉 최종 합격자의 성비를 통해 채용 성차별을 해소하겠다고 발표했다. 이는 미국 고용평등위원회(EEOC)의 '간접차별 추정'을 활용한 것으로 보이는데, EEOC는 소수집단 지원자 대비 합격자 비율이 다수집단 지원자 대비 합격자 비율의 80%에 미치지 못할 경우, 입사 기준이나 절차에 대해 간접차별 혐의가 있는 것으로 추정한다. 그러면 기업은 차별이 아니라는 점을 입증해야 한다. 다만 한국의 경우, EEOC처럼 구체적인 차별의 기준 등을 제시하지는 못하고 있다.

같은 날, 일자리위원회가 발표한 보도자료에 따르면 지원자 대비 서류 전형 합격자의 비율은 여성이 높은 반면,

●  정경윤, 〈고용성차별, 어떻게 깰 것인가〉, (민주노총 정책연구원, 2020. 01), 12쪽.

서류 합격자 대비 여성의 면접 합격 비율은 큰 폭으로 낮다고 한다. 이를 통해 볼 때, 최종 합격자 성비만으로는 채용 성차별 여부와 성차별의 구조적 원인을 밝혀내는 것이 쉽지 않다.

2019년 12월, 서울시는 채용 단계별 합격자 성비 공개 등의 내용을 담은 〈서울시 공정·평등 채용 가이드라인〉을 각 기관에 배포하고, 해당 가이드라인을 따를 것을 권고하는 방안을 제시했다. 좋은 시도이지만 권고가 아니라 강제력이 수반되고 서울시를 넘어 전국으로 확대되었으면 하는 바람이다.[•]

채용 성차별을 해소하기 위한 또 다른 방안으로는 채용 절차에 참여하는 여성 위원의 비율을 늘리는 것이 있다. 한 연구 결과에 따르면, 면접에서 여성 위원의 참여가 높을수록 여성 채용 비율이 증가한다고 한다.[••]

그런데 2017년 채용 과정에서 면접위원, 면접관, 심사위원, 평가위원 등으로 여성이 참여한 비율은 24.3%에 불과했다. 가장 일반적인 채용 단계인 '서류전형-실무면접-최종면접' 단계로 갈수록 여성 위원의 비율은 각각 '24.3%-22%-16.2%'로 점차 낮아졌다.[•••] 고위직급으로 갈수록

---

[•] 김양지영, 〈성별임금격차 해소를 위한 전제: 채용성비공시와 성평등임금공시〉, 《여성신문》, 2020.01.11.

[••] 김종숙, 〈노동시장 성 격차 해소를 위한 전략개발: 채용을 중심으로〉(한국여성정책연구원, 2018), 243~266쪽.

[•••] 앞의 보고서, 218쪽.

여성의 비율이 낮아지기 때문에 나타나는 현상인 것으로 보인다. 이 역시도 승진 성차별로서 고용상 성차별의 한 유형으로 볼 수 있다. 이 연쇄적이고 구조적인 성차별 문제 해소를 위해 채용 절차 과정에 참여하는 여성 위원의 비율 할당제를 실시하는 등 제도적인 방안을 모색할 필요가 있다.

# 2장
# 근로계약서

## 노동자 스스로를 지킬 최소한의 무기

지극히 주관적인 경험에 비추어 봤을 때, '노무사'는 그다지 잘 알려진 직업은 아니라고 생각한다. "하시는 일이 어떻게 되세요?", 혹은 "직업이 뭐예요?"라고 묻는 이들에게 "저는 노무사입니다"라고 대답했을 때 한 번에 알아듣는 경우보다 그렇지 못한 적이 더 많았다. 1부에서 이슬아 노무사가 얘기한 것처럼, "농사요?"라고 되묻는 경우도 종종 있었다.

"임금체불이나 해고나 산업재해같이 회사에서 겪는 일들에 대해 다루는 일을 합니다"라고 풀어서 대답하면 이때는 90% 이상이 이해한다. 이 일들은 현실에서 자주 일어나는 일이기 때문이다.

## 근로계약서, 작성하셨어요?

이전에 근무했던 사무실은 노동자만을 대리했기 때문에
상담을 요청하는 이들은 모두 회사로부터 어떤 부당한 일을
겪은 사람들이었다. 본격적인 상담을 시작하기 전, 언제나 내가
처음으로 묻는 질문은 바로 "근로계약서 작성하셨어요?"다.

그 이유는 간단하다. 해당 노동자가 현재 처한 상황이
어떠한지를 파악하고, 이에 대한 해결책을 제시하기 위해서는
노동자가 어떠한 조건으로 일을 하기로 했는지를 먼저
살펴보아야 하기 때문이다. 근로계약서에는 노동자가 무슨
일을 하기로 했는지, 어디서 일을 하기로 했는지, 몇 시간
일하기로 했는지, 얼마를 받기로 했는지, 언제 쉬기로 했는지
등 노동자의 노동조건에 관한 다양한 정보가 존재한다.

또 하나 중요한 점은 근로계약서에 쓰여 있는 내용들은
그 자체로 노동자와 회사가 '합의한 사항'임을 인정받을 수
있다는 것이다. 반면, 근로계약서가 없다면 노동자는 회사와
노동조건 등에 대해 어떠한 합의를 했는지 별도로 증명해야만
한다. 물론 근로계약서가 없는 구두계약도 근로계약으로
인정은 될 수 있지만, 이를 증명하기 위해 노동자는 채용공고,
통장 내역, 교통카드 내역, 메신저, 사무실 내 컴퓨터 로그
기록, 업무 관련 이메일 수·발신 내역, 출퇴근기록부,
야근시계 앱, 녹취 등 도움이 될 수 있는 자료를 최대한 많이

준비해야 한다. 이 얼마나 번거로운 일인가. 그러니 처음부터 근로계약서를 작성하는 것이 더 낫지 않을까?

그런데 사실 우습게도 나 역시 노무사로 취업하기 전까지 스스로의 근로계약서를 단 한 번도 작성해본 적이 없다. 노무사가 되기 전, 나는 여러 곳에서 아르바이트를 했다. 특히 단기에 돈을 많이 벌 수 있다는 생각에 공장(핸드폰, 정수기, 껌·초콜릿 제조공장)에서 일을 종종 했고, 프랜차이즈 빵집에서 일을 하기도 했다. 당시 나는 근로계약서라는 것이 있다는 것조차 알지 못했다.

이후 노무사 시험을 준비하는 동안에는 백화점에서 옷을 판매하는 일을 했는데 그때는 근로계약서를 써야 한다는 것을 알기는 했다. 하지만 당장 일은 해야 하는데 혹여나 근로계약서를 쓰자고 했다가 괜히 '예민한 사람'으로 보일까 봐 얘기하지 못했다.

결과적으로 나는 최저시급보다도 낮은 시급으로 임금을 받은 것은 물론, 주휴수당이나 연장근로수당, 연차수당 등 각종 수당도 제대로 받지 못했다. 근로계약서가 없으니 노동청에 신고를 할 엄두도 내지 못했다. 나의 과거 경험에 비추어 보건대 근로계약서는 꼭 있어야 하는 것이고, 이것은 노무사로서 일을 하게 된 뒤에 더욱 확신하게 된 사실이다.

이 글을 읽는 당신은 나와 같은 일을 겪지 않았으면 하는 바람으로, 근로계약서에 대해 좀 더 자세히 이야기해보고자 한다.

## 근로계약서가 없는 것은 누구의 책임인가

근로기준법 17조는 "사용자(회사)는 일하기 전에 근로계약서를 반드시 작성해야 하며, 작성한 근로계약서 한 부를 근로자에게 교부해야 한다"라고 규정하고 있다. 즉, 근로계약서 작성 및 교부의 책임을 명확하게 회사에 부여하고 있는 것이다.

그럼에도 불구하고 적지 않은 수의 회사(특히나 소규모 사업장)들은 근로계약서를 작성하지 않고 있다. 몰라서인지, 귀찮아서인지, "우리 사이에 무슨……"이라는 말처럼 서로 간에 두터운 신뢰가 있어서 필요 없다고 생각해서인지, 회사 입장에서 손해라고 생각해서인지……, 그 이유는 정확히 모르겠다.

중요한 것은 그 이유와 상관없이 근로계약서 미작성은 최대 500만 원까지의 벌금이 부과되는 '범죄'에 해당한다는 사실이다. 따라서 노동자들은 근로계약서 미작성 또는 미교부라는 범죄에 대해서 고용노동부에 회사를 신고할 수 있다.

이처럼 근로계약서를 작성해야 할 의무는 회사에 있음에도 "근로계약서를 안 썼는데, 저에게도 책임이 있나요?", "임금을 제대로 못 받았는데, 근로계약서가 없어요. 그래도 노동부에 신고할 수 있나요?"라고 묻는 노동자들이 상당히 많다. 근로계약서가 없는 것은 노동자가 책임져야 하는 사항이 아니다. 그러니 회사에서 부당한 일을 겪고도 '근로계약서가

### 근로계약서 작성하기

○ 1명 이상의 노동자를 고용하는 사업장은 반드시 근로계약서를 '서면'으로 작성해야 하고, 노동자에게도 교부해야 한다. 근로계약서의 구체적 내용은 회사마다 다를 수 있지만, 반드시 포함되어야 하는 사항이 몇 가지 있는데, 이는 다음과 같다.

1) 임금(구성항목·계산방법·지급방법)
2) 소정근로시간
3) 주휴일 및 연차휴가
4) 업무장소 및 업무내용
5) 기간제 근로자의 경우: 계약기간
6) 단시간 근로자의 경우: 근로일 및 근로일별 근로시간

○ 근로계약서는 반드시 2부를 작성해 하나는 회사, 하나는 노동자가 보관해야 한다. 또한 회사에서 근로계약서의 내용을 임의로 조작하는 경우가 있기 때문에 작성한 2부의 근로계약서에 '간인(間印)'을 하는 것이 좋다.

○ 2021년 1월 5일부터 전자문서 형태의 근로계약서 작성 및 교부도 가능하다.

없어서 신고를 못하지 않을까' 하는 걱정은 하지 않아도 된다. 다만 앞서 이야기한 것처럼 근로계약서가 없으면 회사와의 분쟁에서 노동자에게 불리한 경우가 많기 때문에

노동자들도 근로계약서를 챙겼으면 하는 바람은 있다. 근로계약서를 쓰자고 하지 않는 회사에 먼저 얘기를 꺼내는 것이 어렵고 불편할 수 있지만, 혹시 모를 상황에 대비해 스스로를 지킬 수 있는 최소한의 무기는 가지고 있어야 하니 말이다.

## 근로계약서 실전: 입사 편

회사에 입사해서 근로계약서를 쓰는 상황을 머릿속에 떠올려보자. 아마 사장 혹은 인사팀 담당자는 준비된 근로계약서를 당신에게 내밀며 이렇게 말할 것이다.

"읽어보시고 서명하세요."

그 자리에서 근로계약서를 꼼꼼히 읽어보고, 이해가 잘 가지 않거나 이상하다고 생각하는 부분에 대해 질문을 하는 사람이 몇이나 될까? 아마 대부분은 한 번 쭉 읽어보고 마지막 장에 서명을 할 것이다. '회사에서 알아서 잘 써왔겠지'라는 근거 없는 신뢰 때문에 사달이 나고 만다.

한번은 노동자가 받기로 한 월급을 제대로 못 받았다고 하면서 사무실에 찾아온 적이 있었다. 그는 250만 원을 받기로 했는데 200만 원밖에 못 받았다고 하소연했다. 나중에 확인한 결과, 근로계약서에는 월급이 200만 원이라고 쓰여 있었고, 맨

마지막 부분에는 그의 사인도 있었다. 월급이 200만 원이라고 쓰여 있는 근로계약서에 왜 사인을 하셨냐고 물었더니, 그는 "사장이 이거(계약서)는 형식적인 거라고 하면서 빨리 사인만 하라고 했어요"라고 말했다.

나는 그의 말을 믿을 수 있다. 하지만 노동부와 법원은 그의 '말'을 그대로 믿어주지 않을 것이다. 노동부와 법원은 '말뿐인 주장'이 아닌 '증거에 기반한 사실'을 원한다. 그렇기 때문에 중요한 증거 자료가 될 수 있는 근로계약서에 도장을 찍거나 사인을 하기 전에 내용을 꼼꼼하게 확인해야 한다. 도장을 찍거나 사인을 하는 것은 매우 신중해야 하며, '그냥' 해서는 절대 안 되는 것이다. 이 사실은 사직서, 근로관계 종료 동의서, 합의서 등 각종 서류에 공통적으로 적용된다.

## '계약기간'과 '임금' 꼭 확인하기

물론 근로계약서를 꼼꼼하게 잘 확인했다고 하더라도 노동자 입장에서 헷갈리는 것이 있게 마련이다. 작정하고 속이려 드는 사람에게는 당해내기 어렵다고 하지 않은가. 여기서 특별히 주의해야 할 사항 중 가장 중요한 두 가지를 살펴보자.

첫 번째는 바로 '계약기간'이다. 계약기간은 내가 정규직인지 계약직인지를 결정짓는 사항이다. 정규직은 정년(법적으로 만 60세)까지 고용이 보장되지만, 계약직은 정해진 기간까지만 고용이 보장된다. 정규직으로 입사하기로 했다면 계약기간에는 입사일만 기재하고 계약기간 종료일은 따로 기재하지 않아야 한다.

만일 계약서에 계약기간 종료일이 기재되어 있다면 이 부분은 반드시 삭제를 요청해야 한다. 회사에서 "이건 연봉 적용 기간이에요. 연봉 바뀔 때마다 계약서 다시 쓸 거예요"라고 답변하더라도 넘어가면 안 된다. 이 경우에는 '연봉 적용 기간'으로 단어를 고치거나 '연봉계약서'를 별도로 작성하자고 요구해야 한다. 실제로 정규직으로 알고 들어갔는데, 계약기간 종료일이 기재된 근로계약서에 서명했다가 계약기간 만료를 통보받았다며 상담을 하는 경우가 종종 있다. 그 노동자 입장에서는 갑작스러운 해고이겠지만, 표면적으로 그는 계약직으로 채용된 것이므로 해고로 인정받기는 쉽지 않다.

두 번째로 주의해야 할 사항은 바로 '임금'이다. 보통 연봉이나 월급이 얼마인지 즉, 내가 받게 될 임금의 총액만을 확인하는 경우가 많다. 그러나 액수 못지않게 중요한 것이 바로 임금의 구성 항목이다. 실무적으로 보았을 때 임금은 기본급 외 각종 수당(연장근로수당, 휴일근로수당, 연차수당, 식대, 상여금 등)이 포함된 '포괄임금제'의 형태를 띠는 경우가 많다. 따라서 임금 총액만을 놓고 보았을 때는 임금이 높은 것처럼 보여도 시급으로 환산하면 최저시급에 미달하는 경우가 적지 않다. 이 경우 최저시급으로 임금을 다시 계산해 차액분을 회사에 청구해야 한다. 그런데 최저시급 위반에 해당하는 것 자체를 알지 못한다면 당연히 차액분은 받지 못하게 된다.

실제 현실에서 이러한 일은 비일비재하다. 그러니 나의 임금이 어떻게 구성되어 있는지 꼭 살펴보기를 바란다. 만일 임금의 항목이 많고, 그 항목이 무엇을 의미하는지 잘 모르겠고, 그래서 시급을 계산하는 것이 어렵다면 노동청, 노동센터, 노무사 사무실 등에 상담을 받아보길 바란다. 그냥 모른 채로 대충 넘어가지만 않으면 된다.

## 근로계약서에 있는 내용이면 무조건 OK?

근로계약서의 내용은 회사와 노동자의 서명으로 효력이 인정되지만, 양 당사자의 서명이 있더라도 효력이 인정되지 않는 부분이 있다. 바로 근로계약서의 내용이 각종 법률에 위반되는 경우다.

근로계약의 양 당사자는 회사와 노동자 개인이다. 그런데 회사와 노동자 개인은 '힘의 균형'에서 결코 대등한 위치에 있지 않다. 노동시장은 자본이라는 막강한 힘을 가진 회사가 원하는 노동자를 선택하는 구조로 이루어져 있기 때문이다. 만일 시급 1만 원을 받고 일하겠다는 노동자와 시급 8,000원을 받고 일하겠다는 노동자가 있다면, 회사는 99%의 확률로 후자를 선택할 것이다.

회사의 선택은 자본주의 사회에서 당연한 것이다. 노동자들은 선택받기 위해 점점 자기 노동의 가치를 내리게 된다. 이러한 구조 안에서 아무런 규제 없이 근로계약의 내용을 무한대로 인정한다면 어떻게 될까? 상대적으로 약자의 위치에 있는 노동자는 자신에게 불리한 근로계약을 체결할 수밖에 없다. 아주 극단적으로 얘기하면 '노예계약' 수준의 근로계약이 이루어질 수도 있다. 그래서 근로계약의 내용은 적어도 노동자가 인간답게 살 수 있도록 노동법 등을 위반하지 않는 범위 내에서만 인정된다.

그렇다면 법률을 위반한 근로계약의 구체적 사례를 살펴보자. 가장 대표적인 것은 바로 최저임금을 위반한 근로계약이다. 이를테면 2024년 최저시급인 9,860원보다 더 낮은 액수로 시급을 책정하는 것이다. 이는 당연히 무효다. 아래는 실제로 상담을 하며 자주 접했던 사례들로, 법률을 위반한 무효 규정이다.

1. 퇴직금은 별도로 지급하지 않는다.
2. 주휴수당은 지급하지 않는다.
3. 연차휴가는 1년 내에 사용하지 않으면 소멸하고, 수당으로 지급하지 않는다.

⇒ 근로기준법에서 정한 요건이 충족되면 퇴직금과 주휴수당은 당연히 지급받을 수 있고, 회사가 마음대로 지급 여부를 결정할 수 없다. 마찬가지로 연차휴가를 1년 내에 사용하지 못했다면 수당으로 지급받을 수 있다.

4. 지각할 경우 10분당 5,000원의 벌금을 낸다.
5. 3개월 이내 퇴사하면 월급의 10%를 반환한다. 또는 월급을

50%만 지급한다.

⇒ 지각 시 일정액의 벌금을 내게 하는 것은 무효다. 다만 지각한
시간만큼 임금에서 차감을 할 수는 있다(예컨대 시급이 1만
원인데, 10분 지각을 했다면 1,667원을 일당에서 차감할 수
있다).
또한 월급은 일한 것에 대한 대가이기 때문에 퇴사를
결정했다고 해서 과거에 일한 대가인 월급을 뺏어가거나 덜 줄
수 없다. 일에 대한 대가는 언제나 100% 받아야 한다.

6. 수습 기간, 인턴 기간 등은 근무 기간으로 인정하지 않는다.

⇒ 수습 기간, 인턴 기간 등도 모두 근무 기간으로 인정된다.
따라서 해당 기간에도 4대 보험을 가입해야 하고,
연차휴가일수나 퇴직금 등을 계산할 때 근무 기간에 포함해야
한다.

7. 퇴사 시 대체자가 구해질 때까지 근무해야 한다.

⇒ 대체자를 구해야 하는 것은 노동자가 아닌 회사의 몫이다.
따라서 노동자는 대체자가 구해지지 않더라도 퇴사할
수 있다. 언제 구해질지 모르는 대체자가 구해질 때까지
일하도록 하는 것은 엄연히 강제노동에 해당한다. 강제노동은
근로기준법 제7조에서 금지하고 있는 것으로, 위반 시 5년

이하의 징역 또는 5,000만 원 이하의 벌금이 부과되는
범죄다. 이는 근로기준법에서 처벌 수위가 가장 높은 범죄 중
하나다.

이 밖에도 법률을 위반한 근로계약의 내용은 무수히 많다.
여기에 소개되지 않았더라도, 만약 스스로 느끼기에 '이거 좀
이상한데?' 싶은 부분이 있다면 그 내용이 법률에 위반되는
것은 아닌지 꼭 확인해보기 바란다.


## 근로계약서 실전: 퇴사 편

근로계약서는 회사에 입사할 때 작성하고, 기본적으로
그 회사에서 일하는 동안 노동자를 구속한다. 그런데 때로는
노동자가 회사를 그만둘 때에도, 심지어는 그만둔 이후까지
영향을 미치기도 한다.

근로계약서상 퇴사와 관련된 규정은 주로 노동자가
퇴사를 하지 못하게 하는 방식으로 이루어진다. 이는
강제노동과 불가분의 관계에 있기 때문에 결코 간과할 수 없는
중요한 사항이다. 퇴사와 관련해서 노동자가 주의해야 할
규정은 크게 세 가지 정도로 구분할 수 있다.

## 사직서 내고 그 이튿날부터 바로 안 나가도 될까?

첫 번째는 노동자의 '퇴사 통보 시점'에 대한 규정을 두고 있는 경우다. 노동자는 언제든 회사를 '그만두겠다'고 얘기할 수 있다. 그런데 이 말은 퇴사 통보를 했다고 해서 바로 회사에 안 나가도 된다는 뜻이 아니다. 실제로 회사에 나가지 않기 위해서는 회사의 승낙을 받거나 승낙이 없다면 일정 기간의 경과가 필요하다. 여기서 일정 기간은 보통 '근로계약서에서 정한 시점'을 의미한다. 일반적으로는 한 달 전에 통보하도록 되어 있으며, 간혹 2주 전에 통보하도록 되어 있는 경우도 있다. 해당 규정에 따라 노동자는 퇴사를 원하는 시점에서 한 달, 혹은 2주 전에 회사에 퇴사하겠다는 의사를 밝혀야 한다.

만약 근로계약서 규정과 달리 급작스럽게 '다음 주까지만 일하겠다'고 할 경우에는 어떻게 될까? 이 경우, 회사에서 승낙한다면 다음 주까지만 근무해도 문제없지만, 승낙해주지 않는다면 근로계약서에서 정한 기간이 경과하기 전까지는 출근해야 한다. 상담을 하다 보면 '다른 직장을 구했는데 다음 주부터 출근하라고 한다'며 빨리 그만둘 수 있는 방법이 없는지를 묻는 경우가 정말 많다. 원하는 답변을 드릴 수가 없기 때문에 늘 난감한 질문 중 하나다. 방법이 있으면 좋겠지만, 회사가 승낙해주지 않는 한 빨리 그만둘 수 있는 방법은 없다. 그래서 나는 "회사랑 최대한 잘 얘기해보세요"라는 말을 할 수밖에 없다. 기존 회사로부터 사직에 대한 승낙을 받거나 새로운 회사와 입사일을 조정해야

**민법 제660조(기간의 약정이 없는 고용의 해지통고)**

① 고용기간의 약정이 없는 때에는 당사자는 언제든지 계약해지의 통고를 할 수 있다.

② 전항의 경우에는 상대방이 해지의 통고를 받은 날로부터 1월이 경과하면 해지의 효력이 생긴다.

③ 기간으로 보수를 정한 때에는 상대방이 해지의 통고를 받은 당기 후의 일기를 경과함으로써 해지의 효력이 생긴다.

하는 것이다.

회사의 승낙도 없고 근로계약서에서 정한 기간이 경과하지도 않았는데 출근하지 않으면 '무단결근'에 해당한다. 무단결근은 정당한 징계사유가 되기도 하고, 퇴직금의 액수를 낮게 만들거나 구직급여(실업급여)를 받을 수 없게 만들기도 한다. 따라서 언제부터 출근하지 않아도 될지를 정확하게 아는 것은 생각보다 중요한 문제다.

물론 근로계약서에 퇴사 통보 시점이 기재되어 있지 않은 경우도 있다. 이 경우에는 회사 내 취업규칙 등에 별도의 규정이 있는지를 확인해야 한다. 취업규칙 등에도 별도 규정이 없다면, 민법 제660조가 적용된다.

이쯤 되면 뭐가 이렇게 복잡하냐며 머리가 아파올 수 있다(이 내용을 설명하고 있는 나도 같은 심정이다). 민법 규정까지 일반 노동자가 세세하게 알고 있을 필요는 없지만, 결론적으로 말하면 민법에 맡기기보다는 근로계약서나 취업규칙 등을 통해 퇴사 통보 시점을 한 달 혹은 2주로 명확하게 명시하는 것이 노동자에게 더 유리하다.

그러니 만일 근로계약서를 작성할 시점에 퇴사 통보에 대한 내용이 명시되어 있지 않다면, 해당 내용을 추가하자고 적극적으로 이야기할 필요가 있다. 물론 퇴사 통보 시점이 짧을수록 노동자에게 유리하다.

## 퇴사할 거면 돈을 내라고?

두 번째는 '퇴사에 대한 손해배상' 규정이 있는 경우다.

- 입사 후 1년 이내에 퇴사할 시 회사에 500만 원의 손해배상액을 지급한다.
- 입사 후 3년 이내에 퇴사할 시 연봉의 30%를 반환한다.
- 시급은 1만 5,000원으로 한다. 단, 6개월 내 퇴사 시 시급은 최저시급으로 재계산한다.

이는 노동자에게 퇴사에 대한 부담감을 가득 주어 회사를 그만두지 못하게 만드는 강력한 힘이 되는 규정이다. 실제로 적지 않은 회사에서 퇴사와 관련해 위와 같은 규정을 근로계약서에 넣고 있다.

물론 노동자의 퇴사로 인해 실제로 회사에 금전적 손해가 발생했다면, 배상을 해야 할 수도 있다. 손해가 발생했다는 사실과 어느 정도의 손해가 발생했는지 즉, 손해액에 대해서는 회사가 객관적으로 입증해야 하지만 말이다. 그런데 문제는 회사에 손해가 실제로 발생했는지, 손해액은 얼마인지를 묻지도 따지지도 않고 무조건 퇴사하면 일정액을 배상해야 한다는 규정을 넣는 경우다.

노동자는 회사에 대한 충분한 정보 없이 입사하는 경우가 대부분이다. 임금과 근로시간 등과 같은 노동조건 외에도 밥 먹을 때 수저를 놓는 사람이 따로 정해져 있는지, 회식은 많은지, '꼰대 짓' 하는 사람은 없는지, 같이 일하는 동료의 성향은 나와 잘 맞는지, 전반적인 조직문화는 어떠한지 등은 회사를 계속 다닐지 말지를 결정짓는 중요한 요소다. 이러한 정보는 그 회사에서 직접 일해보지 않으면 제대로 알 수가 없다. 괜찮을 것이라 예상했던 회사가 막상 겪어보니 별로일 수 있고, 그 반대의 경우도 있을 수 있다. 후자의 상황이라면 아무런 문제가 없지만, 전자의 상황이라면 매우 절망적이다. 아무리 힘들어도, 의무재직기간 전에 퇴사하면 회사에 돈을 물어줘야 한다는 두려움에 쉽게 회사를 그만둘 수 없기 때문이다.

자연스레 '이거 좀 이상한데?' 하는 생각이 들 것이다. 여기서 생각이 멈추면 안 된다. 앞서 이야기했던 것처럼 이상한 느낌이 든다면, 곧바로 법률에 위반되는지 여부를 확인해야 한다. 다행히도 근로기준법은 "사용자는 근로계약 불이행에 대한 위약금 또는 손해배상액을 예정하는 계약을 체결하지 못한다"(제20조)라고 규정하고 있으며, 위반 시에는 500만 원

이하의 벌금을 부과하고 있다. 즉, 퇴사에 대한 '무조건적'인 손해배상 규정은 무효이니 안심해도 된다는 것이다.

실제로 회사에 입사해 10년간 일하기로 약정하는 대신 이전에 퇴사할 경우에는 10억 원을 배상하기로 하는 근로계약 사례가 있었고, 이에 대해 법원은 전형적인 위약금 또는 손해배상액의 예정에 해당하여 무효라고 판단했다(대법원 2009. 10. 23. 선고 2006다37274 판결).

또한 학원 원장과 강사 사이에 급여를 매월 50만 원 인상하는 내용의 근로계약을 체결하면서 수강 학생의 인원이 50명 미만일 때 퇴사하게 되면 매월 인상된 급여의 50%(25만 원)에 해당하는 금액을 반환하기로 하는 약정을 체결한 경우도 있었다. 이 사례에 대해 법원은 수강 학생의 인원에 대한 책임을 모두 노동자에게 지우는 것은 부당하고, 인상된 급여는 노동에 대한 정당한 대가(즉, 임금)이므로 이를 반환하기로 정한 것은 근로기준법 위반에 해당하여 무효라고 보았다(대구지방법원 2014. 6. 13. 선고 2013나17030 판결).

### 퇴사하고 다른 회사에서 일하지 말라고?

세 번째는 '퇴사 후 노동자가 다른 회사에 취업하거나 혹은 자영업을 하는 것을 금지'하는 경우다. 회사가 이러한 규정을 두는 이유는 노동자가 회사를 다니면서 얻은 내부 기밀이나 핵심 기술을 유출하는 것을 막기 위해서다.

실제로 한 외국어 학원과 영어 강사 간에, 퇴사 후 1년 이내에 근처 다른 학원에 영어 강사로 취업하거나 새로 학원을 개원하는 것을 금지하는 약정을 체결한 사례가 있었다. 해당 강사는 퇴사한 이튿날, 본래 다니던 학원에서 약 500m 떨어진 다른 학원에 영어 강사로 재취업했다. 학원은 강사에게 계약을 위반했다며 손해배상을 청구했다.

헌법에 따르면 모든 국민은 근로의 권리가 있고(제32조), 직업선택의 자유가 있다(제15조). 과연 회사의 영업 비밀 등의 유출을 막기 위해 헌법상 기본권을 제한할 수 있을까? 이 사례에서 법원은 해당 강사에게 손해배상책임이 있다고 판단했다. 재취업 등을 제한하는 기간이 1년으로 그리 길지 않고, 지역 역시 '인근'으로 한정했다는 점에서 강사의 직업선택의 자유가 본질적으로 침해되지 않는다고 본 것이다(서울중앙지방법원 2019. 1. 21.선고 2018가단5059836 판결).

만일 퇴사 후 재취업을 금지하는 기간이나 장소, 업종이 특정되어 있지 않았거나, 특정되어 있더라도 장기간, 광범위한 장소에서의 재취업을 금지하는 것이었다면 법원은 강사의 손해배상책임을 인정하지 않았을 것이다.

이전 회사에서 퇴사 이후의 삶까지도 관여할 수 있다는 사실에 놀랄 수 있다. 해당 규정은 현실에서 쉽게 볼 수 없는 '희귀한' 규정이기도 하고, 일정한 요건을 갖춘 경우에만 효력이 인정되는 것이니 너무 걱정할 필요는 없다. 그러나 혹시라도 근로계약서에서 퇴사 후 재취업을 금지하는 내용의 규정을 발견했다면 바로 사인하지 말고 먼저 상담을

## 퇴사할 때 챙겨야 할 경력증명서(사용증명서)

### O 경력증명서, 왜 필요한가?

새로 회사에 입사할 경우, 대부분 이전 직장에서의 경력을 확인할 수 있는 객관적인 자료 제출을 요구받는다. 자격 요건을 확인하거나 적정한 임금을 책정하기 위해서다. 4대 보험 가입 이력은 재직 기간만 확인할 수 있을 뿐 담당 업무나 직책 등은 확인할 수 없다. 따라서 재직 기간, 담당 업무, 직책 등의 내용이 기재된 경력증명서가 필요하다.

### O 언제까지 발급받을 수 있나?

경력증명서는 퇴사 시 회사가 자동으로 발급해주는 서류가 아니다. 경력증명서는 노동자가 청구해 받는 서류이며, 재직 기간이 30일 이상이라면 누구나 청구할 수 있다. 다만 경력증명서는 퇴사 후 3년까지만 청구가 가능하다(근로기준법 시행령 제19조). 만일 퇴사 후 3년이 지났다면 이전 직장에서 경력증명서의 발급을 거부할 수도 있다. 소규모 사업장의 경우에는 폐업을 할 수도 있으니, 가급적이면 퇴사할 때 경력증명서를 발급받아 놓는 것을 권장한다.

### O 경력증명서를 발급해주지 않으면 어떻게 하나?

회사는 노동자가 청구하면 경력증명서를 즉시 발급해주어야 하고, 증명서에는 노동자가 요구하는 사항만을 적어야 한다(근로기준법 제39조). 노동자가 적법한 청구 기간(퇴사 후 3년) 내에 경력증명서 발급을 요청했음에도 이를 거부한다면, 노동청에 신고할 수 있다. 이 경우 회사에 최대 500만 원 이하의 과태료가 부과된다.

받아보기를 바란다.

## 버티는 것이 삶을 더 아프게 한다면

나는 직업의 특성상 "이런 상황에서는 어떻게 하는 것이 더 좋을까요?"라는 말을 많이 듣는다. 그럴 때마다 나의 말로 인해 그가 감당할 수 없는 상황에 놓이게 될까 봐 두려운 마음이 든다.

그럼에도 불구하고 요즘 버티는 게 능사는 아니라는 말을 꽤 자주 한다. 예전에는 나 역시 끝까지 버티는 것이 이기는 것이고, 능력을 증명하는 길이라고 생각했다. 그런데 노무사라는 직업을 가진 뒤로 많은 사람을 만나면서, 버티는 것이 때론 삶을 더 아프게 만들기도 하는 것을 보게 되었다. 버텨서 얻을 것이 없거나 잃을 것이 더 많다면 그만둘 줄도 알아야 한다. 몸과 마음이 계속 상처 나고 있는 상황에서 스스로를 지키기 위해 잠시 숨을 고르는 시간을 갖는 것도 괜찮은 방법이지 않을까? 자신을 지키기 위해서, 물질적으로든 정신적으로든 더 나은 삶을 위해서, 아니면 특별한 이유가 없더라도 퇴사는 할 수 있다. 혹시나 당신이 퇴사를 하려고 할 때, '잘못된 근로계약서 규정'에 속아 주저하지 않았으면 좋겠다.

**근로기준법 제19조(근로조건의 위반)**

① 제17조에 따라 명시된 근로조건이 사실과 다를 경우에 근로자는 근로조건 위반을 이유로 손해의 배상을 청구할 수 있으며 즉시 근로계약을 해제할 수 있다.

② 제1항에 따라 근로자가 손해배상을 청구할 경우에는 노동위원회에 신청할 수 있으며, 근로계약이 해제되었을 경우에는 사용자는 취업을 목적으로 거주를 변경하는 근로자에게 귀향 여비를 지급하여야 한다.

## 회사로부터 도망칠 '권리'

입사할 때 근로계약서를 썼다. 내용도 꼼꼼히 봤다. 일도 열심히 했다. 그런데 어째서인지 실제로 일하는 게 근로계약서와 다르다. 월급 300만 원을 주기로 했으면서 200만 원만을 준다거나, 오전 9시부터 오후 6시까지 일하기로 했는데 자꾸만 오후 10시까지 일을 시킨다. 물론 못 받은 100만 원에 대해서 노동청에 신고할 수 있고, 오후 6시부터 10시까지 4시간 추가 근무한 것에 대해서도 추가 임금을 받을 수는 있다. 그런데 이것과 별개로 이런 생각이 들 수 있다.

'이런 회사를 계속 다녀야 되나?'

만일 당신이 입사 초기에 이와 같은 일을 겪었다면,

나는 빨리 그 회사에서 도망치라고 말해줄 것이다. 첫째는 입사 초기에 위와 같은 일이 발생했다면 앞으로도 비슷한 일이 계속 발생할 가능성이 매우 높기 때문이고, 둘째는 근로기준법에서도 당신에게 '회사로부터 도망칠 권리'를 부여하고 있기 때문이다(제19조).

앞서 이야기한 것처럼 노동자는 언제든 회사에 그만두겠다는 사직의 의사표시를 할 수 있지만, 실제로 회사에 출근하지 않으려면 회사의 승낙이 있거나 일정 기간이 경과해야만 한다. 그런데 의외로 회사는 노동자의 사직 수리를 거부하는 경우가 많고, 노동자들은 울며 겨자 먹기로 일정 기간 동안 회사에 계속 다녀야 한다.

하지만 근로계약서에 명시된 노동조건과 내가 실제로 적용받는 노동조건이 달라서 사직을 하는 경우에는 다르다. 이때 노동자는 그만두겠다고 말하는 그 순간부터 회사에 나가지 않아도 된다. 회사의 승낙을 받을 필요도, 일정 기간이 경과하기를 기다릴 필요도 없다는 것이다.

뿐만 아니라 근로계약서와 다른 노동조건을 적용받음으로써 금전적·정신적 손해를 입은 사실이 있다면 노동자는 이에 대해 손해배상을 청구할 수도 있다. 그리고 퇴사 이후 다른 회사에 입사하기 위해 다른 지역으로 이사하게 되었다면 그 비용도 회사에 청구할 수 있다. 이때 이사에 드는 일체의 비용을 법에서는 '귀향 여비'라고 표현한다.

이처럼 노동자에게 '근로계약 즉시해제권', '손해배상청구권', '귀향 여비 청구권'까지 꽤 많은 권리를 부여하고 있는 이유는, 입사 초기의 노동자가 근로계약관계의 구속에서 벗어나기가 상대적으로 어려워서 강제노동으로부터 보호하기 위함이라는 것이 법원의 입장이다(대법원 1997. 10. 10. 선고 97누5723판결).

만일 근로계약서와 다른 노동조건을 적용받으며 장기간 근무를 한 경우라면 위 세 가지 권리를 행사할 수 없다. 불만을 꾹 참고 성실하게 일해서 오히려 권리를 행사할 수 없게 되는 것이 아이러니하지만, 제도의 취지 자체가 입사 초기의 강제노동을 금지하기 위한 것이라고 하니 별수 있나.

다만 법원은 '취업 후 상당 기간'이 경과하면 위 권리를 행사할 수 없다고 하면서도, 구체적으로 그 상당 기간이 어느 정도인지에 대해서는 언급하지 않았는데 이 부분은 보완할 필요가 있다고 생각한다.

2023년 직장갑질119가 직장인 1,000명을 대상으로 조사한 바에 따르면, 응답자의 17.1%가 입사 제안 조건과 실제 근로조건이 동일하지 않았다고 답했다. 근로계약서상 노동조건과 다른 노동조건을 적용받는 것이 현실에서 종종 일어나는 셈이다.

그런데 나는 이런 상황에서도 노동자가 근로계약즉시해제권이나 손해배상청구권 등을 행사했다는 얘기를 거의 들어보지 못했다. 실제로 근로기준법 제19조에 따른 노동자의 권리가 인정된 사례도 없는 것 같다. 아마도 해당 상황에서 노동자가 어떠한 조치를 취할 수 있는지, 스스로에게 어떠한 권리가 있는지를 잘 모르기 때문이 아닐까 싶다.

솔직히 말하면 노무사인 나조차도 이 규정은 다른 근로기준법 규정에 비해 생소하게 느껴지는 것이 사실이다. 따라서 일반 노동자들이 이 내용을 일반 상식처럼 알고 있기 어렵다고도 생각한다. 그렇지만 부당한 상황에 대해 회사가 아무런 책임을 지지 않는 것을 가만히 보고 있을 수는 없다. "여러분 노동법에서 노동자에게 이런 권리도 보장하고 있어요!" 하고 널리 알리는 것이 노무사로서 나의 역할이지 않을까? 위와 같은 상황에 처했을 때 노동자들이 자신의 권리를 적극적으로 행사할 수 있도록 앞으로도 많이 홍보하고 다닐 생각이다.

## 노동자와 프리랜서, 그 애매한 경계

상담을 하다 보면 "저 프리랜서로 일했는데, 퇴직금 받을 수 있나요?"와 같은 질문을 정말 많이 받는다. 프리랜서는 노동법(정확하게 말하면 근로기준법)상 노동자가 아니다. 따라서 프리랜서에게는 노동자에게 적용되는 노동법이 적용되지 않는다. 그런데 문제는 그가 '진짜' 프리랜서냐는 것이다.

### '근로계약서'가 아닌 계약서를 썼다고 해도

스스로를 프리랜서라고 소개하는 이들에게 왜 그렇게

생각하는지 물어보면, 십중팔구 '근로계약서가 아니라
용역계약서, 위촉계약서, 프리랜서 계약서 등의 명칭으로
계약서를 썼다'거나, '4대 보험에 가입하지 않아서(혹은 3.3%
사업소득세를 공제해서)'라는 답변이 돌아온다. 기본급(고정급)
없이 성과에 따라 매달 임금을 다르게 받기 때문이라는 말도
가끔 들을 수 있다.

　　그러나 곰곰이 생각해보면 이와 같은 사실은 일하는
사람이 결정하는 것이 아니라 대체로 회사가 일방적으로
결정하는 경우가 많다. 회사가 일방적으로 결정한 사안들로
그가 노동법상 노동자인지 프리랜서인지를 구분하는
것은 불합리하다. 근로계약서라는 명칭의 계약서를 쓰지
않았더라도, 4대 보험에 가입하지 않았더라도, 기본급을 받지
않더라도 노동법의 적용을 받는 노동자일 수 있다.

　　실제로 여성들이 많이 일하는 대학교 내 한국어
강사의 경우, '위촉계약서'라는 명칭의 계약서를 작성하고
4대 보험에도 가입하지 않았지만 노동법상 노동자로서의
지위가 인정됐다. 학교는 '이들은 노동자가 아니기 때문에
퇴직금과 주휴수당 등을 줄 수 없다'고 했지만, 법원은
'노동자이기 때문에 퇴직금과 주휴수당 등을 지급해야 한다'고
판단했다(대법원 2007. 3. 29. 선고 2005두13018, 12035판결).

### 스스로 '가짜 프리랜서'는 아닌지 의심해볼 것

　　그렇다면 노동법상 노동자인지 여부를 판단하는 기준은

무엇일까? 법원은 노동자를 "사용자의 지휘·감독하에 업무를 수행하는 사람"으로 보고 있다. 풀어서 설명하면 '대체로 자율성이나 독립성 없이 회사가 시키는 일을 해야 하는 사람'을 노동자로 보겠다는 것이다. 좀 더 세부적인 판단 기준으로는 출퇴근 시간이 정해져 있는지, 고정된 사무실로 출근하는지, 업무에 소요되는 비품 등에 대한 비용을 누가 부담하는지, 회사 내 취업규칙(또는 인사규정 등)의 적용을 받는지, 업무에 대하여 지휘·감독을 받는지 등이 있다(대법원 2006. 12. 7. 선고 2004다29736판결 등).

참고로 법원은 1994년에 최초로 노동법상 노동자 해당 여부에 대한 일반적인 판단 기준을 제시한 이후, 약 30년이 지난 현재까지 거의 동일한 판단 기준을 유지하고 있다. 2006년에 판단 기준에 대한 약간의 변화가 있었지만 큰 틀은 변하지 않았다.

약 30년 전 판단 기준으로는 플랫폼 노동(애플리케이션을 통해 노동이 이루어지는 가사노동, 배달 대행, 대리운전 등)처럼 오늘날 다양한 형태로 일하는 수많은 사람들을 노동자로 포섭할 수 없다. 시대 변화에 맞게 노동자 판단 기준도 변화해야 한다고 생각한다.

물론 노동자인지 여부를 판단하는 세부적인 판단 기준을 일반 노동자가 외우고 있을 필요는 없다. 다만 적어도 프리랜서로 포장된 외관에 속아 스스로를 노동자가 아니라고 단정 짓지는 말아야 한다. 어쩌면 당신도 노동자로서의 권리를 주장하지 못하게 만들려는 사용자의 덫에 빠진 '가짜'

프리랜서일 수도 있으니까.

# 3부
## 적당하게 일하고 제대로 받기
## : 근로시간과 임금

_여수진

# 1장
# 근로시간

## 우리가 적게 일해야 하는 이유

> "(하루만 쉬다가) 이틀 쉬니 월요병 더 심해졌네"
>
> "휴가제 안 바꾸면 휴일 수 세계 1위 될 것"
>
> "기업할 맛이 싹 가셨다"
>
> "삶의 질 높이려다 삶의 터전 잃습니다"

주5일제가 처음 시행되던 2000년대 초 보도기사와
신문광고의 제목들이다. 지금 와서 보면 말도 안 되는 호들갑에
실소가 나온다. 그러나 마냥 웃을 수만도 없다. 사용자는
이렇듯 줄곧 노동자의 시간을 탐욕스럽게 넘보아왔기
때문이다.

## 노동이란 내 삶의 일부를 떼어주는 것

1분 1초도 에누리가 없는 '하루 24시간'이라는 시간은 갓 태어난 아기부터 황혼기의 노인까지, 성별과 지위고하를 막론하고 가장 공평하게 주어지는 자원이다. 노동자는 이 시간 중 일부를 사용자에게 제공하고 그 대가로 생계를 꾸린다. 근로계약의 본질은 임금과 노동력의 맞교환이고, 이때 노동력의 단위는 다름 아닌 '시간'이기에 노동이란 내 삶의 일부를 떼어 사용자에게 주는 행위가 된다.

그러나 자본은 효율과 비용을 이유로 노동자의 시간을 빼앗고 편의대로 주무르고 싶어 한다. 큰 맥락에서 노동운동은 자본에 빼앗기는 시간을 줄이기 위한 싸움이었다고 해도 과언이 아니다. 근로기준법은 노동자의 삶이 무한히 착취되지 않도록 근로시간의 상한을 정한다. 1953년 근로기준법이 처음 생길 때 법정근로시간은 하루 8시간 1주 최대 60시간이었다. 그러나 이를 지키는 사람은 드물었다. 1960년대 평화시장 봉제 노동자들은 하루 12~14시간씩 비참한 환경에서 일했고, 전태일은 '근로기준법을 준수하라'고 외치며 자신의 몸과 함께 근로기준법 책을 불태웠다.

이후, 1980년대 민주화의 영향으로 법정근로시간이 점차 줄어들었고 20년 전인 2004년에 지금과 같은 주5일 40시간제가 시행되었다. 여기에 1주 12시간까지 연장근로가 가능하므로 노동시간 상한은 1주 52시간이다. 그런데 고용노동부는 '근로기준법의 1주는 5일'이라는 희한한 주장을 하면서 토·일요일 포함 주당 최대 68시간까지 일을 하게 했다. 결국 2018년 근로기준법을 개정하여 '1주는 휴일을 포함한 7일'이라는 너무나도 상식적인 문구를 명시하고 나서야 진정한 의미의 52시간 상한제가 시행되었다.

## 하루 8시간 노동은 누구의 기획인가

최대 근로시간이 68시간이든 52시간이든 변하지 않는 사실이 하나 있다면, 근로시간에 대한 논의가 항상 '정상 노동자'를 기준으로 진행되어 왔다는 점이다. 여기서 정상 노동자란 전일제(풀타임)로 일하는 남성 노동자를 말한다. 사회의 다른 분야처럼 노동법 역시 가부장제 이데올로기에서 자유롭지 못하다. 근로기준법에서 나이가 어린 근로자와 여성은 특별히 '보호'되는, 예외적 존재로 여겨진다. 돌봄과 재생산을 위한 노동은 여성이 떠안기 때문에 남성 노동자에게는 퇴근만 하면 온전한 여가 시간이 주어지는 것으로 가정되고 법정근로시간도 남성이 생계를 부양하고 여성이 돌봄노동을 전담하는 체계를 바탕으로 변해 왔다.

지금의 '하루 8시간 노동'에 대한 요구는 19세기부터 있어 왔는데, 하루 14~17시간씩 일하던 산업혁명 당시 '8시간 노동, 8시간 수면, 8시간 휴식'이란 구호는 매우 급진적인 것이었다. 그럼에도 불구하고 돌봄노동을 빼고 하루를 3등분한 것은 엄연히 가부장제 남성 노동자 관점의 시간 기획이었다고 할 수 있다.

## 남성생계부양자 모델과 장시간 노동

이 같은 '남성생계부양자' 모델은 장시간 노동과 궁합이
잘 맞는다. 돌봄노동을 여성에게 맡기면 가부장의 모든 시간을
노동에 투입할 수 있기 때문이다. 한국도 경제 고도성장기 즉,
노동력이 집중적으로 필요한 시기에 남성생계부양자 모델이
더욱 고착화되었다. 기업 입장에서는 필요한 노동력을 채우기
위해 새로운 사람을 고용하기보다 기존 노동자들에게 수당을
주고 일을 더 시키는 것이 효율적이었다. 야근과 특근으로
공장은 24시간 돌아갔고 생계부양자는 '저녁이 있는 삶'을
포기하는 대신 가족이 먹고살 만한 임금을 벌 수 있었다.
결혼, 육아, 교육, 자녀 결혼 등 정상 가족의 생애주기에
맞추어 노동자의 호봉이 올랐고 기업은 '저녁'을 바칠 수
없는 여성들에게 자리를 내어주지 않고도, 경제성장에 따른
노동력을 손쉽게 확보할 수 있었다.

실제로 2013년 당시 한국 대기업 생산직으로 일했던
남성 노동자의 임금명세서를 보면 기본급이 192만 원이지만
한 달 동안 422시간, 그러니까 휴일 없이 30일로 나누어도
하루 평균 14시간이라는 살인적인 노동을 하고 총 478만
원을 벌 수 있었다.[•] 이렇게 OECD 최악의 과로 국가의 길을

---

•   구은회, 〈[왜곡된 임금체계, 이제는 바꾸자 ②] 대공장 생산직 23년
    차 김병만씨의 임금명세서로 본 '귀족노동자'의 삶〉,《매일노동뉴스》,
    2013.08.05.

걸어온 대한민국 노동자들은 아직도 독일 노동자보다 1년에 3.2개월을 더 일하고 있다.●

## 적게 일할수록 평등해진다

남성생계부양자 모델이 무너지고 여성의 사회 진출이 당연해진 지금도 남성의 노동은 가족을 먹여 살리는 숭고한 것으로, 여성의 노동은 '애들 학원비'나 '반찬값'을 벌기 위한 보조적인 노동으로 취급받기 일쑤다. 일하는 여성은 '노동자라서', 장시간 근로와 예측할 수 없는 야근에 시간을 빼앗기고, 퇴근 후에는 '여성이라서' 돌봄이라는 무급 노동에 또 동원된다.

장시간 노동 구조가 계속되는 한 임금노동과 돌봄노동 그 어느 것도 여성에게 평등하게 분배되기 힘들다. 근로시간이 길어질수록 생계부양자는 가사와 돌봄노동에 참여하기 힘들어지고, 돌봄에 더 구애받는 여성은 자본이 요구하는 장시간 노동을 수행할 수 없어 일자리에서 밀려나거나 단시간제와 같은 불안정 노동을 전전하는 악순환이 계속되기 때문이다.

OECD에서 조사한 연간근로시간과 성별고용률의 관계를

● OECD, 'Average annual hours actually worked per worker', https://stats. oecd.org/index.aspx?DataSetCode=ANHRS

보면 연간근로시간이 100시간 줄어들 때, 남성고용률은 0.65%p 상승에 그치지만 여성 고용률은 2.41%p나 상승한다. 즉, 노동시간 단축의 효과는 남성보다는 여성의 고용률에 4배가량 더 긍정적으로 작용한다.[•]

수년간의 팬데믹은 돌봄노동을 재평가하고 유급 노동 중심의 시간 기획을 성찰하는 계기가 되었다. 근로시간 단축에 대한 이야기도 단순히 노동의 '길이' 문제가 아니라 일상의 시간 분배를 누가 정하는지에 대한 '시간 주권' 문제로 나아가고 있다.

몰아서 일할 땐 한 주 69시간 일하고 쉴 때는 제주도 한 달살이도 가능하다고 홍보했던 윤석열 정부의 근로시간 개편안이 거센 포화를 맞았다. 연차휴가조차도 눈치 보는 한국 노동자에게 사용자 중심의 근로시간 유연화는 '몰아서 쉴 수 있는' 제도가 아니라 '몰아서 일하는' 제도가 될 것이고, 예측 불가능한 장시간 노동은 누군가 집에서 돌봄을 전담해야만 하는 구조를 다시 요구하므로 성평등에 큰 방해가 될 것이다.

앞으로 근로시간에 관해 어떤 논의가 펼쳐지든지 간에, 그것은 불평등의 대상이자 그 누구보다 '시간 빈곤'에 시달리고 있는 여성의 관점이 중심이 되어야 한다. 시간 빈곤이란 노동시간이 과도해 여가 시간이 부족한 상태를

---

● 안주엽, 〈적정 근로시간을 찾아〉, 《노동리뷰》 통권 제130호 (한국노동연구원, 2016), 57~67쪽.

말한다. 한국에서는 남성보다 여성이 더 시간 빈곤에 시달릴 확률이 높은데 그중에서도 맞벌이 유자녀 여성은 한국에서 시간 빈곤에 가장 취약한 집단이다. 최근의 시간 빈곤에 대한 연구는 '시간은 누구에게나 평등하다'는 관점에 문제를 제기한다. 여성 노동자의 목소리가 그 어느 때보다 필요한 시점이다.

## 노동자의 시간은 누구의 것인가?

우리가 회사에서 보내는 모든 시간이 근로시간이 되는 것은 아니다. 미리 출근해 영어 공부를 하기도 하고 점심시간에는 식사를 하러 나갔다 들어오고 퇴근 전 책상 청소를 할 때도 있고 은행이나 병원을 잠깐 다녀올 수도 있다.

법적 의미로 '근로시간'은 근로자가 노동력을 사용자의 처분 아래에 두어 사용자의 지휘 감독에 구속되는 시간이다. 이와 반대로, 일하는 도중 사용자의 지배 관리를 완전히 벗어날 수 있는 시간은 '휴게시간'이라고 하며 이 시간에 대해서는 임금을 요구할 수 없다. 보통 점심시간 1시간이 법적 의미의 휴게시간에 해당한다.

### 근로시간인가 휴게시간인가

그런데 휴게시간인지 근로시간인지 판단이 애매한 순간이

있다. 출근 전에 영어 공부가 아니라 업무 준비를 했다면? 업무를 하다 잠깐 담배를 피우거나 커피를 마시는 시간은? 금요일에 출발해 토요일에 돌아오는 워크숍은 연장근로가 아닐까?

판단 기준은 작업장을 완전히 떠날 수 있을 정도로 자유로운 시간인지 아닌지에 달려 있다. 일이 한가해 잠을 자고 TV를 봤더라도 출근해서 대기할 의무가 있었다면 그 시간은 노동시간이다. 출근 전 미리 나와서 작업 준비를 하라는 지시가 있어서 10~20분씩 일찍 출근했다면 그 시간도 임금을 받아야 할 근로시간이다.

흡연 시간에 대해 법원은 실제로 일을 하지는 않지만 사용자의 지배·관리하에 있고 자유로운 이용이 보장된 휴게시간이 아니기에 근로시간에 해당한다고 보고 있다(대법원 2006. 11. 23 선고 2006다41990 판결). 다만, 회사가 흡연과 커피를 위해 자리를 떠나지 말라고 명확히 지시를 했다면, 이에 반해 자리를 비운 행위는 근로시간으로 보지 않을 수 있다.

퇴근 후 회식은 동료 간 친목 도모를 위한 것이라면 노동시간으로 볼 수 없지만 상사가 지시한 거래처와의 회식이라면 근로시간에 해당한다. 워크숍, 세미나, 교육 시간도 참석해야 할 의무가 있으면 근로시간으로 보는 것이 원칙이다.

결국 어떤 시간이 노동시간이냐 아니냐의 기준에서는 그 시간이 내 마음대로 할 수 없는 '종속적'인 시간이었는지가 핵심이 된다. '종속적'이라는 것은 누군가에게 속해 있음을 뜻한다. 그렇다면 회사에서 보내는 나의 시간에 대한 전적인

권리가 회사에 있는 것일까? 잠자는 시간을 제외하면 가장 긴 시간을 보내는 곳이 회사인데, 그 시간의 주인은 회사인가? 다음의 경우들을 한번 생각해보자.

## 존엄을 지키면서 일할 권리

8초. 한 콜센터 사업장의 노동자들이 하나의 콜을 끝내고 다음 콜을 받기 전까지 허용되는 최대 시간이라고 한다. 노동 통제가 초 단위로 이루어지는 데 놀라는 것도 잠시, 성희롱과 폭언에 노출된 경우에도 8초 룰은 어김없이 적용된다. 무슨 무슨 년 운운하는 폭언을 들어도, 불시에 성희롱을 당해 손이 벌벌 떨려도 잠시 찬바람을 쐬며 놀란 마음을 다독이거나 눈물을 닦을 시간은 없다. 다음 사람의 전화를 8초 안에 받아야 하기 때문이다.

8초 룰 이외에도 콜센터 노동자들의 업무 매뉴얼은 대부분 초나 분 단위로 구성되어 있다. 화장실을 가거나 잠깐 자리를 비울 때도 반드시 컴퓨터에 '이석(離席, 자리를 뜸)' 체크를 해야 한다. 하루 동안 자리를 몇 분이나 비웠는지, 몇 건의 콜을 받아 처리하고 있는지 매니저의 모니터에 기록되어 실시간으로 실적 압박을 당한다.

이들의 업무 매뉴얼을 보고 있자면 끊임없이 제품이 밀려오는 공장 조립라인이 떠오른다. 1920년대 미국의 테일러는 공장 노동자의 작업을 50~60가지로 세분화해 각 과정마다 스톱워치를 들고 최적의 작업 동작과 속도를

연구했다. 노동자를 반복적이고 효율적으로 움직이도록
통제하기 위해서였다. 이로 인해 생산성이 비약적으로
높아졌지만 인간을 기계화·노예화한다는 비판을 받았다.

당시 테일러가 통제한 것은 사람의 동작이었지만
이제 콜센터 노동자들은 사람의 감정까지도 '콜'이라는
컨베이어벨트의 속도에 맞추어야만 한다. 이러한 환경에서는
노동자의 존엄은커녕 건강과 안전을 지키는 것조차 어렵게
된다. 콜센터 노동자들은 한국 노동자 평균에 비해 여성질환
2배, 만성피로 호소 비율 3배, 방광염은 10배, 우울불안장애 등
정신질환 발병율도 10배가량 높다.[●]

## 감시당하지 않을 권리

골프채 판매 매장에서 일하는 A씨는 혼자 매장을
지키다가 잠깐 자리를 비웠는데 몇 분 지나지 않아 본사
관리자로부터 카카오톡 메시지를 받았다. 왜 자리를
비웠느냐고 추궁하는 내용이었다. 며칠 후에는 근무시간 중에
휴대폰을 보았다는 이유로 시말서를 쓰라고 했다면서 회사가
이래도 되는지 상담을 해왔다.

이제는 주변 어디를 가나 CCTV가 있다. 사업장의 방범,
안전, 시설 관리 등의 목적으로 설치된 CCTV는 종종 직원을

● 민주노총, 〈2023년 콜센터 노동자 건강권 실태조사 보고서〉, 2023.07.

감시하는 수단으로 악용된다. 월급 주고 일을 시켰으니 직원들이 일을 하는지 안 하는지 감시할 수도 있는 것 아닌가? 그렇지 않다. 업무 시간에 자리를 자주 비우는 직원이 있어서 CCTV 영상으로 증거를 확보해 경고하는 것도 안 되나? 안 된다.

개인정보보호법에 제25조에 따르면 공개된 장소에 설치된 CCTV는 범죄예방 및 수사, 시설 안전 및 화재 예방, 교통 단속 등 제한된 목적으로만 사용할 수 있기에 근태 관리에 이용할 수 없다. 사무실을 비롯한 비공개 장소에 CCTV를 설치하는 경우에는 정보 수집과 이용의 목적, 수집하려는 정보의 항목, 정보의 보유 및 이용 기간 등을 명시하고 이에 대한 노동자들의 동의를 받아야 한다. 보통은 시설 안전, 화재 예방 등의 목적으로 CCTV를 설치하므로 이를 근태 관리에 활용하는 것은 대부분 불법이다.

운전원, 서비스 기사 등 외근이 잦은 경우에는 GPS 추적도 문제가 된다. 업무상 필요한 프로그램을 휴대폰이나 태블릿에 설치해야 하는데, 이 앱을 통해 노동자의 정보를 광범위하게 수집한다. 근로자 입장에서는 족쇄나 다름없다.

국가인권위원회는 "은밀하며 지속적인 전자감시는 근로자로 하여금 자기검열에 의한 능동적인 통제까지 초래할 수 있다는 점에서 헌법 제10조 인간의 존엄과 가치의 본질을 침해할 수 있다"라고 보았다. 법원은 GPS로 노동자의 위치 정보를 수집하는 것이 정당한지에 대해 판단하면서 회사의 재산권보다 노동자의 인격권과 프라이버시를 지켜야 할 가치가 더욱 크다고 판단했다(수원지방법원 성남지원 2017. 4. 4. 선고 2015가합206504 판결).

## 연결되지 않을 권리

일이 끝난다고 해서 내 시간에 대한 사용자의 권리가 끝나는 것도 아니다. 몸은 퇴근해 집에 가 있어도 업무 단톡방에서는 영원히 퇴근하지 못하기 때문이다. 내가 무엇을 하고 있든지 아무 때나 '카톡카톡' 울리는 알림음은 해외로 떠난 여름휴가까지 따라오기도 한다. 마지못해 답을 할 때는 "네"라고 해야 할지, "넵"이라고 해야 할지 고민하다가 "네넵!"이라고 보낸다. 퇴근 후 즐겁던 기분은 끝난다. 코로나19로 인한 '언택트' 시대가 되면서 오히려 회사는 더 쉽고 다양한 방법으로 나에게 '컨택트'할 수 있게 되었다.

프랑스에서는 2017년에 이미 '연결되지 않을 권리'에 관한 법을 만들었다. 회사는 근무시간 외의 연락에 관한 사항을 노사협의로 정해야 하며 퇴근 후 연락은 노동으로 취급해 대가를 지급해야 한다. 한국에서는 지난 20대 국회에서 '퇴근 후 카카오톡 금지법' 등 관련 법이 3건이나 발의되었으나 4년 넘게 계류하다가 국회 임기가 끝나 자동폐기되었다.

한 사람이 직장에서 보내는 시간은 단순히 돈을 벌기 위한 시간만은 아니다. 일을 통해 사람들과 관계를 맺고 사회에서 한 인간으로 설 자리를 만들어 나가고 자아를 실현하는 시간이기도 하다. 그러나 노동력의 제공은 회사의 지휘·감독을 통해 이루어지고, 속성상 노동자 개인과 분리하기가 힘들다. 이 때문에 노동자의 인격이 침해될 위험이 매우 커진다.

고용형태와 사회관계가 복잡해지면서 노동자의 인격을 침해하는, 이른바 '직장 갑질'의 방식도 예상치 못할 정도로 다양화되고 있다. 앞서 살펴본 가혹한 시간관리나 전자 감시 등이 그 예다. 이런 일들은 노동자에게 어떤 영향을 미치는지 미처 가늠해 볼 새도 없이 기업의 이윤과 효율을 위해 빠르게 일상화·정당화된다. 그러나 어떠한 경우에도 경영권이라고 하는 것이 인간적 존엄을 지키면서 일할 권리에 앞설 수는 없다. 경영 목적을 달성할 수 있는 다른 수단이 많은데도 비용이 싸고 편하다는 이유로 인권침해 요소가 있는 수단으로 노동자를 대해서는 안 된다. 종속적 관계에서 제공하는 것은 노동자의 노동력일 뿐이지, 그 사람의 인격까지 종속되는 것은 아니기 때문이다.

## 휴가 사유는, 그냥 놀고 싶습니다

얼마 전, 'MZ 세대' 직원이 연차휴가 사유에 '생일파티'라 적어 낸 일이 인터넷에서 논란이 되고 있다는 뉴스를 보았다. 글을 올린 사람은 인사 담당자였는데, 해당 휴가 신청서를 받고 '사유를 명확하게 다시 적으라'고 했더니 '이보다 더 명확한 사유가 어디 있느냐'는 답이 돌아왔다고 한다. 인사 담당자는 글에 "요즘 MZ들은 최소한의 예의를 갖추어 글을 쓰는 게 어렵나 보다"라는 말을 덧붙였다. 솔직하게 휴가 사유를 쓴 직원이 져버린 '최소한의 예의'란 뭘까 생각해 보았다. 휴가를 내면서도 '감히 눈치 보지 않은 죄'가 분명했다.

근로기준법은 노동자의 근속 연수에 따라 1년에 15~25일을 노동자가 원하는 날짜에 유급으로 쉴 수 있도록 하고 있는데 이를 연차유급휴가라고 한다. 인간다운 삶을 누리기 위해서는 필요할 때 자유롭게 쉴 수 있어야 하기에 근로기준법이 특별히 보장하고 있다.

그러나 고용노동부 통계에 따르면 한국의 연차휴가 소진율은 평균 58.7%에 그친다.● 주어진 휴가의 절반 조금 넘게 쓰고 있다는 이야기다. 연차휴가를 쓰지 못하는 이유는 조사마다 조금씩 다르지만 업무가 많아서 못 쓴다는 응답과 상사의 '눈치가 보여서'라는 응답이 항상 순위를 다툰다.

연차휴가가 눈치 볼 필요 없는 노동자의 정당한 권리라는 것은 누구나 아는 상식이다. 그런데도 팀장님에게 휴가를 결재받아야 하는 순간만큼은 그게 잘 안된다. 휴가 신청서 내는 날은 좀 더 바쁘게 일하는 척을 해 보고 병원에 가거나 집안일이 있다고 둘러댈지 고민도 해 본다. 거짓말을 하고 싶지 않아 결국 '개인 사유'라고 썼건만 굳이 휴가를 왜 내는지 물어보는 팀장님은 정말 눈치가 없어도 너무 없다. 팀장님의

---

● 　전기택·김종숙·김난주·신우리·최진희·노우리, 〈2021년 일·가정 양립 실태조사〉 고용노동부, 한국여성정책연구원, 2022.

질문이 "'왜' 휴가를 쓰냐?"가 아니라 "왜 '휴가를 쓰냐?'"로 들리는 건 내 눈치가 너무 빨라서일까.

그래서 근로기준법은 연차휴가의 권리와 휴가 날짜를 지정할 권리가 노동자에게 있다는 것을 일찌감치 명시해 놓았다(근로기준법 제60조 제5항). 휴가 사유를 밝힐 의무가 없다는 뜻이다. 그럼에도 휴가 신청서의 사유 기재란만큼은 쉽사리 없어지지 않고 끈질기게 살아남아 우리의 쉴 권리를 방해하고 있다. 사유 기재의 유일한 기능은 휴가를 쓰는 내가 너무 염치없어 보이지 않는지 자기검열을 하게 되는 것뿐이다. 오죽하면 지난 20대 국회에서 '휴가 사유 기재 금지법'이 발의되기도 했다. 근로기준법에 '휴가를 신청하는 근로자에게 사유 기재를 요구하여서는 아니 된다'고 못을 박자는 것이었다.

연차휴가의 고충은 여기서 그치지 않는다. 월·금요일 사용 금지, 징검다리 공휴일 사용 금지, 이틀 연속 사용 금지 등 회사가 만들어 놓은 암묵적인 룰은 진짜 필요할 휴가 내는 것을 포기하게 만든다. 그러나 이런 룰은 엄연히 법 위반이다. 사용자는 노동자가 원하는 날에 휴가를 쓰면 사업 운영에 막대한 지장이 생기는 제한적인 경우에만 그 휴가 날짜를 변경하도록 할 수 있을 뿐이다(근로기준법 제60조 제5항).

휴가 때 나 대신 업무를 할 사람이 마땅치 않은 경우는 어떻게 될까? 법원은 연차휴가로 인한 단순 업무 공백은 근로자의 연차휴가 날짜 변경을 요구할 만큼 사업에 막대한 지장을 주는 사항으로 보지 않는다. 정당한 연차휴가 사용으로

## 지지 않는 법

### 연차유급휴가의 모든 것

#### 내 연차유급휴가는 며칠인가?

입사한 지 1년 미만의 노동자는 한 달을 만근할 때마다 하루의
휴가가 생긴다. 이렇게 생긴 휴가는 입사한 지 만 1년이 되기
전까지 사용해야 한다. 1년간 근속하면 출근율이 80% 이상인
노동자에게 15일의 연차휴가가 주어지는데, 휴가 일수는 2년마다
하루씩 늘어나고 25일이 상한이다. 이렇게 부여받은 연차휴가는
발생일로부터 1년간 쓸 수 있다. 혼자서 계산이 힘들면 고용노동부
홈페이지에서 제공하는 근로조건계산기(연차개수)를 이용해보자.
안타깝게도 상시 근로자 수 5인 미만 사업장에는 연차휴가와
생리휴가에 관한 조항이 적용되지 않는다.

#### 연차유급휴가 다 못 쓰면 수당으로 받을 수 있나?

발생 후 1년간 다 쓰지 못한 연차휴가는 수당으로 전환된다. 미사용
연차휴가 1일당 하루치의 통상임금 혹은 평균임금이 수당으로
주어진다. 퇴사할 때 퇴직금과 함께 미사용 연차수당도 잊지 말고
챙겨야 한다.

예외적으로, 회사가 '연차유급휴가 촉진제도'를 시행해 요건을
충족하면 미사용연차에 대한 수당 지급 의무가 면제된다. 이는
노동자의 연차휴가 사용을 장려하기 위해 만들어진 제도로, 연차휴가
사용 만료 6개월 전에 각각의 근로자에게 미사용연차 일수를
통보하고 휴가 시기를 지정할 것을 촉구해야 하고(1차 촉진) 이를
따르지 않는 근로자에게는 사용 만료 2개월 전에 휴가 사용 시기를
직접 지정해 통보해야 한다(2차촉진). 1, 2차 촉진 요건을 모두
충족해야만 미사용연차수당 지급의무가 면제된다(근로기준법 제61조
제1항).

**연차유급휴가를 여러 날 연속해서 사용해도 되나?**

근로기준법에 연차휴가를 한 번에 하루만 써야 한다는 내용은 없다. 원하는 만큼 연속으로 사용해도 된다. 여러 노동자들이 여름휴가 시기에 연차휴가를 4~5일씩 연속해 사용하기도 하고, 퇴사 시기에 가지고 있는 연차휴가를 연속해 모두 소진하고 퇴사하기도 한다.

**휴가 며칠 전에 신청해야 하나?**

이 또한 근로기준법에서 따로 정하고 있는 바가 없다. 다만, 회사가 취업규칙으로 연차휴가 신청 시기를 정하고 있으면 이에 따르는 것이 좋다. 불가피한 사정으로 급하게 연차휴가를 내야 할 때는 최소한 해당 휴가일의 근무시간 전까지는 회사에 통지하도록 한다.

**연차를 나눠서 쓸 수 있나?**

연차휴가는 원칙상 '일' 단위로만 사용할 수 있다. 그러나 많은 사업장에서 '반차'라는 이름으로 연차휴가 1일을 두 번에 나눠 쓸 수 있게 하고 있다. 통상근로시간이 8시간이라면 한 번에 4시간씩 쓰도록 하고 두 번 사용 시 1일의 연차휴가를 차감하는 식이다. 이는 근로기준법에는 없는 내용이지만 노동자의 편의를 위한 것이기에 별다른 불이익이 없다면 문제 되지 않는다. 다만, 연차휴가를 쪼개 쓰는 것을 허용하지 않는 사업장에서 반차를 쓰게 해 달라고 요구하기는 힘들다.

발생하는 업무 공백은 경영상 당연히 발생하는 사항이니 이에 적절히 대비할 책임은 회사에 있다는 이야기다.

　　다른 회사에 면접 보러 가야 해서, 징검다리 연휴라서, 고양이가 아파서, 비가 와서, 친구들이랑 놀러 가려고, 어젯밤에 술을 너무 많이 마셔서. 내가 연차휴가를 내야 했던

실제 이유들을 돌아보니 '예의 없음'이 모두 '생일파티'에
버금간다. 진짜 휴가 사유를 알아봤자 회사도 별로 좋을 것이
없다. 사유 기재란은 이제 좀 과감하게 없애자.


## 생리를 증명하라고?

### 남부끄럽게 생리휴가라니

온몸이 으슬으슬하고 팔다리가 저릿한 몸살 기운, 누가
자궁을 긁어내거나 포크로 찌르고 있는 게 분명한 복통,
지속적인 두통과 욕지기, 밑이 빠질 것 같은 느낌, 허리가
끊어질 듯한 요통, 옷깃만 스쳐도 악 소리 나는 가슴 통증, 엎친
데 덮친 격으로 함께 오는 배탈·설사·변비, 나라 잃은 것 같은
분노와 우울감…….

그렇다. 대부분의 여성이 한 달에 한 번씩 겪는 생리통의
다양한 증상이다. 겪어 보지 않은 사람은 생리통이 복통과
비슷할 것이라고 짐작하지만 사람마다 다른 강도와 양상으로
나타나는 것이 바로 생리통의 특징이다. 그러나 이 모든 증상에
공통점이 있는데, '죽고 싶지만 회사는 가야 한다'는 것이다.

다행히 근로기준법에는 생리휴가가 있다. 사용자는
여성 근로자가 청구하면 월 1일의 생리휴가를 주어야
한다(근로기준법 제73조). 그렇지만 회사에서 "생리휴가
쓰겠습니다"라는 말을 꺼내 본 노동자가 얼마나 될까?

생리휴가는커녕 '생리'라는 말조차 꺼내기가 쉽지 않다. 생리대는 남에게 보이지 않게 가지고 다니는 게 에티켓이고 친구끼리도 생리 대신 '그날', '마법', '대자연' 같은 은어를 쓰도록 교육받았다. 회사에서도 '생리휴가'라는 법적인 용어를 피하고 '보건휴가'라는 말을 더 널리 사용한다. 남녀를 불문하고 연차휴가 쓰는 것도 눈치가 보이는 마당에 입에 담기도 부끄러운 생리휴가라니!

이게 다가 아니다. 결정적으로 생리휴가는 무급이다. 생리휴가를 쓰면 월급에서 하루치가 날아간다는 얘기다. 생리휴가가 법전에나 존재하는 그림의 떡인 이유다.

## 생리 따위 없는 일로 하겠습니다

그럼에도 불구하고 생리휴가에 대한 권리를 요구하는 여성들이 있다. 아시아나 항공 승무원들이 그랬다. 왜 이들에게 생리휴가가 꼭 필요한지는 어렵지 않게 짐작할 수 있다. 좁고 밀폐된 장소에서 불편한 유니폼을 입은 채 수행하는 장시간 비행, 시차 적응과 잦은 생체리듬 변화, 높은 수준의 감정노동 등을 생리 중인 노동자가 감내하기는 쉽지 않을 것이다.

그러나 회사는 2014년 4~12월 생리휴가 신청자 중 약 50%에게만 휴가를 허용했다. 그 이듬해 1~4월 신청자 중에는 약 20%만 생리휴가를 승인하는 등 명백한 근로기준법 위반 행위가 계속됐다. 참다못한 아사아나 항공사 객실 승무원 노동조합원들이 회사를 노동청에 고발하기에 이르렀는데 회사의 방어 논리가 황당했다. 생리휴가를 쓰려면 노동자들이 생리한다는 사실을 증명해야 한다는 것이다.

생리 증명을 요구한 회사는 아시아나항공사가 처음은 아니었다. 1970년대 한 섬유공장이 생리휴가를 요구하는 노동조합원들에게 생리 진단서(?)를 떼어 오라고 요구한● 이래로, 생리휴가를 쓰겠다는 여성 노동자에 대한 의심의 시선은 계속됐다. 보건휴가를 쓰겠다는 여성 교사에게 문진표와 생리 진단서를 제출하라고 해 노동조합이 거세게 반발한 사건이나, 청소용역 업체에서 50세가 넘은 여성 노동자에게 폐경지 않았다는 증명서를 떼어 오면 생리휴가를 주겠다고 한●● 일이 뉴스에서 회자되었다.

이쯤 되면 생리를 증명하라는 게 휴가를 주겠다는 목적인지, 아니면 번거로움과 수치심을 줘서 생리휴가라는 걸 다시는 입 밖에도 꺼내지 못하게 하려는 목적인지 알 수 없다.

그렇다고 이를 단순한 노사 문제로만 볼 것은 아니다. 생리휴가에 대한 탄압(?)은 사용자만 하는 것이 아니기 때문이다. 생리통으로 수업에 참여하기 어려운 여학생들에게 결석을 인정해 주는 제도인 생리공결제가 논의되면서 나온 여러 유형의 백래시가 그것을 잘 보여준다. 생리공결제나

---

● 하종강, 〈[하종강 칼럼] 생리휴가를 둘러싼 오랜 논쟁〉, 《한겨레》, 2015.02.24.
●● 2016년 전국민주연합노동조합이 청소 용역업체인 순천환경을 상대로 제출한 고소 내용.

생리휴가 이야기가 나오면 빠지지 않는 남자들의 비아냥이
있다.

> "왜 꼭 금요일에만 생리를 하죠?"
> "휴가를 쓸 정도로 아픈 것도 아닌데 휴가를 주는 것은 역차별
> 아닌가요?"

이와 같은 '생리 혐오'(엄밀히는 생리휴가 혐오?)는 여성의
몸과 경험에 대한 무지에서 출발한다. 생리는 하루 만에 끝나는
것이 아니기에 금요일을 피하는 게 오히려 더 어렵다. 편한
상태의 휴식이 절실해서 쓰는 생리휴가를 주말과 붙여 쓰는
것이 왜 문제인가.

생리휴가가 특혜라는 주장도 어이없다. 여성의 보편적인
건강권을 보장하기 위한 제도가 생리휴가다. 여기서
건강이라고 하는 것은 누구나 몸과 마음이 안녕한 상태로
생활할 수 있어야 한다는 헌법상의 권리다. 남성도 몸이
아프고 불편할 때 쉴 권리를 원한다면 병가제도나 상병수당의
권리를 함께 요구해 쟁취하면 된다. 그렇게 되면 생리휴가가
따로 있을 필요도 없어진다. 그러나 단지 '생리가 벼슬이냐'고
공격하는 언어만 넘쳐난다. 어느 대학의 페이스북 '대나무숲'
게시판에서는 생리공결제 문제로 "우리 학교 여자애들은
자궁에 그렇게 문제가 많아서 시집도 못 가겠다"라는
성희롱까지 등장했다.

결국 '더럽고 치사해서', 혹은 눈치가 보여서 생리휴가

'따위' 안 쓰고 만다. 불편과 고통을 참고 마치 내 몸에 아무 일도 일어나지 않는 것처럼 출근을 한다. 이런 식으로 여성의 경험은 또 한 번 감춰지고 없는 일이 되어 버린다.

생리휴가에 대한 제대로 된 통계조차 없어 파악하기 쉽지 않지만, 2018년 통계청의 〈여성 관리자 패널 조사〉에 따르면, 100인 이상 회사의 대리급 이상 여성 관리자 중 전년도에 생리휴가를 사용하지 않았다고 대답한 비율이 75%였다. 고용이 안정적인 공무원에게도 생리휴가는 무용지물이었다. 2021년 기본소득당 신지예 의원실 발표 자료에 따르면, 2020년 전국지방공무원 중 생리휴가를 한 번이라도 사용한 사람은 단 1.9%에 불과했다. 생리휴가는 1953년 근로기준법이 처음 생길 때부터 생겨났건만 그로부터 70년이 넘도록 제대로 된 현실상의 규칙으로 안착하지 못하고 있는 것이다.

## 일터에서도 피 흘리는 존재를 위하여

아시아나항공사 사건으로 돌아가 보자. 법원은 결국 노동자들의 편이었다. 1심 법원은 생리휴가를 증명하라고 요구하는 것은 "해당 근로자의 사생활 등 인권에 대한 과도한 침해가 될 뿐만 아니라 생리휴가 자체를 기피하게 만들어 제도를 무용하게 만들 수 있다"라고 봤다. "해당 근로자가 폐경, 자궁 제거, 임신 등으로 인해 생리 현상이 없다는 명확한 정황이 없는 이상 생리휴가를 부여하는 게 타당하다"라는 것이 법적 판단이었다.

이어, "여성의 생리 현상은 그 기간이나 주기가 반드시 일정한 것이 아니기 때문에 해당 여성 근로자의 생리휴가 청구가 휴일이나 비번과 인접한 날에 몰려 있다는 것 등은 생리현상이 없다는 점에 대한 명백한 정황이라고 보기 어렵다"라면서 노동자들이 생리휴가를 거짓으로 이용한다는 회사의 변명을 인정하지 않았다.

판결문은 여기서 그치지 않는다. "젊은 여성 모델을 회사 홍보에 활용하며 '젊은 여성 승무원에 의한 양질의 서비스'를 회사 장점으로 내세우는 경영상 선택을 했으면, 그에 따라 부수되는 비용과 관련 법규의 준수 가능 여부에 대해서도 당연히 고려하고 대책을 세워야 하는 게 타당하다"라며 생리휴가 사용에 부정적인 회사의 태도에 일침을 놓았다. 이 사건은 대법원까지 올라갔고 아시아나항공의 유죄를 인정해 대표에게 벌금 200만 원이 확정되었다.

여성운동가 글로리아 스타이넘은《남자가 월경을 한다면》(이현정 옮김, 현실문화, 2002)에서 이렇게 말한다.

"남자가 월경을 하고 여자는 하지 않게 된다면 무슨 일이 벌어질까? 그렇게 되면 분명 월경이 부러움의 대상이 되고 자랑거리가 될 것이다. 남자들은 자기가 얼마나 오래 월경을 하며, 생리량이 얼마나 많은지 자랑하며 떠들어 댈 것이다. 처음으로 월경을 한 날을 기념하기 위해 선물과 종교 의식, 가족들의 축하 행사, 파티들이 마련될 것이다. 정부는 생리대를 무료로 배포하고 우익 정치인들은 생리를 하는 남자들만이 높은 위치를 차지할 수 있다고 주장한다. 지체 높은 정치가들의 생리통으로 인한 손실을 막기 위해 의회는 국립 월경불순연구소에 연구비를 지원한다. 의사들은 심장마비보다는 생리통에 대해 더 많이 연구할 것이다.”

2019년 개봉한 미국의 슈퍼 히어로 영화 《캡틴 마블》의 다음 대사를 기억하는가?

“나는 아무것도 증명할 필요가 없어.”

이 대사는 많은 여성들에게 용기를 주었다. 캡틴 마블의 말대로 우리는 아무것도 증명할 필요가 없다. 생리도 마찬가지다. 그 대신 여성의 경험은 더 많이 이야기되어야 한다. 사소한 것, 감춰야 할 것, 의심스러운 것으로 치부된 여성들의 경험은 더욱 많이 드러나야만 중요한 것이 된다.

일터에서도 마찬가지다. ‘원수라도 생리대는 빌려준다’는 피 흘리는 존재로서의 우리에 대해 더 말할수록 생리는 더 중요한 일이 될 것이다.

## 아파도 일해야 하나요

오미주(가명) 씨는 난소에 혹이 생겨 수술을 받게 되었다. 병원에서는 한 달 정도 요양이 필요하다고 한다. 연차휴가는

## 지지 않는 법

### 생리휴가의 모든 것

**생리휴가는 며칠이 주어지나? 생리휴가를 몰아서 쓰거나 반으로 나눠 쓸 수 있나?**

근로기준법 제73조에 따라 한 달에 1일의 생리휴가를 쓸 수 있다. 다만, 제도 취지상 몇 달 치 생리휴가를 한 번에 몰아 쓰거나 분할해 쓰는 것은 허용되지 않는다.

**생리 진단서 등으로 생리를 증명해야 하나?**

생리 중임을 증명하라고 하는 것은 인권침해에 해당한다. 임신 기간, 폐경, 자궁 제거 등으로 생리가 없음이 명확한 경우가 아니라면 근로자 청구에 따라 생리휴가를 부여해야 한다.

**근속 기간이 1년도 안 됐는데 생리휴가를 쓸 수 있나?**

생리휴가는 여성 노동자 누구나 쓸 수 있다. 근속 기간, 개근 여부, 비정규직, 나이 등을 가리지 않는다. 입사한 지 한 달밖에 안 된 근로자라도 생리휴가를 청구하면 승인해야 한다. 다만 5인 미만 사업장의 근로자에게는 적용되지 않는다.

**연차휴가에서 차감하는 것은 아닌가?**

생리휴가는 연차유급휴가와 상관없는 별개의 휴가이기에 생리휴가를 썼다고 연차유급휴가 일수에서 차감해서는 안 된다.

**생리휴가를 쓰면 월급이 줄어드나?**

안타깝게도 생리휴가는 무급휴가다. 생리휴가를 쓰면 하루치 임금이 공제될 수 있다는 이야기다. 다만, 근로계약·취업규칙·단체협약

**등에 생리휴가를 유급으로 한다는 조항이 있다면 연차유급휴가와 같이 급여가 차감되지 않는다.**

이미 다 써서 이틀밖에 남지 않았다. 어떻게 해야 할까? '병가'라는 말이 생각났다. 인사 팀에 병가를 신청하고 싶다고 했더니 '우리 회사에는 병가가 없다'는 대답만이 돌아올 뿐이었다.

얼마 전, 책《아파도 미안하지 않습니다》[조한진희(반다), 동녘, 2019]를 읽었다. 질병을 극복해야 할 것으로 보는 것이 아니라 삶의 일부로 인정해야 하며 '잘 아플 수 있는 권리'가 중요하다는 내용이었다.

### 아파서 미안합니다

아플 수 있는 권리란 무엇일까. 아파도 남들의 눈치를 보거나 생계의 위협을 받지 않고 자신의 몸을 돌볼 수 있다는 말이다. 그렇다면 임금노동자의 아플 권리를 위해서는 눈치 보지 않고 쉴 수 있는 휴가, 그리고 아픈 기간 동안 일을 쉬어도 깎이지 않는 임금, 두 가지가 필요하다.

그러나 아직까지 우리나라 노동자에게는 아플 권리가 없다. 법으로 아플 때 쉴 수 있는 병가를 보장받지 못하기 때문이다. 육아휴직과 가족돌봄휴직 등 남들을 돌볼 권리는 법으로 어느 정도 마련되어 있지만 정작 노동자 자신이 눈치 보지 않고 쉴 수 있는 권리는 어디에 찾아봐도 없다. 이렇다

보니 노동자가 아플 때 가장 미안한 상대가 다름 아닌 '회사'가
되기도 한다.

병가에 대한 보장 내용은 법에 없기 때문에 회사의
복지제도에 기대야 한다. 취업규칙에 병가 규정이 있는지,
있다면 며칠이나 보장하는지, 유급인지 무급인지에 따라
'아플 권리'가 달라진다. 공무원들은 연간 최대 60일까지
유급으로 병가를 쓸 수 있고 6일까지는 진단서 없이도 사용할
수 있다(국가공무원 복무규정 제18조). 그러나 일반 기업으로
오면 사정이 달라진다. 한국 493개 기업의 취업규칙을 분석해
봤더니 유급으로 병가를 보장하는 민간 기업은 7.5%에
불과했다.•

## 아플수록 가난해진다

그러나 우리는 질병을 선택할 수 없다. 안구건조증, 두통,
허리디스크, 편두통, 거북목, 손목터널증후군, 불면증,
대상포진, 잊을 만하면 돌아가면서 나타나는 위염·식도염·장염
등 각종 염증은 직장인이 흔히 안고 살아가는 병이다. 몸을
많이 쓰는 직종이면 각종 통증과 근골격계 질환이 따라온다.
스트레스로 정신질환에 걸릴 수도 있고 건강하던 사람이

---

• 김수진·김기태, 〈누가 아파도 쉬지 못할까: 우리나라의 병가제도 및
프리젠티즘 현황과 상병수당 도입 논의에 주는 시사점〉, 《보건·복지
Issue&Focus》391권(한국보건사회연구원, 2020), 3쪽.

코로나19, 독감, 간염, 성병 같은 전염병에 갑자기 감염될 수도 있고, 취미 활동을 하다가, 혹은 멀쩡히 걷다가 부상을 당해 장기간 병원 신세를 질 수도 있다. 하루 이틀 잘 요양해서 나아질 수 있는 병이라면 그나마 다행이다. 남은 연차휴가를 이용하면 며칠 쉴 수는 있기 때문이다.

그러나 오미주 씨처럼 몇 주나 몇 개월의 요양이 필요하다면 난감해지는데, 선택할 수 있는 방법이 몇 가지 없다. 일단은 무급휴직이라도 활용한다. 10인 이상의 회사라면 취업규칙에 무급휴직 사유와 기간 등에 관한 규정이 있을 가능성이 크다. 그러나 무급휴직 기간에는 월급을 받을 수 없어 생계비와 치료비를 따로 마련해야 한다.

무급휴직이 허락되지 않거나 치료 기간이 더 길어지는 경우에는 실업급여라도 바라며 퇴사하는 수밖에 없다. 자발적 퇴사는 실업급여를 받을 수 없지만 질병으로 어쩔 수 없이 퇴사하는 경우에는 예외적으로 신청이 가능하다.[•] 그렇게 하면 당장 몇 개월의 생계비는 생기겠지만 실직 상태가 된다. 실업급여 수급 기간이 치료 기간보다 일찍 끝나면 다시 아픈 몸을 이끌고 생계비를 벌러 나가야 할 수도 있다. 결국 오미주

---

● 〈고용보험법 시행규칙〉 별표2: 체력의 부족, 심신장애, 질병, 부상, 시력·청력·촉각의 감퇴 등으로 피보험자에게 주어진 업무를 수행하게 하는 것이 곤란하고, 기업의 사정상 업무종류의 전환이나 휴직이 허용되지 않아 이직한 것이 의사의 소견서, 사업주 의견 등에 근거하여 객관적으로 인정되는 경우.

씨에게, 일을 쉬면서 생계 걱정을 하지 않고 치료할 수 있는 방법은 없는 셈이다.

아파도 쉴 권리가 없는 노동자에게 긴 병은 경제적 재난이 된다. 특히, 여성이나 비정규직 등 불안정한 노동자일수록 재난은 더 거세게 다가온다. 고용이 불안정한 노동자들은 병가를 낼 수 있는 여건이 부족하기 때문에 몸이 아프게 되면 어쩔 수 없이 실직할 확률이 높아진다. 병으로 인한 실직은 생계에 큰 타격이 되기에, 아파도 다른 일을 찾아 지속하려 하고, 일을 이어가다 보니 병은 잘 낫지 않으며, 아픈 상태이기에 더 열악한 일자리를 전전하는 악순환에 노출된다.

질병과 생활고에 시달리던 세 모녀가 집주인에게 월세 70만 원과 유서를 남기고 한꺼번에 유명을 달리한, 이른바 '송파 세 모녀' 사건이 있었다. 이 가정의 생계부양자였던 박 모 씨는 당뇨 및 고혈압을 앓는 큰딸과 빚으로 신용불량자가 된 작은딸을 자신의 힘으로 부양해 왔다. 그러다 우연히 넘어져 팔을 다치는 바람에 직장에 나가지 못하게 된 것이 비극의 직접적인 계기가 된 것으로 알려져 있다.

결국, 노동자의 고용형태에 따라 '아플 권리'마저 차별적으로 주어지고 이러한 차별은 불안정노동자가 빈곤으로 추락하는 계기가 되어 더 큰 격차로 이어진다. 이러한 내용이 담겨 있는 연구 논문 〈아픈 노동자는 왜 가난해지는가?〉[이승윤·김기태, 《한국사회정책》(한국사회정책학회, 2017), 24(4), 113~150쪽]의 결론 부분 제목은 '아파도 일해야 한다'였다.

## 아프면 쉬는 사회를 위해

한국과 달리 대부분 나라에서는 병가 및 상병수당과 관련한 제도를 두고 있다. 국회 한정애 의원실 발표 자료에 따르면, 유럽의 모든 국가와 일본, 중국, 싱가포르, 필리핀, 파키스탄, 라오스 등 상당수의 아시아 국가를 포함해 전 세계 145개국에서 병가제도를 도입하고 있다.

국제노동기구(ILO)는 1952년 열린 국제노동회의에서 '사회보장에의 최저기준에 관한 조약'(102조약)을 채택하고 "모든 질병에 대해 그 원인을 묻지 않고 (급여를) 지급하도록" 규정했다. 이에 따라 일본, 독일, 프랑스, 영국 등 대부분의 선진국들은 의료보험과 같은 공적 보장제도를 활용해 상병수당(아파서 일하지 못할 때 소득손실을 보전해 주는 급여)을 제공한다. 한국은 1991년 ILO 회원국이 됐지만 이 조항은 아직까지도 비준하지 않고 있다.

지지부진했던 유급병가와 상병수당 도입에 관한 논의는 코로나19를 계기로 다른 국면을 맞았다. 2020년 구로구 콜센터에서 서울 최초로 코로나19 집단 감염이 확인된 직후, 정은경 질병관리청장은 기자회견에서 전 국민에게 "'아파도 나온다'는 문화를 '아프면 쉰다'로 바꿀 수 있어야 한다"라고 직접 호소했다. 정부 역시 '아프면 쉬어라'를 생활 방역의 가장 중요한 원칙으로 강조했다. 아플 때 쉬고 싶지 않은 사람이 어디 있을까. '아플 때 쉬게 해 줘야' 가능한 얘기지만 아직까지도 제도 마련이 더디기만 하다.

팬데믹을 거치면서, 아플 때 쉴 권리가 제대로 없을 때 개인뿐만 아니라 사회 전체가 그 대가를 치를 수 있다는 것을 알았다. 그리고 그 대가는 사회적 약자일수록 더 불평등하게 치르게 되는 것도 배웠다. 이러한 교훈에 힘입어 보건복지부는 2025년에 상병수당을 도입하겠다는 목표로 시범사업을 진행하고 있다. 그런데 소득이 하위 50% 이하인 사람만을 대상으로 하고, 그마저도 하루치 지급액이 최저임금의 60%에 불과해, 아플 때 쉬기에는 턱없이 부족한 모양새로 흐르고 있다. 반쪽짜리 정책이 되지 않으려면 대상을 전 국민으로 확대하고 최저임금이 아닌 평소에 받던 임금을 기준으로 지급액을 늘려야 한다. 또, 상병수당과 함께 직장에서도 일정 기간의 유급병가를 보장받을 수 있도록 해야 본래의 취지에 맞는 제도가 완성될 것이다.

# 2장
# 임금

## 내 노동의 영수증, 임금명세서

매달 어김없이 돌아오는데도 매번 설레는 게 월급날이다. 한 달 중 가장 죄책감 없이 맛집에서 외식을 할 수 있고 비싼 고양이 간식을 호기롭게 살 수 있는 날이기 때문이다. 임금과 함께 주는 임금명세서는 근로계약상 임금이 실제로 어떻게 계산되어 내 통장에 들어오는지 그 내역이 담긴 내 노동의 영수증이다. 매번 내용이 비슷해 자세히 확인하지 않고 넘어가는 일이 많겠지만 이번만큼은 자기 임금명세서를 보고 다음 두 가지 질문에 답해 보자.

오늘 야근을 하게 되면 얼마의 수당을 더 받아야 하는지 알고 있다. (YES / NO)

다음 달에 퇴사하면 퇴직금으로 얼마를 받을지 계산할 수 있다. (YES / NO)

## 월급을 주는 데도 원칙이 있다

질문에 대답할 자신이 없거나 사회초년생이라면 이번 기회에 임금명세서를 함께 뜯어볼 필요가 있다. 그 전에 우선, 월급을 주는 데도 원칙이 있다는 사실을 알아 두고 넘어가자. 이른바 '임금 지급의 4대 원칙'이라고 하는데, 이 네 가지 중 하나라도 어기면 임금체불이 된다.

먼저, 임금은 한 달에 한 번 이상 정기적으로 주어야 한다(정기지급 원칙). 한국은 월 단위로 임금을 지급하는 곳이 많은데, 한 달에 한 번 이상의 주기로 지급하기만 하면 상관없다. 따라서, 2주마다 급여를 지급하는 것은 괜찮지만 두 달에 한 번 지급하는 것은 금지된다. 연봉제 계약의 경우, 연봉을 12분의 1로 나누어 한 달에 한 번씩 주게 된다. 그리고 정해진 월급날을 하루라도 어기면 체불이다.

다음으로, 임금은 꼭 '돈'으로 주어야 한다(통화지급 원칙). 돈으로 안 주는 곳도 있냐고? 물론이다. 회사가 어렵다면서 상품권이나 회사에서 만드는 물건으로 대신하는 경우가 있다. 소설 《일의 기쁨과 슬픔》(장류진, 창비, 2019)에는 판교의 IT 회사에서 카드포인트로 월급을 받는 노동자의 이야기가

나온다. 월급 대신 받은 포인트로 물건을 사서 중고마켓에
되팔아 생활비를 마련하는데, 사실 이런 경우에는 노동청에
가서 임금체불 신고를 해야 한다. 포인트는 통화(돈)가 아니기
때문이다. (물론 노동청에 갔다면 재미있는 소설이 나오지는 못했을
것이다.)

당연히 받아야 할 임금 전액을 주어야 하고(전액지급
원칙), 노동자가 아닌 그의 가족이나 다른 사람에게 지급해서는
안 된다(직접지급 원칙).

이 4대 원칙에 따라 사용자가 지급해야 할 임금에서 4대
보험료 등 공제되는 금액을 빼면 실수령액 즉, 통장에 들어오는
돈이 된다. 실수령액이 어떻게 계산되었는지 그 내역이 담겨
있는 것이 바로 임금명세서다.

회사마다 임금명세서 모양은 조금씩 다르지만 크게 두
축으로 나뉘는 편이다. 내가 받아야 할 돈인 '지급액'과 떼어
가는 돈인 '공제액'이다. 지급액을 흔히 '세전 지급액'이라고
하고 지급액에서 공제액을 빼고 실제 지급하는 금액을 '세후
지급액' 혹은 '실수령액'이라 부르기도 한다.

지급액에는 내가 받아야 할 임금 내역이 나와 있다.
보통 기본급과 각종 수당이 포함된다. 기본급은 일하기로
정한 근로시간에 대한 임금이다. 진유미 씨의 경우 1주에 5일
40시간 일하기로 하고 기본급으로 매월 230만 원을 받기로
했다.

# 임금명세서 '진지하게' 보기

## 임금명세서

| 사원명: 진유미 | | | |
|---|---|---|---|
| 부서: 기술연구소 | 직책: 대리 | | 사원번호: 1234 |

| 지급항목 | 지급금액 | 공제항목 | 공제금액 |
|---|---|---|---|
| 기본급 | 2,300,000 | 소득세 | 33,570 |
| 식대 | 200,000 | 지방소득세 | 3,350 |
| 연장근로수당 | 179,430 | 국민연금 | 108,000 |
| | | 건강보험료 | 85,080 |
| | | 장기요양보험료 | 10,890 |
| | | 고용보험료 | 21,600 |
| | | | |
| 지급액계 | 2,679,430 | 공제액계 | 262,490 |
| | | 실지급액 | 2,416,940 |

### 계산방법

| 연장근로수당 | 10시간 * 시급(11,962원) *1.5 |
|---|---|
| | |
| | |
| | |

진유미 씨의 임금명세서(예시)

다음은 기본급을 제외한 각종 수당이다. 수당 체계는 회사마다 다르다. 그러나 별다른 수당이 없는 회사도 식대가 따로 구분된 경우가 많다. 월 20만 원 이하의 식대에 대해서는 국가가 소득세를 면제해 주기 때문이다. 진유미 씨의 회사도 20만 원을 식대로 따로 구분해 놓았다. 매월 식사 여부와 상관없이 지급되므로 사실상 기본급이라 봐도 무방하다.

연봉제 계약을 했다면 연간 고정적으로 받는 금액을 합산해 연봉액과 일치하는지 확인하면 된다. 진유미 씨의 경우, 3,000만 원에 연봉계약을 했는데, 매달 기본급과 식대로 250만 원씩 12회를 받으면 딱 3,000만 원이 된다. 상여금 제도가 있는 회사라면 연간 상여금도 모두 더한다. 예를 들어, 연봉 4,000만 원인 진유미 씨 언니의 기본급은 250만 원으로 진유미 씨와 같지만 3개월마다 한 번씩 100%(250만 원)의 상여금을 추가로 받는다. 연간 4회의 상여금을 합산하면 총 1,000만 원이 되므로 기본급과 상여금을 합한 연봉액은 4,000만 원이 된다.

## 내 시급은 얼마인가

법정수당인 연장수당, 야간수당, 휴일수당 등은 한 달간 실제 일한 시간을 따져서 지급하는 금액으로 시간외근로수당, OT(오버타임)수당 등으로 부르기도 한다. 미리 정해진 월급과는 별도로, 근로계약보다 더 일한 시간만큼 계산해서 더해 주는 임금이기에 정확히 계산되었는지 알아보려면 자기의 정해진 시급을 알아야 한다.

월급 근로자라서 시급을 모르겠다고? 이럴 때 임금명세서를 자세히 보면 시급을 알 수 있다. 기본급과 식대, 상여금 등을 포함해 고정적·정기적·일률적으로 받는 수당을 통상임금이라고 하는데, 한 달의 통상임금을 한 달 치 근로시간으로 나누면 시급이 된다. 이때 근로시간에는 주휴일도 포함해 계산해야 한다. 대개의 노동자는 한 주 48시간(40시간＋주휴 8시간)이 유급시간이 되고 한 달은 4.34주이기에, 월 209(48시간×4.34주)시간이 임금으로 나누어야 할 월 근로시간이 된다. 진유미 씨의 경우, 고정적·정기적·일률적으로 받는 기본급과 식대, 두 항목을 합한 월 통상임금 250만 원을 209시간으로 나누면 나오는 1만 1,962원이 시급이 된다.

시급을 알았다면 추가로 일한 만큼 제대로 월급을 받고 있는지 알 수 있다. 연장·야간·휴일근로는 시급의 50%를 더 받는다. 따라서 연장근로나 휴일근로 시간에다 1.5배의 시급을 곱하면 된다. 만약 연장근로에 야간근로(밤 10시~오전 6시)가 몇 시간 끼어 있었다면 그 시간만큼 50%를 또 더한다. 진유미 씨는 이번 달 10시간의 연장근로가 있었기에 그에 해당하는 시급의 1.5배인 17만 9,430원이 연장근로수당으로 더해졌다. 이렇게 시간외근로수당까지 계산해 모두 더하면 내가 받을 임금의 지급총액이 결정된다.

지급총액 3개월 치를 모두 더해 3개월의 일수로 나누면 하루 평균 얼마를 버는지 알게 되는데, 이를 평균임금이라고 한다. 퇴사할 때는 근로기간 1년에 대해 30일 치의 평균임금을 퇴직금으로 받는다. 그러므로 퇴직금의 계산 공식은 (평균임금×30×재직 일수)÷365이다. 계산이 복잡하게 느껴진다면, 고용노동부 홈페이지에서 제공하는 '퇴직금

계산기'를 이용해도 된다.

## 공제액도 꼼꼼히 보자

사용자가 마음대로 노동자의 월급을 공제하는 것은
금지되지만 4대 보험이나 세금, 노동조합비 등은 법에 따라
예외적으로 공제가 가능하다. 노동자가 내야 할 금액을
사용자가 월급에서 떼어 노동자 대신 국가에 납부하도록 했기
때문이다.

4대 보험 액수는 내 월급 액수에 따라 달라지는데
국민연금, 건강보험(장기요양보험료), 고용보험은 사업주와
노동자가 반반씩 낸다. 산재보험료는 사업주가 100% 납부해야
하기에 노동자 월급에서 떼지 않는다. 노동조합에 가입하고
있다면 노동조합과 회사와의 계약에 따라 월급에서 조합비가
공제될 수 있다.

회사는 급여를 지급할 때 임금명세도 꼭 함께 지급해야
한다. 받은 임금명세서 내용이 잘못된 것 같다면 담당자를 통해
꼭 확인하고, 매월 받은 명세서는 되도록이면 버리지 말고 퇴사
시까지 잘 보관한다. 나중에 임금체불 등의 문제가 생겼을
경우, 가장 중요한 근거 자료가 되기 때문이다.

## 떼인 월급 받는 법

　　살면서 월급을 떼이는 일이 있을까? 어떤 사람에게는 상상하기 힘든 일이겠지만 임금체불은 우리 주변에서 생각보다 흔하게 일어난다. 직장갑질119가 직장인 1,000명을 대상으로 조사한 바에 따르면 절반에 가까운 사람(43.7%)이 임금체불 경험이 있다고 말했다. 정규직보다 비정규직의 체불 경험이 더 높았다.

　　그러나 임금체불된 경우, 신고한(24.3%) 사람보다 회사를 그만두거나(22.4%) 모르는 척했다(19%)는 사람이 더 많았다. 회사 재정이 어려워 단순체불되는 경우도 있지만, 초과근로수당 지급 회피, 최저임금 위반, 근로자임을 부정해 근로기준법을 미적용한 경우에는 피해가 장기간 반복적으로 누적되기도 한다. 대기업이라고 해도 안심할 수는 없다. 2021년 네이버를 특별근로감독했더니, 노동자에게 수년간 제대로 지급하지 않은 초과근로수당 87억이 발각되기도 했다.

### 범죄 신고는 경찰서, 임금체불 신고는 노동청

　　임금체불은 최대 벌금 3,000만 원, 징역 3년까지 받을 수 있는 범죄다. 범죄 신고를 하려면 경찰서에 가야 하지만 임금체불 신고는 노동청으로 가야 한다. 각종 노동법 위반을 조사하고 단속하는 곳은 경찰서가 아니라 노동청이기 때문이다. 직장 내 괴롭힘이나, 남녀고용평등법 위반,

근로계약서 미교부 등 각종 노동관계법 위반 모두 마찬가지다.

경찰서든 노동청이든 드나들 일이 없는 것이 가장 좋겠지만 임금을 떼였을 때 막연한 두려움 때문에 소중한 월급을 지키지 못하고 그냥 넘어가는 경우가 있어서는 안 된다. 이를 위해 임금체불을 노동청에 신고하면 무슨 일이 일어나는지 미리 엿보기로 한다.

근로계약서나 임금명세서를 가져다 스캔하면 '임금체불'이라고 알림음이 울리는 앱이 있으면 좋으련만, 가장 어려운 단계는 내가 겪는 일이 법 위반인지 아닌지 판단하는 일이다. 단순히 월급이 밀린 경우는 복잡하지 않지만, 초과근로수당 문제나 임금 계산 방법에 대한 다툼, 연차수당 등은 혼자서 판단하기 힘들다. 이때는 지자체에서 운영하는 노동센터나 민주노총, 직장갑질119 등에서 운영하는 무료 노동 상담이 유용하다. 간단한 내용이라면 고용노동부 웹사이트 '질의 민원'에 직접 질문을 올려 답변을 받아볼 수도 있다.

임금체불이 확인된다면 먼저 회사에 밀린 임금을 요구해야 한다. 못 주겠다고 하면 신고를 준비해야 하는데, 증거 자료 확보가 우선이다. 퇴직금 체불이라면 급여명세서나 월급통장 내역, 초과근로수당 미지급 문제에 대해서는 근로시간을 입증할 수 있는 기록이 필요하다. 만약 법적으로 어려운 내용이라면 공인노무사에게 대리를 맡길 수도 있다.

## 신고하기

이제 신고하러 가보자. 임금체불 신고는 법적인 의미로 '진정'과 '고소'로 나눌 수 있다. 진정이란 행정기관에 자기 사정을 알리고 문제 해결을 요구하는 것을 말하는데, 쉽게 말해 행정청에 민원을 넣는 것이다. 조사 후 사용자에게 시정의 기회를 주고 시정하지 않으면 입건한다. 고소는 사용자의 형사처벌을 요구하는 것으로 접수 후 바로 입건해 조사한다. 사용자 처벌을 반드시 원하는 경우가 아니라면 보통 고소보다는 진정을 제기하게 된다.

분노, 고민, 폭풍 검색, 걱정 등 온갖 단계를 거쳐 신고를 결심했겠지만 정작 임금체불 진정을 제기하는 방법 자체는 매우 간단하다. 고용노동부 홈페이지 '민원마당'에서 온라인으로 민원 서식을 받아 체불 금액과 체불 경위를 작성해 올리면 된다. 우편, 팩스, 방문 접수도 가능하고 원칙상 전화나 구두로 하는 것도 된다.

진정서에는 회사와 자신의 이름과 주소 등 기본 정보를 쓰고 얼마를 어떤 이유로 받지 못했는지 쓴다. 이때 모든 증거 자료를 완벽히 제시해야 하는 것은 아니다. 자세한 것은 출석조사에서 밝히면 되니 접수를 하고 일단 노동청의 연락을 기다린다.

## 노동청에 가서 진술하기

이제 내 사건은 회사의 주소지를 관할하는 고용노동청에 접수가 되었고 담당 근로감독관도 배정되었다. 경찰서에 경찰관이 있듯이, 노동청에는 근로감독관이 있다. 이들은 고용노동부 소속의 7급 공무원이자 특별사법경찰관에 속하는 이들로, 사업장에서 근로기준법 등 노동관계법이 잘 준수되는지 감독하고 관리하는 사람이다. 임금체불 사건을 조사하고, 법을 어긴 사실이 드러나면 사건을 입건해 검찰에 송치할 수 있는 권한이 있다.

진정서 접수 1~2주 안에 근로감독관이 출석조사 일정을 알리는 문자나 우편을 보내온다. 사용자에게도 같은 내용의 통지가 간다. 노동청에 신고된 사실만으로 순순히 체불임금을 지급하는 사용자도 가끔 있지만 대부분은 노동청에 조사를 받으러 나와 자신의 억울함(?)을 호소하게 된다. 그 전에 노동자를 먼저 조사하게 되는데 진술을 제대로 못 할까 미리 걱정할 필요는 없다. 진술은 '조서'라는 문서로 기록되어 남는데, 근로감독관은 작성한 조서를 출력해 진술한 사실을 다시 한번 확인시켜 준다. 잘못 말한 부분이 있다면 이때 바로잡을 수 있다.

필요하다면 근로감독관의 판단에 따라 사용자와 대질조사를 받을 수도 있다. 법률 다툼으로 사장이나 인사팀 관리자를 만나는 것이 껄끄러울 수 있겠지만 괜히 주눅 들지는 말자. 근로감독관은 법 위반이 있는지 조사할 책임이 있는 공무원이고 사용자 측은 조사받으러 나온 임금체불 혐의자다. 도둑질을 신고하는데 도둑맞은 사람이 주눅 들 필요는 없다.

## 합의를 꼭 해야 하나?

조사 과정에서 체불 금액을 합의하는 경우가 있다. 끝까지 조사해 시시비비를 가리기보다 적당한 금액으로 합의해서 돈을 받고 사건을 취하하는 것이다. 사용자는 당연히 체불 신고된 금액보다 적은 돈으로 합의하기를 원한다. 조사를 책임질 근로감독관이 넌지시 합의를 종용하는 사인을 보내는 경우도 있다. 근로감독관으로서는 사건이 합의로 쉽게 끝나면 오늘 당장 야근할 필요가 줄어들고 처리 기간도 짧아져 인사고과도 좋아질 것이다.

반면, 노동자로서는 고민이 아닐 수 없다. 체불이니 진정이니 난생처음 겪어보는 일로 스트레스받다 보니 좀 손해 보더라도 빨리 끝내고 싶기도 하다.

하지만 알아 두자. 체불 사실이 비교적 명백하다면 사업주와 서둘러 합의할 필요가 없다. 합의가 안 됐을 때 보는 손해는 사용자가 더 크다. 조사 결과, 체불로 드러난 임금에 대해서는 근로감독관이 사용자에게 지급 지시를 한다. 이를 거부하는 사용자는 형사처벌에서 불리해진다. 끝까지 못 주겠다고 버티더라도 근로감독관이 최종확인한 체불 금액은 '체불임금 등 사업주확인서'를 발급받아 민사절차로 회수할 수 있다. 퇴사 직전 3개월 임금과 3년 치 퇴직금에 대해서는

'대지급금'이라 하여, 사용자 대신 국가가 체불된 임금을
지급하는 제도를 활용할 수 있고, 그 이외의 금액에 대해서는
민사소송과 압류를 통해 받아낸다.

## 왜 벌 받지 않나?

체불임금을 받게 되더라도 임금체불 범죄를 저지른
사용자라면 마땅히 처벌을 받아야 한다. 안타깝게도 체불
사업주에 대한 처벌은 경미한 수준이다. '반의사불벌죄'란
범죄를 저질러도 피해자가 원하지 않으면 처벌을 하지 않는
제도를 말하는데 임금체불이 여기에 해당한다. 사용자는
월급이 밀려도 버티다가 노동청에서 합의 조건으로 '처벌을
원하지 않는다'고 해줄 것을 요구한다. 체불임금보다 적은
돈으로 합의도 하고 처벌도 면하게 되는 구조다. 2022년
임금체불 신고 건수가 15만 5,000건이었는데 실제 사법처리된
것은 4만 건도 되지 않는다. 처벌을 받는 경우에도 초범이라면
체불임금의 10% 정도에 해당하는 벌금이 고작이다.

이쯤 되면 제때 월급을 주는 사장은 바보고 노동청은
체불임금을 흥정하는 곳인가 하는 생각이 드는 것도 무리는
아니다. 처벌이 약하고 불이익도 크지 않으니 체불이
손쉬워진다. 한국의 임금체불액은 매년 1조를 훌쩍 넘는다.
매년 20~30만 명이 임금체불 피해를 당하고 있다. 한국의
취업자 수는 일본의 3분의 1밖에 안 되지만 2018년 기준
임금체불액은 한국이 일본보다 16.5배나 높았다.•

## 지지 않는 법

### 간이대지급금 제도

노동청에서 임금체불 사실이 확인되어 근로감독관이 지급 지시를 했음에도 사용자가 끝까지 지급하지 못하거나 안 하는 경우가 있다. 이럴 때는 '간이대지급금'을 신청해 사업주 대신 국가로부터 체불임금을 받을 수 있다. 국가는 대신 지급한 임금액에 대해 사업주에게 구상권을 청구해 따로 받아낸다.

지급 범위는 퇴사 전 최종 3개월분의 임금(휴업수당), 최종 3년간의 퇴직금 중 미지급액이다. 상한선은 임금과 퇴직금 각각 700만 원이고, 도합 1,000만 원까지다.

체불된 날로부터 1년 안에 임금체불 진정을 제기하고, 근로자와 사업주 간 체불 사실에 대한 진술에 이견이 없고, 객관적 자료에 의해서도 체불이 명확히 인정되는 경우에는 '체불임금 등·사업주 확인서'만으로도 근로복지공단에 간이대지급금 청구가 가능하다. 그렇지 않은 경우라면 법원에서 받은 확정판결문이 추가로 필요한데, 근로감독관에게 발급받은 '체불임금 등 사업주확인서'를 가지고 법률구조공단에 무료 소송 지원(월 급여 400만원 이하 근로자 대상)을 신청해서 다소 간이하게 판결문을 받을 수 있다. 확정판결문과 '체불임금 등·사업주 확인서' 사본, 통장 사본 등을 구비해 근로복지공단에 간이대지급금 신청서를 접수한다. 별문제가 없으면 신청 후 14일 이내에 지급된다.

● 이종수, 〈임금체불 해소를 위한 근로감독제도 개선방안〉, 《한국노동사회연구소 이슈페이퍼》(2021.06.): 1~29쪽.

반의사불벌조항을 폐지해 임금체불을 제대로 처벌하자는 요구가 매번 계속되지만 제도 변화가 없는 것도 여전하다. 핑계는 중소기업 살리기다. 임금은 기업 입장에서는 비용에 불과할지 몰라도, 일을 하는 사람에게는 없으면 살 수 없는 생계의 수단이자 인생에서 일정 기간 매일 몇 시간을 제공한 대가이기도 하다. 임금체불을 무서워하는 게 노동자뿐이어서는 안 된다.

## 진짜 월급도둑은 누구인가?

놀이공원에서는 입장료보다 약간 더 많은 돈을 주고 자유이용권을 사면 모든 놀이 기구를 비용 걱정 없이 마음껏 이용할 수 있다. 아침부터 해 질 때까지 놀아도 같은 가격이다.

그런데 임금에도 이런 자유이용권이 있다. 기본급 외에 일정한 수당만 더 얹어서 주면 노동자가 몇 시간을 일했는지 따지지 않고 일을 시킬 수 있는 방법, 바로 포괄임금계약이다. 명시적인 제도가 아닌데도 하도 널리 쓰이고 있어 '포괄임금제'라 부르기도 한다.

자신의 임금계약이 포괄임금 방식인지 확인하려면 근로계약서 임금 항목에 일정 시간의 초과근로(연장·야간·휴일근로)에 대한 수당이 포함되어 있는지 보면 된다. 예를 들어, 기본급과 함께 월 20시간 분량의 초과근로 수당을 매월 임금에 포함하도록 미리 정해

놓고, 실제로 초과근로를 20시간 했는지 안 했는지 상관없이 계속하여 지급하는 식이다. 오버타임수당, 연장수당, 고정연장수당 등 미리 포함한 수당의 명칭은 회사마다 조금씩 다를 수 있다.

## 포괄임금제, '공짜노동' 이용권

사무직에서는 포괄임금계약이 아닌 곳을 찾아보기가 더 힘들다는 말이 나올 정도로 널리 퍼져 있다. 2018년 고용노동부 한국경제연구원의 〈포괄임금제 실태 조사〉에 따르면, 국내 대기업의 58%가 포괄임금제를 적용하고 있는데 이 중 일반 사무직이 94.7%로 가장 많았고 영업직(63.7%)·연구개발직(61.1%)·비서직(35.4%) 순이었다. 2017년 상용근로자 10인 이상 기업체를 대상으로 한 〈회계연도 기업체노동비용조사〉에서도 포괄임금제를 도입한 곳은 52.8%로 절반이 넘었다.

알다시피, 주 40시간 이내로 근로시간을 정하고 월급여를 지급할 때 실제로 일한 시간을 계산해 초과근로가 있으면 1.5배의 수당을 가산해 지급하는 것이 원칙이다. 이는 노동자에게 초과근로에 대한 보상을 주기 위해서라기보다, 사용자가 과도하게 일을 시킬 수 없도록 제재하기 위해 초과근로에 더 큰 비용을 지불하도록 근로기준법에 정해 놓은 것이다. 포괄임금계약은 장시간 노동을 막기 위한 근로기준법의 이 같은 취지를 유명무실하게 만든다. 그러므로 근로시간 산정이 아주 어려운 직종이 아니라면 포괄임금계약은 엄밀히 말해 모두 위법이다. 그런데 노동청은 이를 단속하지 않고 몇 년째 뒷짐만 지고 있고, 그사이 위법한 포괄임금계약이 마치 표준처럼 굳어져 버렸다.

## 밤샘 노동, 택시비로 충분합니까?

법 취지를 무시하는 포괄임금계약이 이토록 만연하게 된 이유는 간단하다. 임금을 더 줄 걱정 없이 얼마든지 일을 시킬 수 있으니 사용자 입장에서 이보다 더 좋을 수는 없다. 월급에 초과근로수당을 미리 포함했더라도, 포함된 것보다 더 많이 일하게 되면 수당을 더 받아야 한다. 그러나 포괄임금제 하에서는 노동자나 사용자나 수당이 미리 포함되어 있다는 생각에 실제로 몇 시간을 일했는지 기록하지도 따지지도 않게 된다.

한국노동연구원 조사에 따르면 포괄임금제를 도입한 기업 중 90%를 넘는 곳이 실제 근로시간에 따라 줘야 할 임금이 포괄임금액보다 많은지 따져 보지 않는다고 한다.• 기업 입장에서는 '포괄임금제'라는 좋은 핑계가 있으니 관리 비용과 추가 수당 지출의 위험을 감수하고 실근로시간을 산정해야 할

---

• 정동관 외, 〈사무직 근로시간 실태와 포괄임금제 개선 방안〉(한국노동연구원, 2016).

이유가 없다.

노동자 입장에서는 근로계약에 초과근로가 이미 포함되어 있으니 필요 없는 야근도 거부하기 힘들게 되고 야근이 점차 당연시된다. 법정 연장근로 상한인 1주 12시간을 한참 초과해 일을 하면서도 이것이 불법이라거나 공짜노동이라는 생각을 하지 못한다. 야근 식대와 심야 택시비만 겨우 받으면서 일주일에 며칠씩 밤샘 노동을 하고 '워라밸'은커녕 연이은 과로로 몸과 마음이 망가지기도 한다. 게임업계에서 이런 문제가 특히 심각한 것으로 알려져 있다.

## 그 많은 등대는 언제 꺼질까?

구로에 위치한 거대한 사옥의 불이 밤새 환하게 켜진 채 꺼지는 법이 없어 '구로의 등대'라고 불리던 N게임사는 2016년 한 해에만 젊은 직원의 자살과 돌연사가 3건이나 발생했다. 그 배경에 장시간 노동과 과로 문제가 있는 것이 드러나 특별근로감독을 실시해 보니 포괄임금제를 운영하던 이 회사의 미지급 초과수당이 단 1년 치만 해도 44억 원에 이르는 것으로 드러났다. 수십억의 과중한 공짜노동이 안타까운 노동자의 목숨을 연달아 앗아간 것이다.

한국이 OECD 국가 중 장시간 노동과 과로사 수치로 1~2위를 다툰다는 사실은 이제 말하기도 입 아픈 현실이다. 그 직접적인 제도적 원인이 바로 포괄임금계약의 남용이다.

불법과 편법이 상식이 된 현실을 바꾸기 시작한 것은

노동자들 자신이었다. 2018년 '판교의 등대' 넥슨을 필두로
게임업계에 잇따라 노동조합이 생겨났다. 넥슨 노조설립
선언문 제목은 "크런치모드(신규 게임 출시나 대규모 업데이트에
맞추기 위해 야근과 특근을 반복하는 것)를 워라밸모드로 바꿀
게임업계 제1호 노동조합을 세웁니다"였다. 장시간 노동과
업계 동료의 과로사가 노조설립의 배경이었다. 가장 중요한
현안이 '포괄임금제 폐지'가 된 것은 당연했고 결국 이듬해에
포괄임금제를 폐지하는 노사합의를 이루어 냈다. 뒤를 이어
넷마블과 엔씨소프트가 이러한 흐름에 동참하면서 이른바
게임업계 빅3가 모두 포괄임금제를 폐지하기에 이르렀다.

그러나 대기업과 달리 노동조합이 없는 곳에서 근무하는
대부분의 노동자들은 실제 초과근로시간을 증명해 과중한
근로를 거부하거나 더 받아야 할 임금을 직접 증명하는
수밖에 없다. 안타깝게도 노동자 개인이 증거 자료를 모아
출퇴근 시간을 증명하기는 대단히 어렵다. 민주노총이
30인 미만 사업장에서 일하는 노동자들을 대상으로 실시한
〈작은 사업장 노동자 실태조사 결과보고서〉(2020)에 따르면
작은 사업장에서 일하는 노동자들은 근로기준법과 관련해
포괄임금제를 가장 심각한 문제로 여기는 것으로 나타났다.

'월급도둑'이라는 말이 있다. 노동자들은 업무 중에 잠깐
딴짓을 하는 것만으로 양심에 찔려서 스스로를 '도둑'이라고
칭하며 자조적 농담을 나눈다. 그 와중에 누군가는 약자인
노동자가 포괄임금이라는 위법한 계약에 울며 겨자 먹기로
서명하게 만들고 시간과 임금을 시나브로 훔쳐 간다. 이러한

현실을 방치해 온 또 다른 누군가는 최대 69시간까지 '몰아서' 일할 수 있게 해야 한다면서 노동자의 시간에 대한 권한을 탈탈 털어 그 도둑에게 넘겨 주자고 한다. 진짜 없어져야 할 도둑놈은 누구일까.

## 알권리가 가장 먼저다

노무사님, 임금이 체불되고 있는 것 같아요. / 그렇군요. 근로계약서 좀 볼까요. / 근로계약서는 쓰긴 썼는데, 저한테는 안 주던데요.

인센티브가 제대로 지급된 건지 모르겠어요. / 임금명세서를 봐야겠네요. / 저희 회사에 임금명세서 같은 건 없는데요.

연장근로수당을 안 주고 대신 하루 쉬라는데 그래도 되나요? / 근로자대표하고 사용자와 합의가 있으면 가능한데, 확인해 보셨나요? / 근로자대표가 누구인지 모르겠어요.

말도 안 되는 이유로 징계를 받았는데 너무 억울해요. / 취업규칙에 있는 징계 규정을 살펴보셨나요? / 취업규칙이 뭔가요?

노동 상담을 하다 보면 노동자들이 자기 권리와

근로조건에 대해 몰라도 너무 모른다는 생각이 든다. 일은 시키는 대로 하고, 임금은 주는 대로 받고, 휴일은 회사가 쉬라면 쉬고 아니면 만다는 소리다.

## 우리는 왜 이렇게 아는 게 없을까

이것이 물론 전적으로 노동자 탓은 아니다. 회사는 노동자들이 회사의 여러 의무와 근로조건에 대해 제대로 알도록 하는 데 신경 쓰지 않는다. 노동법을 지키는 책임은 대부분 사용자에게 있다. 두루뭉술할수록 법적 책임은 회피하기 좋고, 노동자들이 권리를 잘 모를수록 마음대로 할 수 있는 범위가 넓어진다.

반면, 노동자들은 회사가 제대로 알려 주지 않는 것을 알아낼 방법이 별로 없다. 당연한 것을 물어보고 싶어도 엄청난 용기가 필요하다. 회사는 감히 묻지도 따지지도 못하게 하는 '위력'이 존재하는 곳이기 때문이다.

노동법의 존재 이유가 바로 이러한 힘의 불균형으로부터 노동자를 보호하기 위함이다. 안타깝게도 지금의 노동법은 다른 권리는 몰라도 '알권리'에 대해서는 그다지 관심이 없어 보인다. 근로계약서 교부 의무, 취업규칙 게시 의무 등 최소한의 범위만 사용자에게 부과하는 게 전부다. 이마저도 잘 지켜지지 않고 있다. '권리찾기유니온 권유하다'의 실태조사에 따르면 50인 미만 사업장 중 근로계약서를 제대로 교부하는 사업장의 비율은 56%밖에 되지 않는다.

있는 법도 제대로 지켜지지 않다 보니 근로계약서는 회사에서 주면 다행이고 취업규칙은 본 적도 없고 찾아보려고 하지도 않는 문서가 되었다. 현실이 이러한데 '알권리'에 대해서 주장하는 것이 너무 큰 기대일까? 근로계약서도 받았고, 취업규칙을 회사 인트라넷에서 언제든지 볼 수 있으면 나의 알권리는 그럭저럭 보장되고 있는 걸까?

## '내규에 따름'과 '명세서 없음'

노동자의 알권리는 구직 단계부터 침해받는다. 채용할 때 회사는 일과 관련한 경력뿐만 아니라 구직자의 일평생에 관한 온갖 정보를 요구한다. 요즘에는 그 정도가 심해져서 '채용 갑질'이란 말이 뉴스에 왕왕 오르내릴 정도다.

그중에서도 가장 고질적인 채용 갑질은 임금을 알려 주지 않는 것이다. 법에서 말하는 근로자는 다름 아닌, '임금을 목적으로' 근로를 제공하는 사람이다. 그런데도 지원하는 회사의 임금에 관해서는 '내규에 따름'만이 알 수 있는 정보의 전부다. 그렇다면 내규를 미리 보여주든가, 이건 그냥 '안알랴줌'과 같은 말이다.

경력직 노동자도 사정은 다르지 않다. 채용공고에는 '협의 후 결정'이라 하고, 지원서를 낼 때는 희망 연봉을 적어 내게 하면서 회사의 희망 연봉은 알려 주는 법이 없다. 합격 통보가 오면 구체적인 임금 조건도 모른 채 이직이라는 중대한 결정을 하기도 한다. 면접 후 구두로 연봉 합의를 했다 해도 입사한 후 근로계약서에 사인을 할 때 세부 내용으로 '연장수당 포함'이라고 써 있다면 뒤통수가 당기지 않을 수 없다.

입사를 한 이후에도 임금에 대한 정보를 제대로 알 수 있는 것은 아니다. 편의점에서 과자 하나를 사도 물건 이름과 단가, 개수, 부가세, 총액, 가게 이름과 주소, 카드결제인지 현금인지 등 온갖 정보가 있는 영수증을 준다. 세금과 관련한 법에서 정한 사업주의 의무이기 때문이다.

그런데 사람의 노동은 사정이 다르다. 노동의 대가에 대한 정산서인 임금명세서 지급을 의무화하는 법은 2021년에야 생겨났다. 놀랍게도 그 이전에는 월급을 줄 때 임금명세서를 지급하지 않아도 괜찮았다는 이야기다. 작은 회사일수록, 노동조합이 없는 곳일수록, 단시간 근로자나 이주 노동자와 같이 불안정한 노동자가 많을수록 임금명세서를 생략하는 곳이 많다. 한 조사에서는 법 시행 이후에도 5인 미만 사업장 노동자의 47%가 임금명세서를 지급받지 못하고 있는 것으로 나타났다.●

명세서 없이는 월급이 제대로 정산되었는지, 4대 보험이나 소득세 공제는 얼마가 되었는지 아무것도 모르고 그저 주는 대로 받을 수밖에 없다. 그 때문에 임금명세서를 교부하지 않는 곳은 임금체불 문제가 있을 확률이 높다. 그러나

● 장진희, 〈5인미만 사업장 노동실태 및 근로기준법 인식과 노동환경 개선 방안〉, 《노동N이슈》 제2022-07호(한국노총연구원, 2022), 1~18쪽.

노동청에 임금체불 진정을 해도 근로시간, 임금 산정 방법 등을
증빙할 문서가 없어 구제받기가 어려워진다. 임금체불 사건
중 많은 수가 임금명세서만 꼬박꼬박 줬어도 생기지 않았거나
생겨도 쉽게 해결됐을 문제들이다.

## 연봉은 누구 좋으라고 비밀?

"연봉 및 임금에 관한 내용은 절대 비밀을 유지할 것이며
이를 위반할 시에는 회사로부터의 징계와 손해배상 등 어떠한
불이익도 감수할 것을 확약합니다."

흔한 '연봉 비밀유지 서약서'의 무시무시한 내용이다.
내 연봉이 국가기밀도 아닌데 이야기 좀 했다고 징계를
받아야 하나? 결론부터 얘기하면 연봉 정보를 공유했다는
이유로 노동자를 징계하거나 손해배상을 청구하기는 어렵다.
비밀 유지 서약에 서명을 했더라도 회사가 징계를 하려면
사회 통념상 정당한 이유가 있어야 한다. 단순히 동료들과
연봉 정보를 나눈 것만으로는 징계할 만큼 직장 질서가
침해되었다고 보기 힘들다. 또, 연봉을 공개한 정도로 회사의
영업비밀이 침해된 것도 아니고 회사에 손해가 어떻게 얼마나
발생했는지 증명할 수도 없기에 민사상 손해배상 청구도 크게
가능성이 없는 얘기다.
그런데도 굳이 무시무시한 용어를 써 가며 비밀 유지
서약을 받는 것은 직원들에게 겁을 주고 연봉 공개를

금기시하려는 목적이라고밖에 볼 수 없다.

이렇게까지 하면서 임금 정보를 서로 감추게 하는 이유는 뭘까? 첫째, 이렇게 하면 연봉협상에서 회사가 극단적으로 유리해진다. 협상력은 정보에서 나온다. 회사는 사내의 모든 임금정보를 가지고 있는 반면, 노동자는 자신의 연봉 말고는 어떤 정보도 없는 심각한 정보 비대칭의 상황에서 협상을 해야 한다. 회사가 터무니없이 낮은 인상액을 제시하면서 '다른 사람들도 다 이 정도 받는다'고 말하면 어떻게 할 것인가.

둘째, 임금이 불공정하다는 사실을 감출 수 있다. 누군가 일을 못하는데도 상사의 비위를 잘 맞춰서, 혹은 남자라서, 학연이 있어서 등의 이유로 연봉을 더 받는다면 직원들의 불만이 늘어나고 이직이 속출할 것이다. 연봉제의 전제 조건인 객관적인 성과 평가 시스템을 만드는 데는 많은 비용과 노력이 필요하다. 노동자끼리 임금 정보를 나누지 못하게 하면 굳이 그런 비용과 수고를 들일 필요가 없다. 결국 연봉 공개를 꺼리는 분위가 강할수록 노동자는 자신이 제대로 된 임금을 받고 있는지 모르게 되고 회사는 임금으로 사람을 차별할 수 있게 된다.

## 성별 임금, 격차를 알아야 싸운다

2009년 미국에서는 임금 차별을 받은 노동자의 구제 기한을 늘리기로 하는 공정임금반환법이 만들어졌다. 이 법의 다른 이름은 '릴리 레드베터 공정임금법'이다.

미국 굿이어타이어에 입사해 20년 동안 헌신하며 여성 최초로 관리자까지 오른 릴리 레드베터는 은퇴를 1년 앞둔 어느 날 의문의 쪽지 한 장을 받는다. 쪽지에는 자신과 같은 직급의 남성 관리자 3명의 임금이 적혀 있었는데, 액수가 자기보다 최소 1만 달러 이상 많았다. 평생 회사에서 성희롱, 성차별과 싸우며 관리자까지 올랐지만 남자보다 임금을 덜 받는지에 대해서는 심증만 있을 뿐 확신이 없었다. 쪽지를 받는 순간, 뜨거운 기름을 한 냄비 퍼부은 것처럼 속이 시커멓게 타버렸다는 레드베터는 회사를 성차별로 고소하기로 했다. 당시 미국법의 한계로 8년간의 소송에서는 결국 졌지만 이후 여러 단체와 연대해 릴리베터 공정임금반환법 제정이라는 열매를 거뒀다.

레드베터가 익명의 쪽지를 못 받았다면 20년간 같은 일을 하는 남성보다 약 22만 달러의 돈을 덜 받았다는 사실은 모른 채 은퇴했을 것이다. 바꾸어 말하면, 회사는 연봉 공개를 금기시함으로써 20년이나 임금 성차별을 감출 수 있었다.

한국은 2022년 기준 남녀임금 격차가 31.1%로 OECD 국가 가운데 최악이다. OECD 가입 이후 27년째 한 번도 1위를 놓치지 않고 있다. 성별 임금 격차의 원인이 무엇인지에 대해서는 많은 이론이 있지만, 원인이 한 가지가 아니라는 사실은 누구나 알고 있다. 여성의 탄생부터 교육, 채용, 승진, 해고에 이르기까지 전반적이고 복합적인 구조적 차별의 결과가 임금 격차로 드러나게 된다. 원인이 복잡한 만큼 단칼에 해결할 방법을 찾기는 힘들지만 일단 존재하는 차별을 드러내고 눈으로 확인하는 것이 출발이라는 데는 이견이 없다.

임금 공개를 터부시하는 분위기는 유럽도 마찬가지지만 이들은 성별 임금 격차 해결을 위해 사회적 금기를 깨고 기업의 임금 정보를 공개하는 제도부터 만들기 시작했다. 2017년 독일은 공정임금법을 만들어 여성 노동자가 같은 일을 하는 남성 노동자의 연봉 자료를 요청할 수 있도록 했다. 같은 해 영국은 임금분포공시제를 위한 구체적 법률을 만들었다. 250인 이상 기업은 남녀 노동자 비율과 임금 차이를 홈페이지에 공개해야 한다. 이렇게 공개된 임금 정보는 영국 남녀임금격차서비스 홈페이지를 통해 누구나 열람할 수 있으며, 기관·기업 간 비교도 가능하다.

이외에도 벨기에, 스위스, 노르웨이, 오스트리아, 프랑스 등은 나라별로 구체적 내용은 조금씩 다르지만 사업장마다 성별 임금 격차 현황을 보고하게 하고 노동자가 다른 노동자의 임금 정보를 청구할 수 있는 각종 법률을 두고 있다. 나아가 이와 같은 법을 더 작은 사업장까지 확대하기 위해 노력하고 있다.

이에 비하면 한국은 아직 걸음마도 못 뗀 수준이다. 문재인 전 대통령이 선거 당시 공약으로 '성평등임금공시제도'를 만들겠다고 했지만 도입하지 못했고, 윤석열 정부에서도 조만간 '성별근로공시제'를 도입하겠다고 발표한 상태이지만 이름에서부터 '평등'과 '임금'을 쏙 떼 버렸다.

성별임금공시제도의 핵심은 임금 정보에 관한 투명성을

확보하고 개별 기업 안에서의 성별 격차를 살펴보는 것이다. 직종, 직급, 고용 현황, 승진 현황 등과 함께 구체적인 임금 수준과 임금 체계에 대한 정보를 성별로 분리해 확인하고 비교해 볼 수 있어야 한다.

릴리 레드베터가 같은 일을 하는 남성의 연봉을 알게 됐을 때 불평등을 바꾸는 변화가 시작된 것처럼, 우리도 우선 뭘 좀 알아야 한다. 임금 차별이 있는지 알기 위해서는 임금액과 임금 체계에 남녀 차이가 있는지 알아봐야 하고 채용 성차별이 일어나고 있는지 감시하기 위해서는 기업마다 채용 단계별 성별 비율을 알아야 한다. 경력 단절에 대한 대책을 요구하기 위해서는 기업별로 육아휴직을 얼마나 자유롭게 쓸 수 있는지 정도는 알아야 한다. 한 회사 안에서 직종으로 차별하고 있는지 알기 위해 정규직과 비정규직 각각의 성별 비율을 알아야 하고 중요한 부서에 여성은 얼마나 배치되는지도 알아야 한다. 개별 기업의 인사고과 기준은 어떻게 되는지, 공정하게 적용되고 있는지, 승진자 중 여성이 얼마나 되는지를 알아야 보이지 않는 유리천장의 존재를 확인할 수 있다. 우리는 알아야 할 것이 너무 많다. 알권리야말로 권리를 찾기 위해 가장 먼저 요구해야 할 권리다.

## 지지 않는 법

### 문제 해결의 시작은 노동 상담

모든 문제 해결은 혼자 끙끙대지 말고 다른 사람과 문제를 나누고 도움을 요청하는 데서 시작한다. 직장에서 문제가 발생한 것 같을 때, 노동법에 대해 궁금한 게 생겼을 때 인터넷 검색보다는 전문가에게 상담을 받는 것이 좋다. 노동자 상담에 특화된 기관과 단체를 소개한다.

민주노총 권리찾기 상담: 1577-2260
청년유니온: 02-735-0262
직장갑질119: 카카오톡 오픈채팅('직장갑질119' 검색)
여성노동법률지원센터: 0505-515-5050
퀴어노동법률지원네트워크: www.queerdong.net

### 지역별 노동권익센터

서울노동권익센터: 1661-2020
경기도노동권익센터: 031-8030-4541
충청남도노동권익센터: 1899-6867
전라북도노동권익센터: 063-229-1006
전라남도노동권익센터: 061-723-3860
대전광역시노동권익센터: 1566-2569
광주광역시노동권익센터: 062-364-9991
대구광역시노동권익센터: 053-475-7700
부산광역시노동권익센터: 051-852-1600

**직장맘지원센터**

서울시 동부권: 02-335-0101

서울시 서북권: 02-308-1220

서울시 서남권: 02-852-0102

# 4부
## 차별과 괴롭힘, 당당하게 맞서기
### : 평등과 안전

_김한울

# 1장
# 일터에서의 차별

## 우리는 다른 '몸'으로 일하고 있다

많은 사람들이 직장을 선택할 때 '워라밸'을 중요하게
여긴다. 나 역시 그랬다. '노무사'라는 직군의 특성상
근로시간과 장소의 구애를 받지 않기는 하나, 그만큼 명확한
퇴근도 없었다. 친구를 만날 때에도 현재 맡고 있는 사건에
대한 생각이 머리를 떠나지 않았고 강아지와 산책하는 시간은
사건 개요를 머릿속으로 정리하는 시간이었다.

이런 멀티태스킹이 버거워질 때마다 일과 삶을 분리할 수
있으면 좋겠다는 생각을 했다. 그러니까 일하는 나와 일하지
않는 나를 구분해 놓고 각자 알아서 자기의 몫을 다하기를
바랐다.

## 분리되지 않는 몸

〈세브란스〉라는 SF 드라마는 이런 내용을 다루고 있다.
뇌에 칩 하나를 심으면 출근함과 동시에 다른 나의 기억은
사라지고 노동자인 나의 기억만 남는다. 퇴근함과 동시에
노동자인 나의 기억은 사라지고 다른 나의 기억만 갖게 된다.
일과 삶의 균형을 넘어선 거의 완전한 단절이다.

주인공은 아내와 사별하고 그 슬픔을 온전히 감당하기
어려워 뇌에 칩을 심는 '단절' 시술을 했다. 그렇게 하면 일하는
동안 아내에 대한 기억이 사라지기 때문에 슬퍼하지 않아도
될 거라고 믿었기 때문이다. 아내에 대한 그리움으로 출근하기
전 차 안에서 울던 그는, 출근 후 본인의 얼굴에 흐르는 눈물을
의아하게 여기며 닦는다. 기억이 지워진다고 해서 감정이나
마음, 생각이 사라지지는 않는다. 어쩌면 우리는 우리가 믿는
것보다 훨씬 더 물질적인, 즉 '몸'에 갇힌 존재일지도 모른다.
기억을 지워내도 몸에는 흔적이 남는 것이다. 그런데 심지어
우리에겐 SF 드라마처럼 '단절'이라는 선택지도 없다. 그러니까
우리는 기억과 흔적을 가진 채 하나의 몸으로 평생을 살아간다.

우리의 몸이 하나라는 사실은 불편한 진실이다. 노동자는
본인의 노동력을 이용해서 생존하는 사람을 말한다. 노동의
내용이 아무리 달라진다고 해도 그 노동이 누군가의 몸에서
나온다는 점은 달라지지 않는다. 노동자에게 몸은 결국 생존을
위해 필수적인 요소인 것이다.

그뿐만 아니라 우리는 노동자이기 이전에 인간으로서

건강한 삶을 살 권리가 있다. 신체의 건강은 단순히 주관적인 안녕을 넘어서 다른 이들과의 사회적 상호관계를 맺는 능력과 이를 통해 얻는 편익에 큰 영향을 줄 수 있다.[•] 노동자의 건강권은 단순히 노동력을 제공하기 위함을 넘어 존엄하게 살기 위한 기본 권리다. 그렇기 때문에 노동자에게 몸이 단 하나라는 사실은 매우 중요한 진실이다.

이러한 진실은 그를 고용하고 있는 사용자에게는 불편하다. 노동자의 몸이 하나라는 사실을 회사가 받아들인다면 그는 노동자가 가정 내에서 하는 일에 대해서도 관심을 가져야 하고, 노동자의 전체적인 1일 노동시간과 강도를 고려해서 업무를 부여해야 한다. 노동자 개인마다 차이가 나기 때문에 사용자는 이를 알려고 시간을 투자하고 노동자가 전반적인 건강을 유지하면서 일을 할 수 있도록 업무를 부여해야 한다. 그러니 사용자는 이런 노력을 하는 것보다 노동자가 출근하기 전에 집에 있던 몸은 집에다 두고, 새로운 몸으로 출근하는 것처럼 취급하는 편이 훨씬 편한 것이다.

그러나 사용자의 주문처럼 우리는 몸을 분리할 수 없다. 우리의 몸은 하루를, 10년을, 100년을 단 하나로 살아간다. 그렇기 때문에 노동자의 몸은 생애 전반에 걸쳐, 집, 회사 그가

---

- 레슬리 도열,《무엇이 여성을 병들게 하는가: 젠더와 건강의 정치경제학》 (김남순 등 옮김, 한울아카데미, 2010), 29쪽.

머무르는 모든 공간에서 건강을 위협받지 않아야 한다. 특정 공간 또는 특정 시간에서만 우리의 안전을 해치는 위협이 존재한다고 하더라도 그러한 위협은 다른 공간에, 다른 시간에 존재하는 우리에게도 그대로 영향을 미치기 때문이다.

아무리 우리가 집과 회사, 공과 사 따위를 구분하려고 최선의 노력을 한다고 해도 완벽히 분리해 내는 것은 불가능하다. 더군다나 1명의 노동자가 1.5명의 업무량을, 정해진 임금 안에서 타이트하게 수행하는 일이 곧 '먹고사는 일'인 이상, 일터에서의 안전은 더욱 중요하다.

## 여성의 노동이 더 안전하다?

| 연도 | 2010 | 2011 | 2012 | 2013 | 2014 | 2015 | 2016 | 2017 | 2018 |
|---|---|---|---|---|---|---|---|---|---|
| 남 | 79,198 | 75,484 | 74,666 | 73,386 | 72,709 | 72,059 | 72,617 | 70,986 | 79,914 |
| 여 | 19,447 | 17,808 | 17,590 | 18,438 | 18,200 | 18,070 | 18,039 | 18,862 | 22,391 |
| 총계 | 98,645 | 93,292 | 92,256 | 91,824 | 90,909 | 90,129 | 90,656 | 89,848 | 102,305 |

최근 10년간 승인된 산업재해 통계(통계청)

최근 약 10년간 산재 발생률을 살펴보면, 남성이 전체 산재 발생률의 80%가량, 여성이 20%가량을 차지한다. 언뜻 이 결과는 남성이 여성보다 위험한 일을 한다는 사회적 통념에 부합하는 듯하다. 그러나 과연 여성 노동자가 남성 노동자보다 더 안전한가?

답부터 이야기하자면, 알 수 없다. 산업재해 승인율의

통계는 여성의 일이 안전하다는 사실을 담보하지 않는다. 산재보험법은 1·2차산업에서 주로 발견되는 사고성 재해에 무게를 두며, 가벼운 도구를 이용한 반복적인 업무나 감정노동을 수행하는 것처럼 주로 여성들이 종사하는 업무의 특성에 따른 질병들은 산업재해로 인정하지 않았다. 그렇게 수십 년에 걸쳐 산재로 인정되는 재해라는 통계가 만들어졌고, 다시 해당 통계가 현재 업무상 재해를 판단하는 기준으로 활용되면서, 여성의 업무상 재해를 감추고 있는 것이다.

그뿐만 아니라 여성 노동자의 신체적 건강에 대한 연구는 남성 노동자에 대한 것에 비해 매우 미미한 수준이다. 산업재해 통계를 바탕으로 노동자 전반에 대한 위해 요소 연구는 이루어지고 있지만, 전체 재해자 중 남성이 80%가량에 달하는 점을 고려할 때, 기존의 연구들의 결과는 일반적인 재해자의 특성이라기보다 남성 재해자의 특성이라고 부를 수도 있는 것이다. 캐런 메싱의 다음 그림이 보여주듯이, 여성의 일은 안전할 것이라는 추측 때문에 여성 노동자의 건강을 해치는 위해 요소에 대한 연구가 이루어지지 않고, 그러니 더더욱 위해 요소가 발견되지 않아 결국 업무상 위해 요소가 마치 존재하지 않는 것처럼 취급되고 있다.

내가 영화관에서 일할 때 겪었던 일이다. 출근해서 평균 1일 1,000장의 티켓을 팔며, 300~400명 이상의 사람을 상대했다. 한 사람당 최소 30초에서 길게는 5분 이상 웃으면서 대화를 해야 했고, 간혹 '불친절하다'는 컴플레인을 들어야만 했다. 그런데 현재 고용노동부 고시로 정하고 있는 업무상

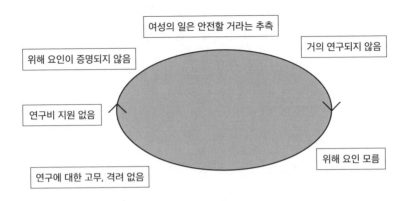

여성의 일은 안전할 거라는 추측

거의 연구되지 않음

위해 요인이 증명되지 않음

연구비 지원 없음

위해 요인 모름

연구에 대한 고무, 격려 없음

**캐런 메싱, '여성과 직업건강 연구의 악순환'●**

질병의 기준은 근로시간이 얼마나 장시간인지, 얼마나 무거운
물건을 들어 올리는지에 대해서만 규정되어 있을 뿐, 하루에
몇 명 이상의 사람을 상대하면 정신적 스트레스가 유발되는지,
고객의 컴플레인은 몇 분 이상 들으면 안 되는지, 다른
사람의 감정을 신경 쓰느라 자신의 상태를 체크하지 않으면
어떤 신체적 이상이 나타나는지 등에 대한 기준은 없다. 즉,
감정노동이 노동자 신체에 미치는 위해성에 대한 연구가
본격적으로 이루어지지 않았고 위해 요인이 증명되지 않아서
'여성의 일은 안전하다'는 차별적 통념을 강화하고 있는
것이다.

● 캐런 메싱, 《반쪽의 과학: 일하는 여성의 숨겨진 건강 문제》(정진주 외 옮
김, 한울아카데미, 2012), 156쪽.

그러나 여성과 남성의 업무가 성별에 따라 분업화되어
있더라도 결코 여성의 노동이 (남성의 노동보다) 안전하다고
볼 만한 근거는 없다. 여성과 남성은 서로 다른 신체를 이용해
일을 하고 있는 것뿐이기 때문이다. 특히 일터 외에서도
여성들의 가사노동이 남성에 비해 여전히 훨씬 많기 때문에
이 역시 여성의 몸에 영향을 미칠 수 있다. 임신과 출산, 완경
등 생애주기에 따라 여성의 몸이 받는 영향도 달라진다. 이러한
여성의 건강에 대해 전 생애에 걸친 연구가 함께 이루어지지
않는 한, 우리는 여성의 일이 남성의 일보다 안전하다고 단정할
수 없다.

## 노동자가 직면하는 위험은 같지 않다

　　"여성의 종속은 인종, 계급, 국적 구분에 의한 차별과 복잡한
방식으로 연결되어 있지만, '성차별'의 대상으로서 공통된
경험을 공유한다. 여성은 상대 여성을 타자화하고 여성은
열등하다는 문화적 메시지에 직면하면서 심리적으로 자아
형성을 위한 투쟁을 경험한다. 물리적 차원에서는 양성 간의
경제적 불평등과 빈곤이라는 결과에 직면하고 있다. 그리고 매우
다양한 문화 속에서 성차별적 과정을 거치면서 신체적·정신적
안녕을 획득하는 데 심각한 장애를 겪고 있다."●

●　　앞의 책, 28쪽.

우리의 일터는 우리가 살아가고 있는 사회에 존재한다. 당연한 이야기지만, 여기서부터 모든 노동자에게 일터가, 일터에서 겪는 위험 요소가 동일하지 않다는 결과를 도출해 낼 수 있다. 즉 사회가 차별적이므로, 사회 안에 존재하는 일터 역시 차별의 영향을 그대로 받는 것이다.

일터에서 차별의 대상이 된다는 것은 영국의 젠더 연구 학자인 레슬리 도열이 지적한 바와 같이 자신이 상대적으로 열등하다는 문화적 메시지에 직면하면서 심리적으로 자아 형성을 위한 '투쟁'을 경험하는 것이고, 이로 인해 신체적·정신적 안녕을 획득하는 데 '장애'를 겪는 일이다. 일터에서 발생할 수 있는 위험 요소 중 산업재해, 임금체불, 부당해고 등은 모든 노동자가 경험하지만, 여성, 장애인, 성소수자, 고령자 또는 청소년, 이주민 등 사회적으로 차별받는 자들이 노동자가 되었을 때는 일터에서의 안전과 노동 건강을 유지하는 것이 한층 더 어려운 일이 된다.

여성 노동자는 동일한 업무를 수행하더라도 남성 노동자에 비해 임금과 인정을 덜 받는 현실을 받아들여야 하고, 회사 내에서 기대하는 고정관념(예컨대, 커피 타 오기나 설거지 등의 일은 여성이 해야 한다)에 부응하기 위해 끊임없이 스스로를 납득시켜야 한다. 일을 시키지 않아도 알아서 잘 해내는 프로페셔널함을 갖추어야 함과 동시에 성희롱도 적당히 웃어 넘기는 쿨함, 알아도 모르는 척하는 눈치 등 회사의 전체적인 분위기를 원활하게 굴러가게 하는 윤활제 역할을 해야 한다. 이러한 모순되는 역할 속에서 많은 여성은 더 많은 노동을 하게 되고, 이는 건강에 악영향을 가져온다.

그들은 채용되기 위해 다이어트, 성형 등 기본적으로 외모도 가꾸어야 하고,• 다른 노동자들보다 월등히 뛰어난 스펙을 가져야만 한다. 그들은 회사에 들어가서도 두통약과 위장약을 먹어 가면서 빈틈없이 일 처리를 해야 하며, 더 많은 일을 해야만 그나마 존재감을 가질 수 있다. 이러한 일터에서의 불평등은 여성의 노동을 더 위험하게 만든다.

전 세계를 휩쓴 코로나19 역시 불평등한 일터의 모습을 그대로 드러냈다. 코로나바이러스는 모두에게 동등한 위험 요소이지만, 불평등한 일터에서는 일용직, 여성 등 소수자들이 먼저 위험에 직면하고, 더 자주 위험에 노출되었다. 객관적으로 동등해 보일지라도 불평등한 일터에서의 위험은 누군가에게 먼저 나타나거나 더 자주 발생하는 것이다.


## 일터의 패시브 스킬, 차별

노동법 강의에서 수강생들과 함께 일터 내 차별에

---

• 2015년 사람인에서 조사한 데이터에 따르면, 인사 담당자의 63.8%가 입사 지원자의 외모를 평가한다고 응답했고, 56.9%가 실제로 외모 때문에 감점하거나 탈락시킨 지원자가 있다고 응답했다. 입사 시 외모 평가에 대해서 여성이 입사 지원자인 경우 40.3%가 외모 평가를 한다고 응답한 반면, 남성이 입사 지원자인 경우 6.2%만 외모 평가를 한다고 응답했다.

대한 생각을 나눈 적이 있다. 그중 누군가 '차별은 숟가락
살인마'라고 했다. 〈숟가락 살인마〉는 평생 한 사람을
숟가락으로 때리며 죽을 때까지 따라다니는 살인마가 나오는
단편영화다. 숟가락으로 한 번 맞는다고 죽진 않지만, 평생
맞는다면 제대로 삶을 살아갈 수 없을 것이다. 그런 점에서,
숟가락 살인마가 총이나 칼로 사람을 죽이는 살인마보다 더
잔인하고 공포스럽게 느껴진다.

　이렇듯 차별은 총이나 칼이 아니라 '숟가락'이다.
참을 만하게 아픈데 신경 쓰이고, 그만하라고 화라도 내면
예민한 사람이 된다. 그러다가 결국은 머리 길이나 옷차림을
통제당하고, 소외를 스스로 납득하게 된다.

## 첫 사회생활에서 당한 패시브 스킬

패시브 스킬(passive skill)
지니고만 있으면 항상 효과가 발휘된 상태로 유지되는 스킬


액티브 스킬(active skill)
플레이어가 직접 사용하는 스킬


　게임 유저들 사이에서 '패시브'는 익숙한 단어다.
'패시브와 액티브 중에 뭘 먼저 강화해야 하나', '레벨업을
통해 패시브가 강화됐다', 이런 식으로 이 단어를 사용한다.
패시브는 특정 기술을 지니고 있으면 별다른 수고나 노력 없이

자동으로 상대를 공격할 수 있는 능력을 말하며, 이와 반대되는 개념인 액티브는 상대에게 좀 더 강한 타격을 주기 위해 그때그때 사용하는 능력을 말한다. 우리의 일터에도 '패시브 스킬'이 있는데, 바로 차별이다.

일터의 패시브는 수차례 레벨업을 통해 점점 세분화·다층화되면서 타격력을 키워 왔다. 임금이나 승진 문제 등을 넘어 직업을 선택할 자유와 노동조합을 할 권리 등 기본적인 인권의 영역까지도 공격당하고 있다.

2014년 10월, 공인노무사 합격 통지를 받았다. 하루빨리 독립을 하고 싶었던 터라 어느 정도 안정적인 취업이 보장될 거라 믿었던 자격증 시험을 준비했었다. 합격자 발표가 난 직후 수습노무사를 채용하는 법인들이 꽤 많았다. 서울, 경기, 인천 지역에 있는 모든 법인에 입사지원서를 냈고, 그 중 날 채용하겠다고 한 법인은 단 한 곳뿐이었다. 면접 날 그 법인의 대표는 나에게 특별히 애정이 간다며, 잘 키워보고 싶다고 했다. 다 큰 성인을 어떻게 키우겠다는 것인지 그때까지 그 의미를 정확히 알지 못했다.

첫 출근을 했더니 다른 수습노무사 1명이 더 있었다. 동기 '남성' 노무사였다. 법인에는 대표를 포함해 총 15명 정도가 있었는데, 2명의 남성 대표(30대와 60대), 7명의 남성 노무사와 1명의 여성 노무사, 남성 대리, 남성 손해사정사로 구성된 법인이었다. 단 1명을 제외하면 모두 남성이었다. 여성 노무사는 곧 퇴사할 예정이었고, 그가 나가면 내가 이 법인의 유일한 여성이 될 것이었다.

같은 날 입사한 남자 동기의 자리는 바로 문 앞에서 한 자리 안쪽이었는데(가장 바깥쪽은 내 자리), 남자 동기는 문으로 사람이 들어올 때마다(누군가 담배를 피우고 들어온다든가 전화 통화를 하고 들어올 때마저도) 일어나서 인사를 했다. 일을 하는 게 처음은 아니었지만 뭔가 '진짜 사회생활'이라고 부를 만한 것은 이번이 처음이었고, 남자 동기는 그런 나에게 상상하지 못하는 사회적 스킬을 보여주는 롤 모델이었다.

그 법인은 회사를 자문하는 것을 주된 수입원으로 삼는 곳이었다. 그렇기 때문에 회사 담당자를 만나 영업, 소위 '접대'하는 것이 일상적인 업무 중 하나였다. 나는 남자 동기가 영업하는 자리에 가면 함께 가려고 했고, 그가 술을 새벽 3시까지 마시면 나 역시 그때까지 마셨다. 일주일에 3~4일을 집에 새벽 3시에 들어갔고, 출근 시간을 맞추기 위해 3시간 정도만 앉아서 잠을 자다가 다시 출근했다. 너무 힘들고 그만두고 싶었지만, 그가 하는 대로만 하고 버티면 점점 나아질 것이라고 생각했다.

일한 지 3개월쯤 지나자 남자 동기와 나의 업무는 엄격하게 구분되었다. 남자 동기는 밖에서 사람들을 만나며 노동위원회, 노동청에 가는 업무를 주로 담당했고, 나는 사무실에서 전화 받기, 점심 메뉴 정하기, 화분에 물 주기 등의 일을 담당했다. 나는 대표에게 사건을 맡아 보고 싶다고 이야기했고, 어느 날 대표는 사건 당사자를 만나는 자리에 나와 남자 동기를 데리고 나갔다.

우리는 편의점에서 컨디션과 삼각김밥을 먹고 고급스러운

한정식집에 갔고, 새벽 2~3시쯤이 되자 대표는 나에게 이제 집에 가도 된다고 했다. 이튿날 그 사건 역시 남자 동기에게 배정되었다는 걸 알게 되었다. 동기는 속상해하는 나에게 "넌 집에 일찍 갔잖아. 난 그날 집에 못 들어갔어"라고 했다. 그날 대표, 사건 당사자와 함께 룸살롱에서 술을 마셨다는 것이다.

남자 동기는 나와 같은 입사 시기, 같은 직종, 비슷한 경력을 가진 노동자였지만 나의 롤 모델이 될 수 없었다. 내가 아무리 그와 똑같이 술을 마시고, 야근을 하고, 그와 비슷한 수준으로, 또는 더 낫게 문서 작성을 한다고 해도 나에게는 그와 같은 역할이 주어지지 않았다. 그제야 대표가 나를 사무실의 꽃, 분위기메이커로 키우고자 했다는 걸 깨달았다.

그 뒤 그 법인을 그만두고 몇 차례 이직을 했는데 이직 조건은 임금도 근로시간도, 심지어 노동의 내용도 아니었다. 첫 번째 직장은 '성차별'로 나를 키워 보겠다는 곳(오히려 나를 더 작아지게 했지만)이었기 때문에 다음 직장은 여성 구성원이 다수인 곳으로 선택했다. 그런데 이상하게도 그곳의 상사는 모두 남성이었고, 직장 내 성희롱이 발생해도 조직 내에 이야기할 수 있는 문화가 아니었다. 그래서 또 다음 직장은 조직문화가 민주적인 곳으로 선택했다.

이직할 당시 나는 수십 개의 선택지 중에서 하나를 고른 것이 아니었다. 운이 좋아야 둘 중 하나에서 골랐을 뿐이다. 이직의 첫 번째 조건은 '다른 사람들이 나를 동료로서 받아들여줄까'였다.

반면 '남성'인 동기는 처음 들어간 법인에서 능력을

인정받으며 계속 다닐지, 출퇴근 거리가 가까운 곳으로 갈지를 이유로 이직을 고민했다. 그의 고민이 더 가볍다거나 덜 중요하다는 것은 아니지만, 화가 났다. 왜 같은 일을 하는데 고민의 맥락이 이렇게까지 차이가 나는지 이해되지 않았다.

## 필라테스 자격증 반에서 마주친 우리

2021년에 필라테스 지도자 자격증을 취득했다. 자격증 반에는 내 또래의 여성들이 다수였다. 간호사, 태권도 사범, 마케팅팀 대리, 프로그램 개발자, 100일 된 아이를 돌보고 있는 여성 등 다양한 직군에서 일을 하다가 비슷한 시기에 새로운 직군으로의 이직을 위해 만나게 된 것이다. 반가우면서 씁쓸했다. 왜 우리는 기존의 커리어를 계속 이어가지 않고 전혀 다른 직업을 시작하기 위한 공간에서 만나게 되었을까.

20대 후반에서 30대 초반. 하나의 직장에서 계속 일을 했다면 경력이 6~7년 차는 되어 승진을 했어야 하는 나이다. 그러나 우리가 모여서 나눈 이야기는 현재 직장은 미래를 상상할 수 없다는 것이었다. 임금은 더 이상 오르지 않고, 아이를 낳으면 일을 할 수 없기 때문에 어차피 그만둘 거라면 한 살이라도 어릴 때 그만두는 게 더 낫다는 이야기였다.

미국 경제사회학자인 클라우디아 골딘은 그의 저서 《커리어 그리고 가정: 평등을 향한 여성들의 기나긴 여정》(김승진 옮김, 생각의힘, 2021)에서 여성과 남성이 비슷한 상황에서 서로 다른 선택을 하고, 초기에는 미미했던 임금

격차가 경력이 쌓일수록 커지는 이유에 대해서 설명한다. 취업 후 10여 년은 커리어 측면에서 '올라가거나 나가거나'가 결정되는 시기이면서, 동시에 결혼을 하고 아이를 낳는 시기이기도 하다. 성역할 고정관념에 의해 아이와 커리어 사이에 절충을 찾아 선택을 해야 하는 것은 여전히 여성의 몫으로 남겨진다.

그는 경제학 이론에 따라 인간은 제약 조건하에서 외부에서 주어진 선택지에 반응하여 경쟁 시장의 교환을 통해 효용을 극대화하는 합리적인 존재라 가정하고, 여성의 커리어 선택은 사회가 부여하는 돌봄의 의무와 책임의 성별 차이에 기인한다고 설명한다. 이에 따라 여성들은 유연한 일자리, 근로시간이 상대적으로 짧고 돌봄에서 발생할 수도 있는 돌발 상황에 쉽게 대처할 수 있는 일자리를 선택하게 된다는 것이다.

물론 출산과 결혼을 선택하지 않거나, 앞으로도 하지 않을 여성들도 많고, 돌봄의 의무와 책임만으로 여성들의 선택을 설명하기에는 부족하다. 그러나 여전히 OECD 성별 임금 격차 1위에, 성차별적 조직문화가 만연한 한국 사회에서 여성이 남성보다 커리어를 유지하기 더 어려운 것은 명백한 사실이다. 같은 회사, 같은 일을 하고 있어도 모두가 같은 선택지에서 선택을 하는 것은 아니다.

## 보이지 않는 공격에 대비하는 일

차별은 생각보다 더 치밀하게 우리의 안전을 해치고

있다. 늘 패시브 상태이기 때문에 언제 어떻게 스킬을 썼는지 알 수 없다. 즉, 끊임없이 우리를 공격하고 있는데 정작 공격을 받는 우리는 어떤 공격을 당했는지, 어느 정도 타격을 입었는지 알아차리기 어렵다. 그렇기 때문에 우리는 방어할 타이밍을 놓치고, 공격을 해제하기 위한 상대방의 약점을 찾기 어려워진다. 만약 공격이 명확하다면 민첩하게 방어하고, 다음 스텝의 반격을 준비하기도 쉬울 것이다.

예를 들어 사용자가 해고통보를 할 경우 처분과 불이익이 명확하다. 따라서 부당해고 구제신청, 부당해고에 따른 민사상 손해배상 청구 등 이에 따른 법적인 절차를 따르면 된다. 그러나 상대의 패시브한 공격은 쉽게 눈에 띄지 않기 때문에 우리의 안전을 지키기 위해서는 좀 더 근본적인 대책이 필요하다.

## 일터에서 차별은 '이미' 금지되어 있다

이에 대해 법에서 차별을 금지하는 것만큼 확실한 방어책이 있을까? 실제로 일터에서 적용할 수 있는 차별금지법은 생각보다 많다. 그 예로 남녀고용평등법, 비정규직보호법, 연령차별금지법, 장애인차별금지법, 근로기준법, 국가인권위원회법이 있다. 하지만 현행법은 거듭된 레벨업으로 진화한 차별로부터 우리를 온전하게 지켜 주지는 못하고 있다.

## 동일노동의 해석: 어디까지 같아야 같은 거야?

법에서 차별을 적용할 때 가장 중요한 개념은 과연 무엇을 동일노동으로 볼 것인가의 문제다. 멀티플렉스 영화관을 예로 들어보자. 한 영화관에서 일하는 노동자들의 팀이 다음 표와 같이 구성되어 있다고 가정해 보자.

| 고객팀(15명) | 영사팀(7명) | 운영관리팀(5명) | 시설관리팀(7명) |
|---|---|---|---|
| 매표 업무 | 영화상영모니터링 | 상영시간표 작성 | 청소 |
| 검표 업무 | | 근무시간표 작성 | 보안 |
| 매점 업무 | | 회계관리 등 | |

**멀티플렉스 영화관 팀 구조표**(예시)

고객팀은 각각의 업무를 주로 담당하는 노동자가 정해져 있기는 하나, 필요 시 업무를 서로 대체해 줄 수 있다고 생각해 보자. 이 경우, 주로 매표 업무를 담당하는 선희는 똑같이 매표 업무를 담당하는 혜명과는 동일한 노동을, 검표 업무를 담당하는 지수와는 유사한 노동을 수행하고 있다고 볼 수 있다. 선희와 지수의 업무 내용은 약간 다르지만, 서로의 일을 대체할 수 있으며, 주된 일이 고객 대면 업무인 만큼 본질적으로 동일하기 때문이다. 따라서 회사는 세 사람의 임금, 교육 기회, 승진 기회 등에서 서로 다르게 처우해서는 안 된다.

한편, 선희는 영사 업무를 수행하는 강호와는 똑같거나 유사한 노동을 수행하고 있는 것처럼 보이지 않는다. 서로 다른 공간에서 일하고(보통 영사실은 상영관이 있는 곳과 구분되어

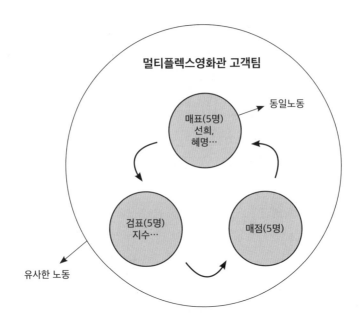

멀티플렉스 영화관 고객 팀 세부 구조도

있다), 다른 스케줄표에 따라 다른 업무를 수행해 본질적인
업무 내용이 같다고 보기는 어렵기 때문이다. 이 경우, 만약
영사팀 소속 남성들에게만 매년 호봉 인상을 해준다면
차별일까?

차별 문제를 따질 때 동일노동이 적용되는 범위를
넓히고자 등장한 개념이 바로 동일'가치'노동이다. 동일노동
또는 유사한 노동이 노동의 내용만을 비교해 서로 동일하거나
유사한지를 따지는 것이라면, 동일'가치'노동은 노동의
내용뿐만 아니라 그 노동을 수행하는 데 들어가는 '가치'의
측면까지 비교하여 서로 동일하다고 볼 수 있는지를 따지는

것이다. 이때 노동의 가치란, "노동자가 노동을 하는 데에 들어가는 품, 기술, 책임, 작업 조건"을 기준으로 고유한 속성에 대해 객관적으로 평가해야 한다(대법원, 2011.4.28 선고 대법 2011다6632).

동일가치노동으로 동일노동을 평가하게 되면, 성별로 직군(직종)을 분리해 소위 여성 집중 직종에만 임금을 낮게 책정하는 행태를 법률상 금지할 수 있게 된다. "남성 노무사가 의뢰인들한테 더 신뢰감을 주잖아", "여자들은 결혼하면 다 그만두니깐 중요한 일은 남자한테 알려 줘야지" 식의 성차별적 편견에 따른 배치 차별, 교육 훈련 차별도 법률상 금지할 수 있다. 사회적 편견에 기반한 차별은 노동자가 제공하는 노동의 고유한 가치와는 거리가 멀기 때문이다.

선희와 강호의 사례에서 만약 사용자가 고객팀은 예쁜 여자가 해야 고객들이 좋아하고, 영사팀은 기계를 다루니 남자가 해야 더 잘한다는 성차별적 고정관념에 의거해 선희는 고객팀에, 강호는 영사팀에 배치한 것이라면, 그에 따라 호봉 인상 기회에 차별을 둔 것이라면 이는 법률상 금지하고 있는 차별에 해당할 수 있다. 두 직종 간에 업무 내용이 서로 같거나 유사하지는 않지만, 각각의 노동의 객관적인 가치는 동일하다고 평가할 수 있기 때문이다. 강호는 앉아서 근무하지만 휴게시간에도 긴장감을 유지해야 하는 반면, 선희는 정해진 휴게시간은 있지만 업무 시간 내내 서서 감정노동을 수행한다. 이는 서로 다른 노력일 뿐 누구의 것이 더 가치 있다고 평가할 수 없다.

## 남녀고용평등법: 여성 전용 직종은 없다

남녀고용평등법은 "사업주는 동일한 사업 내의 동일가치 노동에 대하여는 동일한 임금을 지급하여야 한다(제8조)"라고 규정하고 있다. 따라서 회사에서 성차별적인 고정관념에 의거해 성별 직종 분리를 한 경우에도 그 노동의 가치가 동일하다면 차별해서는 안 된다.

한 화학섬유 공장에서 여성 노동자는 생산직, 남성 노동자는 기능직으로 직종을 분리해 서로 다른 호봉제를 적용했다. 회사는 직종 분리에 대하여 "기능직 업무는 강도가 높고, 작업 조건이 열악하여 여성의 추천이나 지원이 없고, 생산직은 기능직 대비 저임금이어서 남성의 지원이 없다"라고 항변했다. 분리호봉제에 대해서는 "기술, 노력, 책임, 작업 조건의 측면에서 서로 다른 노동"이기 때문이라고 주장했다.

그러나 이에 대해 국가인권위원회는 "생산직에는 모두 여성만이, 기능직에는 모두 남성만이 채용, 배치되었고, 생산직과 기능직 사이에 전보, 배치전환은 이루어지지 않았으며, 생산직의 경우에는 가장으로서의 급여 수준이 아닌 저임금이 사회적 임금으로 책정되었다는 진술 등을 종합할 때 생산직은 사실상 여성 전용 직종으로 취급되었다고 할 수 있다"라며, 성별로 직종을 분리한 것이라고 판단했다.

나아가 국가인권위원회는 이 두 직종의 업무가 동일가치노동인지 여부를 살펴보면서 "기능직 근로자들이 육체적인 힘을 더 사용하거나 난이도가 높은 업무를 수행하고 있다는 점을 인정하더라도, 생산직 근로자들도 직립 상태로 지속적인 근무를 수행하는 다른 측면의 노력을 기울이고 있다(국가인권위원회, 2008.10.27. 07진차981)"라며 노동의 내용이 다를 뿐, 그 노력과 기술의 측면에서 동일하다고 판단했다.

이러한 판정은 성별로 직무 또는 직군을 분리하여 서로 다르게 취급하는 구조적 차별에 대해서까지 금지할 수 있다는 가능성을 제시했다. 그러나 아직까지 법원의 판결은 이에 미치지 못하고 있다(대법원 2013.5.9. 선고 2010다23821 판결). 우리 법령은 동일노동을 동일'가치'노동으로 명확히 정의하고 있는 만큼, 법원에서도 직종별로 성별이 분리되어 업무 내용이 다르다고 하더라도 이를 동일노동으로 판단할 수 있어야 한다.

## 진정직업자격: 무분별한 비정규직의 정규화?

2020년 "공기업 비정규직의 정규화 그만해 주십시오"라는 제목의 청원이 30만 명 이상의 동의를 받았다. 해당 청원은 "이곳을 들어가려고 스펙을 쌓고 공부하는 취준생들은 물론 현직자들은 무슨 죄입니까? 노력하는 이들의 자리를 뺏는 게 평등입니까? 사무 직렬의 경우, 토익 만점에 가까워야 고작 서류를 통과할 수 있는 회사에서, 비슷한 스펙을 갖기는커녕 시험도 없이 정규직 전환을 하는 게 공평한 것인가 의문이 듭니다"라며, '무분별한 비정규직의 정규직화를 당장 그만해야 한다'고 주장했다.

그의 논리를 요약하면, 정규직(또는 정규직이 되고자 하는 취준생) 노동자가 대학 등록금을 내고 스펙을 쌓는 동안 들인 비용(시간과 돈)에 비해, 현재 비정규직 노동자(무기계약직 포함)는 그만한 투자를 하지 않았기 때문에 정규직과 비정규직 간의 고용형태나 임금 등 근로조건 차이는 정당한 것이며, 이를 없애려는 시도는 오히려 정규직(또는 정규직이 되고자 하는 취준생)에 대한 역차별이라는 것이다.

'무기계약직'이라는 단어는 2007년 비정규직보호법이 시행되면서 등장했다. 비정규직보호법으로 인해 동일한 노동을 시키면서 더 싼 값의 비정규직 노동자를 이용하는 것이 어려워질 '위기'에 직면하자, 회사들이 선택한 방식이 바로 무기계약직 신설이었다. 즉, 무기계약직을 정규직과 직군을 구분해, 고용은 정규직과 동일하게 기간의 정함이 없지만 직군별로 승진, 임금, 휴가 등 근로조건을 다르게 한 것이다. 특히 비정규직 보호법이 시행되던 2005~2007년, 실제 무기계약직으로 분리된 노동자들은 주로 여성들이었고, 이는 또 다른 차별의 시작이었다.•

당시 무기계약직으로의 전환에 대해 노동조합들에서도 '일단 고용 안정이 보장되는 것이 우선이니, 이를 받고 임금은 교섭을 통해 맞춰 가 보자'는 식의 희망적인 기대를 했던 것 같다. 그런데 과연 현재 정규직과 무기계약직 간의 차별에 대해서 얼마나 논의가 이루어지고 있을까.

무기계약직이라는 개념이 등장한 지 대략 15년 정도 만에 무기계약직과 정규직은 애초에 다르며, 그러니까 그들 사이의

임금 차이는 차별이 아닌 공정한 노동의 대가라는 인식이 널리
퍼진 것처럼 보인다.

그런데 일터 내 차별을 판단할 때의 가장 기본 원칙은
'동일(가치)노동-동일임금'이다. 객관적인 직무평가상 노동의
가치가 달리 평가되는 경우가 아니라면, 누군가의 학력·성별·
학벌·업무와 무관한 영어점수 등에 따라 임금이 달라질 수
없다는 의미다. 이와 관련해 진정직업자격이라는 개념이 있다.

진정직업자격은 직무의 성질상 특정 성, 학력 등이
불가피하게 요구되는 경우를 의미하는 것으로, 미국의 판례는
이를 매우 엄격히 해석해 "① 업무 운영 전체의 본질적
요소로서 고객의 기호에 맞는다는 정도는 불가하며, ② 그
속성을 갖지 않는 자는 거의 모두가 업무 수행이 불가능하거나
혹은 그들에게 개별 심사를 행하는 것이 실제로 불가능할 만큼
합리적으로 필요한 경우"에만 허락된다. 진정직업자격이
인정되지 않는 한 특정 직군에 남성만 채용한다든지, 대졸만
채용한다든지 하는 경우는 차별에 해당할 수도 있는 것이다.
예를 들어 캐나다에서는 1999년 '메이오린 판결'이 있었다.
당시 산림청 소방관으로 일하던 여성 노동자 메이오린은
정부에서 도입한 산불소방대원에 대한 새로운 체력장 기준 중

- 조순경, 〈여성비정규직의 분리직군 무기계약직 전환과 차별의 논리〉, 《한
  국여성학》 제24권 3호(한국여성학회, 2008), 5~40쪽; 이주희, 〈직군제의
  고용차별 효과: 금융산업을 중심으로〉, 《경제와 사회》 통권 제80호(비판
  사회학회, 2008), 165~194쪽.

하나를 통과하지 못해 해고되었다. 이에 대해 메이오린은 성을 이유로 한 부당해고라고 주장했고, 법원은 이 새로운 체력장 기준이 진정취업자격에 해당하지 않는다고 판결했다.

특히 현재 대한민국의 많은 기업들에서 요구하는 스펙인 성별, 영어 점수, 학벌, 연령 따위는 직무의 본질적 요소와 관련이 없는 한 진정직업자격으로 인정될 수 없고, 이에 따른 차별도 정당화될 수 없다.

## 법적 차별로 인정받기 위한 step 1

먼저, 법에서 금지하고 있는 차별 영역에 포함되는지 확인해야 한다. 법에서 어떤 노동자가 '비교대상근로자'에 비해 차별적 처우를 받는다고 하기 위해선 그가 받고 있는 불이익 또는 배제가 법률상 정의하고 있는 차별의 범위 안에 포함되어야 한다.

예컨대 기간제 근로자가 동종의 유사한 업무를 수행하는 정규직 근로자에 비해 교육이나 승진에서 차별적 처우를 받았다고 하더라도, 기간제법에서 정의하고 있는 차별의 내용에 교육이나 승진은 빠져 있기 때문에 이러한 경우는 법률상 차별에 해당하지 않게 된다. 그렇기 때문에 법에서 정의하고 있는 차별의 내용이 무엇인지, 내가 겪은 불이익이나 배제가 그에 해당하는지를 판단하는 것은 매우 중요하다.

남녀고용평등법과 연령차별금지법은 차별의 내용이 거의 유사한데, 모집 및 채용에서부터 임금, 승진, 교육, 복리후생은

## 일터 내 차별금지법 한눈에 보기

|  | 남녀고용<br>평등법 | 기간제법<br>파견법 | 연령차별<br>금지법 | 장애인<br>차별금지법 | 근로기준법 |
|---|---|---|---|---|---|
| 사유 | 성별, 혼인,<br>가족 안에서의<br>지위, 임신,<br>출산을 이유로 | 고용형태<br>(기간제,<br>단시간,<br>파견)를 이유로 | 연령을 이유로 | 차별의 원인이<br>두 가지 이상일<br>땐 주된 이유가<br>장애를 이유로 | 남녀의 성,<br>국적, 신앙,<br>사회적 신분을<br>이유로 |
| 비교대상 | 동일 가치<br>노동을<br>제공하는 다른<br>노동자 | 동종 또는<br>유사한 업무에<br>종사하는<br>정규직 | 다른 연령집단 | 장애인이 아닌<br>사람 | |
| 차별금지<br>영역 | 모집, 채용,<br>임금, 복리후생,<br>교육, 승진,<br>정년, 해고 등에<br>대해 합리적인<br>이유 없이<br>다르게 하거나<br>그 밖의 불리한<br>조치를 하는<br>경우<br>(간접차별도<br>포함) | 임금, 상여금,<br>성과금,<br>복리후생에<br>관한 사항에<br>대해 합리적인<br>이유 없이<br>불리하게<br>처우하는 경우 | 모집, 채용,<br>임금, 복리후생,<br>승진, 교육,<br>퇴직, 해고에<br>대해 합리적인<br>이유 없이<br>차별하는 경우<br>(간접차별도<br>포함) | 모집, 채용,<br>임금, 복리후생,<br>교육, 배치,<br>승진, 정년,<br>퇴직 해고,<br>노동조합활동에<br>있어 정당한<br>사유 없이<br>제한, 배제,<br>분리 거부등에<br>의해 불리하게<br>대하는 경우<br>(간접차별도<br>포함) | 근로조건에<br>대하여 |

물론 해고 및 정년까지, 즉 취업부터 실업까지의 전체적인
노동조건 차별을 금지하고 있다. 또한 단순히 채용상 '남성
우대, 군필자 모집, 20대 모집, 90년생 이하 모집'과 같은
직접적인 차별 외에도 '키 170cm 이상 우대'처럼 사실상

남성에게 유리한 지원 조건을 걸어 여성들을 배제하는 식의
간접차별도 금지하고 있다.

만약 20대 신입사원이 50대 팀장급 직원에 비해 임금을
적게 받을 때 연령차별금지법의 적용을 받을 수 있을까?
연령차별금지법의 정식 명칭은 '고용상 연령차별금지 및
고령자고용촉진에 관한 법률'이다. 즉, 고령의 노동자 보호가
이 법의 제정 목적인 것이다. 따라서 나이가 어린 집단이
나이가 많은 집단에 비해 불이익한 처우를 받는다고 전제할 때,
이 법을 통해 문제를 제기할 수는 있지만 법의 취지상 인정될
가능성은 낮아 보인다. 특히 해당 법 제4조의 5항(차별금지의
예외)에서 "근속기간의 차이를 고려하여 임금이나 임금 외의
금품과 복리후생에서 합리적인 차등을 두는 경우"를 규정하고
있기 때문에, 근속연수가 높은 집단에 비해 낮은 집단에게
발생하는 임금 차이는 차별금지의 예외로 해석될 여지가 있다.

장애인차별금지법도 이 두 법과 유사하게 노동을
제공하는 전체 영역에서 차별을 금지하고 있으나 특징적인
점은 노동조합활동에서의 차별도 포함한다는 것이다. 또 다른
특징은 차별을 정의할 때도 "정당한 이유 없이 제한, 배제,
분리, 거부 등에 의해 불리하게 대하는 경우", "차별의 원인이
두 가지 이상일 때 주된 이유가 장애를 이유로 한 경우"라고
하여 차별의 개념을 좀 더 확장해 규정하고 있다는 것이다.

### 법적 차별로 인정받기 위한 step 2

두 번째로 중요한 것이 바로 합리적인 이유가 없는 경우에만 차별이 금지된다는 점이다. 합리적인 이유가 없다는 것은 "여성, 장애, 고령자, 비정규직 등"이 아니었다면 다르게 대할 이유가 없었다는 의미로, 만약에 그 외에 다른 (합리적인) 이유로 다르게 처우한 것일 경우에는 법률상 금지되는 차별이 아니다.

법 규정을 실제 사례에 적용하기 위해선 '해석'이 필요하다. 이것은 법이 '귀에 걸면 귀걸이, 코에 걸면 코걸이'라며 비판받는 지점임과 동시에, 법 적용을 확대할 수 있는 장점이기도 하다. 차별 문제에서 '합리적 이유' 역시 대표적으로 법의 해석이 필요한 영역이며, 판사들이 살고 있는 사회에 따라 '합리적 이유'의 적용은 달라지고 있다.

예를 들어, 여성이 다수인 직군의 정년을 다른 직군에 비해 낮게 설정해 놓은 경우, 1996년과 2019년 법원의 입장은 서로 달랐다. 1996년 대법원은 53세의 여성 노동자가 계속 일할 수 있는지 의문이라며(물론 판단 근거가 이것 하나만은 아니었지만, 이것도 분명 판단 근거였다!), 여성 직군의 정년을 다른 직군에 비해 낮게 설정한 것이 합리적인 이유가 있다고 보았다(대법원, 1996.8.23 선고, 대법94누13589).

반면, 2019년 대법원은 평등과 여성 노동에 대한 부당한 차별 금지라는 헌법적 가치를 염두에 두고 판단할 때 여성 직군의 정년을 다른 직군에 비해 낮게 설정하는 데에 합리적인 이유가 없다고 판단했다(대법원, 2019.10.31. 선고 대법2013두20011). 법원의 입장이 약 25년 만에 달라진 것이다.

그 이유는 '사안이 다르다', '법관이 다르다' 등 여러 가지가
있을 수 있지만, 무엇보다 그동안 여성의 노동은 부차적인
노동으로 여겨지던 사회에 여성들의 목소리가 반영된
결과라고 평가할 수 있을 것이다.

## 차별은 '중첩'된다

"25세 이하 여성 승무원 모집!"

이건 연령차별일까, 성차별일까? 실제로 대형
항공사들에서 여성 승무원을 모집하면서 채용 자격을 만 25세
이하로 한정했다. 항공사들의 주장은 ①승무원 직업 선호도가
높기 때문에 채용 시 연령 제한을 두지 않으면 회사의 채용
일정 및 수급 계획에 차질을 빚을 우려가 있고, ②승무원은
근속연수가 짧아 고령자가 입사할 경우 근속연수가 더욱
짧아질 수 있으며, ③승무원은 기내 안전을 위하여 상하 관계가
엄격하기 때문에 연령 제한이 필요하다는 것이었다.
　이에 국가인권위원회는 "항공사 여승무원들의 업무는
고객 접대 업무와 안전 업무로 대별될 수 있는데, 그에 속하는
비상시 탈출 안내, 승객 건강·안전 보호, 기내 식음료 서비스
제공, 외국 승객과의 의사소통 등의 업무가 특별히 25세를
기준으로 월등히 수행 불가능하거나 어려워진다고 보기
힘들며, 25세가 넘는 신입 여승무원에게 투입되는 훈련 비용과
시간이 25세 이하의 신입 여승무원에게 투입되는 것보다

사회 통념상 납득하기 어려울 정도로 증가한다는 객관적 근거 또한 발견하기 어렵다"라며, 연령 자격이 여성 승무원의 진정직업자격에 해당하지 않는다고 판단했다.

나아가 "나이에 따른 엄격한 상하 지위 체계는 그동안 채용시 나이를 제한함에 따라 연령에 따라 수직적으로 형성된 위계질서의 관행적 결과일 뿐, 기내 안전 확보를 위한 업무를 만 26세 이상의 자는 수행할 수 없다는 근거가 되기 어렵다"라며, 관행이 차별을 정당화하지 않음을 분명히 밝혔다(2006.11.6. 국가인권위원회 05진차662, 06진차468, 06진차472, 06진차502).

이것은 25세 이하 여성만 승무원으로 모집하던 채용 관행이 차별에 해당한다고 판정한 의미 있는 사건이었다. 다만, 한 가지 의문이 남는다. 이 관행이 과연 연령 차별에만 해당하는가? 성차별은 아닌가?

사실 우리가 경험하는 차별이 단 한 가지 원인으로 발생하는 경우는 드물다. 비정규직＋여성, 이주 노동자＋여성, 장애＋여성, 고졸＋비정규직, 성소수자＋비정규직, 고령＋비정규직……. 모두 나열할 수 없을 정도로 다양한 소수자성을 이용해 복합적으로 발생하기 때문이다. 소수자성을 많이 가진 사람일수록 더 많은 차별에 노출될 수 있다.

그러나 현재 우리 법은 각각의 개별적인 차별 사유에 대해서 각각의 법령을 두고 있어, 실재하는 복합 차별에 대해 문제를 제기하기 어렵다. 만 25세 이하 여성 승무원을 채용하는 것은 연령 차별이지만, '스튜어디스는 젊고 예쁜

## 지지 않는 법

### 노동위원회 고용상 성차별 시정 절차

1. 시정 신청 요건
- 근로자: 사업주에게 고용된 사람과 취업할 의사를 가진 사람
- 사업주: 근로자를 사용하는 모든 사업 또는 사업장

2. 신청 기간
- 차별적 처우 등을 받은 날부터 6개월 이내
*임금상 차별과 같이 계속되는 차별로 볼 수 있는 경우 차별적 처우 등의 종료일부터 6개월 이내

3. 신청 대상
- 고용상 성차별

4. 시정 명령의 내용
- 차별적 처우 등에 해당할 경우 차별적 처우 등의 중지, 임금 등 근로조건의 개선(취업규칙, 단체협약 등의 제도 개선 명령 포함), 적절한 배상 등의 시정 명령을 할 수 있음.
*적절한 배상을 명할 경우 그 배상액은 차별적 처우 등으로 근로자에게 발생한 손해액을 기준으로 하고, 사업주의 차별적 처우 등에 대한 명백한 고의가 인정되거나 차별적 처우 등이 반복되는 경우 손해액을 기준으로 3배까지 배상을 명할 수 있음.

5. 시정 명령을 이행하지 않을 경우
- 사업주가 확정된 시정 명령을 정당한 이유 없이 이행하지 않을 경우 1억 원 이하의 과태료가 부과됨.

여성이 해야 한다'고 전제하는 점에서 성차별이기도 하다.
사실 둘 중 무엇이 직접적인 차별의 원인이 되었는지 우리는 알
수 없다. 어찌 되었든 '나이 어린 여성'만 채용하기로 했다면,
이는 연령 차별이자 성차별, 즉 복합 차별에 해당한다고 봐야
한다.

　사회가 끊임없이 위계화되고, 직장 내 위계도
세분화될수록 차별의 이유는 다층적일 수밖에 없다. 이러한
차별로부터 우리를 지킬 수 있는 새로운 방패와 창이 필요하다.


## 나날이 레벨업하는 차별에 맞서는 '포괄적 차별금지법'

　지금까지 살펴봤듯이, 일터에서의 차별은 거의 모든
영역에서 금지되어 있다. 해당 법에 따라 차별로 인정된
사례들도 많다. 그러나 내가 첫 직장에서 경험했던 것처럼
고정적인 성 역할에 따라 업무를 부여하여 자존감을
떨어뜨리는, 그러니까 노동자로서의 존엄성을 훼손하는 차별
같은 것들은 여전히 법의 영역에 들어오지 못하고 있다.

　그뿐만 아니라 '긱 노동(gig work)'처럼 디지털 플랫폼을
이용해 노동을 제공하는 등 다양한 형태의 노동자가 등장하고
있는데, 법에서 보호하는 노동자는 제한적이다. 특정 규모
이상에서 일하고 있을 것, 특정 시간 이상 일할 것, 종속적인
노동을 제공할 것 등 특정 조건을 충족한 노동자만이 노동법의
보호를 받을 수 있다.

## '포괄적 차별금지법'은 필요하다

포괄적 차별금지법은 앞서 설명한 개별적 차별금지법들의 한계를 넘어 다양한 차별을 모두 다룰 수 있는 일종의 차별금지 '기본법'이다. 즉, 노동법 영역을 넘어 삶의 전반적인 영역에서 차별을 금지하기 때문에 현행법의 한계를 넘어설 수 있다.

포괄적 차별금지법의 제정을 요구하는 목소리는 오랜 시간 계속되어 왔다. 차별은 인권의 침해라는 측면에서, 인간의 존엄성을 심각하게 훼손하는 행위인 차별을 금지하기 위한 포괄적인 법안이 필요하다는 것이 그 목소리의 핵심이었다.

사실 이와 비슷한 법안은 2006년 정부 발의를 시작으로 지금까지 무려 여덟 번 발의되었지만, 매번 철회되거나 임기 만료로 폐기되어 왔다. 그리고 2020년 포괄적 차별금지법에 대한 내용이 일부 의원들에 의해 또다시 국회에 발의되었다.

이 법안은 현재 개별법으로 존재하는 차별금지법 제도의 한계를 보완하는 차별 금지 기본법으로, 모든 인간은 평등하다는 헌법상 가치를 선언하는 의미가 있다. 뿐만 아니라 국가인권위원회의 시정 권고를 받아들이지 않은 자에 대하여 이행강제금을 부과하게 하고 있고, 차별 행위가 악의적인 경우(고의성, 지속성 및 반복성, 보복성, 피해의 규모 및 내용을 고려하여 판단), 징벌적 손해배상(손해액의 2~5배 수준)을 하도록 해 차별 구제의 실효성을 보장하고자 한다.

그리고 법률상 차별을 당했다고 주장하는 자가 그 사실을 증명하는 것이 아니라, 가해자로 지목된 자가 차별이 아님을 증명하도록 입증책임을 전환했다는 점도 차별금지법안의 큰 특징이다.

물론 모든 차별을 법의 영역에 포함해 모두 처벌하는 것이 평등으로 나아가는 유일한 해결책은 아니라고 생각한다. 포괄적 차별금지법이 제정된다고 하더라도 이 세상에 존재하는 모든 차별이 한순간 눈 녹듯이 사라질 것이라고 기대하지도 않는다. 그러나 점점 노동자들을 구별 짓고, 서로가 서로에 대해 이해할 시간도 여유도 주지 않는 사회에서 '평등'에 대한 감각을 유지하기 위해서라도 차별금지법은 필요하다.

## 2제곱미터 매트만큼의 작은 공간이라도

작년 초부터 요가를 시작했다. 매트 위에서 몸을 요리조리 움직이는 게 마음에 들었다. 2제곱미터 정도의 공간 안에서 온전히 나의 몸에 집중할 수 있었다. 넘어지는 순간에도, 다시 일어선 순간에도, 동작에 접근해 가는 과정도, 그 과정에서 뻘뻘 흐르는 땀도 다 마음에 들었다. 오롯하게 나에게 집중할 수 있는 시간이 좋았다.

보통 새벽에 요가를 하는데, 강아지를 산책시키고 요가원에 가기 위해 늦어도 6시 반에는 일어난다. 그날은 강아지 산책 후 집에 들르지 않고 바로 요가원에 가려고 옷을 미리 갈아입었다. 강아지를 산책시키고 있는데 등 뒤에서 자전거 탄 남자가 혀를 차면서 욕을 하고 있었다. '어떤 미친놈이 아침부터 욕을 하네'라고 생각했을 뿐 크게 신경

쓰지 않았다. 그런데 그가 내 쪽을 지나가면서 나한테 욕을
했다. "이렇게 입고 다니는 게 성희롱이야. 반바지 하나 사 줘?
아휴 피가 끓는다, 끓어", 이런 말이었다. 난 그저 레깅스에
바람막이 차림이었다. 너무 놀람과 동시에 화가 났다. 내가
남자였다면, 내가 덩치가 컸다면, 강아지가 진돗개였다면……
등등 많은 가정을 했지만 어느 것 하나 내 의지로 바꿀 수 있는
게 아니었다.

　　매트 밖에서는 내가 내 몸을 컨트롤할 수 있는 것들이
적게 느껴진다. 지하철에서, 거리에서, 술집에서, 일터에서
내 몸이 나의 것이 아니라 공동의 것 같다는 느낌을 받는다.
누구의 것인지 모르겠지만 아무튼 내 건 아니구나 싶은 느낌.
그러한 감각이 극도로 커지는 공간이 일터다. 사용자는 우리가
일하는 시간 동안 우리 몸을 회사에 맡길 것을 요구하기
때문이다.

　　그렇다고 한들 나의 몸이 진짜 나의 것이 아닐 수 있을까.
아무리 남에게 맡기려고 해도 내 몸에 대한 감각은 결국
내가 느낀다. 내 몸에 대한 책임도 결국 내가 진다. 그렇다면
일터에서 역시 2제곱미터 매트만큼의 공간이나마 필요하지
않을까. 아주 작은 공간, 작은 시간 안에서일지라도 내가 나를
지키고 살피는 일이 중요하지 않을까.

　　'일하는 퀴어'를 대상으로 기획 교육을 한 적이 있다.
총 4회차의 교육이었고 마지막 시간에는 '일할 때 나의 각오,
모두의 각오'라는 주제로 이야기를 나누었다. 함께 일하는
동료에게 원하는 것과 스스로 지키고 싶은 규칙을 정해보는

시간이었다. 내 힘으로 바꿀 수 없는 건(타인의 시선이나 제도적 차별처럼) 어쩔 수 없지만, 나를 위한 작은 공간과 시간이라도 만들어 보자는 취지였다.

할 수 있는 만큼 '나'를 드러내기, 불편한 조직문화에 대해서 먼저 이야기하는 '첫 사람' 되기, 내 안에 편견이 있는지 살펴보기, 지나친 자기 검열을 하지 않고 스스로를 신뢰하기 등 다양한 의견들이 나왔다. 별것이기도 하고, 별것 아니기도 한 다짐들이었다. 이런 다짐들이 나를 지키고 챙기는 작은 공간과 시간이 되어준다고 믿는다.

# 2장
# 일터 괴롭힘

## 전혀 괜찮지 않은 일들

내가 일한 첫 노무법인의 대표는 일명 '시간 또라이'였다.
오전에 서면을 작성해 검토받으러 가면 종이를 찢어 바닥에
던지며 "너 진짜 초딩이야?", "기본도 없어?"라고 소리를
지르며 화를 냈다. 그리고 1시간 뒤 따로 점심을 먹자며
불러서는 "내가 널 아끼는 거 알지? 다 너 잘 키우려고
그래"라고 말했다.

혼란스러웠다. 소리를 지르고 화를 내는 그를 보면 진짜
미친놈인가 싶다가도 나를 키워주겠다는 그의 말을 들으면
그렇게 나쁜 사람은 아니라고 생각했다. 사실 생각이 정리되지
않았고, 하루에도 몇 번씩 태도를 바꾸는 그가 너무 어렵고

무서웠다.

그가 나를 자신의 기대에 맞게 길들이는 방식은 매일 달랐다. 도저히 이해할 수 없는 행동을 하는 그를 이해하고 싶었다. 이것은 '어쨌든 나쁜 사람은 아니야(아닐 거야)', '일단 버텨보자, 버티면 나아질 거야(여기서 못 버티면 진짜 그의 말처럼 다른 곳에서도 못 버틸 거야)'라는 일종의 자기 최면으로 이어졌다. 그렇게 스스로를 납득시키지 않으면 직장을 못 다닐 것 같았기에 최선을 다해 최면을 걸었다.

## 가스라이팅: 넌 팥 없는 붕어빵이야

하루는 그가 나를 불러 내 태도에 대해 이야기하면서 붕어빵을 예로 들었다.

> "추운 겨울에 길가에 붕어빵 가게가 있는 거야. 붕어빵이 엄청 맛있어 보여서 샀어. 그런데 반으로 갈랐더니, 팥이 없는 거야. 그럼 기분이 어떨 거 같아?"
> "네? 글쎄요……."
> "글쎄요? 그치. 내가 딱 그래. 널 보면."
> "네?"
> "자네는 눈치를 안 보는 게 문제가 아니라 왜 봐야 하는지 모르는 것 자체가 문제야. 봐. 지금도 무슨 말인지 못 알아먹잖아."

할 말이 없었다. 그가 서면을 찢어 집어던지며 소리를

지를 때에도 울지 않았다. 그 앞에서 우는 게 너무 자존심이
상했다. 그런데 그의 붕어빵 발언이 나를 무너뜨렸다. 농담처럼
웃으며 이야기하는 그가, 아무 말 못하고 그걸 듣고 있어야만
하는 상황이 견디기 어려웠다. 나름대로 고민하며 선택을
하고, 정말 나름대로 열심히 살아왔는데 난데없이 팥 없는
붕어빵이라니……. 내 삶이 한순간 그냥 진짜 붕어빵이 될
수도 있구나 싶었다. 스스로를 붕어빵이라고 생각해 본 적도
없었지만 팥이 없는 붕어빵이라고 생각해 본 적은 더욱더
없었다.

그의 평가가 어이없고 화났지만, 사실 이러한 분노도
시간이 지나서야 깨달은 감정이고, 그 당시에는 그냥 무너지는
기분이었다. '뭐지……. 내가 그렇게 이상한가? 나름대로 이
조직에 섞여보려고 최선을 다했는데, 그래도 내가 그렇게
이상한가?'라는 생각만 가득 찼다. 동시에 그가 날 키워
주겠다고 하는 말은 거짓이라는 확신이 들었다. 팥이 있든 없든
어차피 붕어빵 아닌가. 그가 날 키워주겠다는 것은 그래 봤자
'팥이 들어 있는' 붕어빵으로 만들어 주겠다는 거구나 하는
생각이 들었고, '난 붕어빵이 되고 싶지 않다'는 생각이 들었다.

직장 내 괴롭힘 피해 상담을 하면서 내 또래의 여성을
만난 적이 있다. 그가 녹음한 녹음파일을 듣는데, 붕어빵
대표가 떠올랐다. 그를 괴롭히는 상사가 말했다.

"칼이 너무 무뎌도 문제지만 너무 잘 들어도 문제야. 넌 너무 잘
드는 칼이야."

너무 잘 드는 칼…… 팥 없는 붕어빵…… 웃음이 났다. 아니 대체 왜 이렇게 말도 안 되는 비유를 들어 가며 사람을 괴롭히는지. 동시에 상담하러 온 여성이 상사의 말도 안 되는 이야기를 "아…… 예……?"만 반복하면서 듣고 있는 게 화가 났다. 그 역시 이 회사가 첫 직장이었고, 그가 어떤 마음으로 녹음을 하며 대답을 했을지 상상이 됐기 때문이다.

"넌 미숙해. 나만 믿고 따라와."
"넌 진짜 문제야. 시키는 대로만 하면 되는데 왜 그러니? 내가 널 잘 키워줄게."

이런 말들을 반복적으로 들으면 누구나 자기에게 문제가 있다는 생각을 하게 된다. 특히 일을 이제 막 시작한 사람에게 일을 알려주는 사람의 말은 마치 커리어 전체에 큰 영향을 미칠 것처럼 절대적으로 느껴지게 마련이다. 스스로 '팥 있는 붕어빵', '적당히 잘 드는 칼'이 되고 싶다고 생각하게 되는 것이다. 나 역시 그랬다.

당시 가족들을 비롯한 모두가 그 붕어빵 법인을 그만두라고 하는데도 그만두지 못했다. 내가 정말 사회성이 부족하고 눈치가 없어서 사회생활을 못하는 것일까 봐 두려웠다. 이곳이 아닌 다른 그 어떤 곳에서도 사회생활을 하지 못할 것 같아서 무서웠다. 엄마는 퇴사조차 두려워하는 내게 회사를 그만두라면서 이렇게 말했다.

"너 괴롭히는 걔, 그만두고 보면 그냥 아저씨야. 그 사람 말에 그렇게 신경 쓸 필요 없어."

역시 엄마 말이 맞았다. 실제로 그만둔 뒤에 그 대표를 길에서 마주친 적이 있고, 그는 엄마 말처럼 그냥 아저씨였다. 왜 그렇게 그 사람의 말 한마디, 표정 하나까지 신경을 썼을까 싶었다. 나중에 '가스라이팅'이라는 단어를 접하게 되었을 때, 그 대표가 떠올랐다. '아, 그때 그게 가스라이팅이었구나.'

일을 처음 시작하면 서툴고 잘하지 못하는 게 당연하다. 그리고 일을 잘하고 싶고 인정받고 싶은 마음도 너무 당연하다. 이 두 가지를 이용하는 게 바로 '키워줄게(그러니 넌 아무 말도 하지 말고 그냥 시키는 대로 해, 내 말이 무조건 맞아)'라는 식의 가스라이팅형 괴롭힘이고, 이는 주로 사회 초년생들에게 많이 나타난다.

일이 아니라 누군가의 성격, 인격, 모든 것을 자기의 입맛대로 바꾸려 들고 통제하려 하는 행위는 당연히 업무상 적정 범위를 넘어서는 괴롭힘이다. 이러한 가스라이팅형 괴롭힘은 피해자가 스스로 피해 사실을 인지하기 어려울 수 있기 때문에 반.드.시! 가까운 지인에게 본인의 상황을 털어놓고 이야기를 들어보는 것을 추천한다. (덤으로 위로도 받고 감정적인 지지도 받으면 좋고!) 그 누구도 누군가에게 쓰이는 칼로만, 누군가에게 먹히는 붕어빵으로만 존재하고 싶어 하지 않다는 것을 명심하자.

## 감정 불평등: 왜 누군가의 감정은 지워지는가

정희는 스물네 살 겨울 졸업을 앞두고 한 회사에 입사 지원을 해 채용되었다. 그가 일하게 된 부서는 영업관리팀으로 정희 외에 선배 3명이 있는 부서였다. 선배들은 팀에 신입사원이 들어온 것이 6년 만이라며 정희에게 많은 관심을 보였고, 정희도 그 관심에 부응하기 위해 적극적으로 아이디어도 내고 회사생활을 열심히 했다.

그런데 선배들은 정희가 아이디어를 내는 것이 못마땅했는지(사실 이유는 없거나 알 수 없다), 정희에게 "그냥 시키는 거나 해", "그걸 네가 왜 알아야 하는데?"라고 소리를 지르며 화를 내기 시작했다. 그 뒤 정희는 그냥 '말 안 듣는 아이'로 낙인찍혀 4년 동안 따돌림을 당했다. 정희가 4년을 버티면서 가장 힘들어했던 부분은 그 공간에서 투명인간이 되는 기분, 그리고 본인의 감정은 아무것도 아니나 그들의 감정은 그에 비해 지나치게 중요한 것처럼 취급되는 불평등함이었다.

정희는 견디다 못해 회사에 괴롭힘 사실을 신고했다. 그러자 감정 불평등은 더 심화되었다. 정희를 4년 동안 따돌리며 괴롭히던 가해자들은 오히려 정희에게 배신감과 서운함을 느꼈으며 상처를 받았다고 호소했다.

정희는 최선을 다해 괴롭힘 행위에 대해 진술하고, 증명하고, 그때 느꼈던 감정들에 대해 이야기했지만, 그 누구도 그의 말을 믿어주지 않았다. 사실 정희가 팀 내에서 따돌림을 당하고 있다는 사실을 회사 내 대부분의 직원이 알고 있었지만, 그 누구도 정희의 편에 서주지 않은 것이다. 결국 정희가 경험한 모든 감정들은 다 거짓이 되었고, 그는 '말 안 듣는 아이' + '선배들의 가슴에 비수를 꽂은 거짓말쟁이'로 낙인찍혔다.

누군가가 경험한 감정이 아무에게도 받아들여지지 않는다면 그건 존재하지 않는 감정이 되고 피해자는 철저히 고립된다. '자기 감정만 내세우는 이상한 사람'으로 취급되어 병들고 만다.

우리는 감정 불평등을 일상적으로 경험한다. 상사가 회식을 하자고 할 때, 상사가 짜증을 내며 자기 일을 떠넘길 때 (입만) 웃으며 "네"라고 해야 하는 순간을 알고 있다. 일방의 감정은 얼마든지 표출되어도 무방하지만, 상대의 감정은 철저하게 감춰져야 한다. 이러한 감정 불평등 즉, 누군가의 감정이 다른 누군가의 감정보다 더 존중받는 불평등은 일터 괴롭힘의 속성과도 같다.

그러나 모두의 감정은 평등하다. 누군가의 감정은 무시해도 되는 사적인 것으로, 누군가의 감정은 업무와 관련 있는 공적인 것으로 취급되어 일방적으로 하나의 감정이 지워진다면 이 역시 차별이며, 지워진 사람의 존엄성은 심각하게 훼손된다. '나(가해자 또는 가해집단)는 그래도 되지만, 너(피해자 또는 피해집단)는 아무것도 느끼면(또는 표현하면) 안돼'라는 식의 불평등함이 사라지지 않는 한, 괴롭힘 역시 반복될 수밖에 없는 것이다.

## 일터 민주성: 노동자는 생각하고 느끼고 판단한다

"상사가 까라면 까야지, 상사가 니 친구야?"

"니가 팀장한테 못 맞추겠다면 니가 나가는 게 맞지."

"나 때는 말야, 이런 건 상상도 못 했어."

_직장갑질119 제보 사례 중(2019.12.)

동백이는 사내 커플이었던 남자친구랑 헤어졌고, 전 남자친구는 회사에 동백이에 대한 헛소문을 냈다. 그 후 동백이는 팀장의 괴롭힘과 따돌림을 당했고, 회사에 괴롭힘 사실을 알렸다. 하지만 회사에서는 위와 같은 말들을 하며 아무런 조치를 취하지 않았다.

일터 괴롭힘이 발생하는 원인은 다양하다. 그러나 일터 괴롭힘이 '갑질'이라는 용어로 사회적으로 의제화된 바와 같이, 괴롭힘은 일터에서의 권력관계와 관련되어 있다.

대부분의 일터에서는 민주주의보다 위계질서가 우선한다. 노동 판례 검색창에 '위계질서'라는 단어를 검색하면 수백 건의 판례가 검색되는데, 공통적인 내용은 "근로자의 행위는 위계질서를 해하는 행동으로 해고(또는 징계) 사유에 해당한다"라는 것이다. 즉, 근로자의 생존권보다 기업의 위계질서에 더 큰 보호 가치가 있다는 것이다.

회사는 일을 하는 공간이기 때문에 업무 지시가 있을 수밖에 없다는 점은 인정한다. 그런데 조직의 위계가 무너지면 정말로 회사가 망할까?

회사는 노동자들의 생산력을 최대로 추출하기 위해서 조직의 위계를 유지하는 편이 더 편할 수 있다. 익숙한 방식이기도 하고, 지시가 누락될 가능성은 적어지며, 무엇보다 의사결정을 하는 시간이 단축된다. 위에서 결정한 것을 아래에서는 그냥 따르면 되기 때문이다. 그러나 일하는 노동자의 입장에선 어떤가. 위에서 내려오는 지시를 무조건 따를 수밖에 없다면, 그것이 아무리 부당하고 본인에게 불이익하더라도 그냥 따라야만 한다면 노동자는 괜찮을까?

괜찮지 않다. 한 노동자의 업무상 스트레스를 판단하는 지표 중 하나는 바로 업무에서의 자율성이다. 일을 하면서 어느 정도의 자율적인 판단과 선택을 할 수 있는지가 그의 업무상 스트레스 수치에 영향을 미친다. 우리는 기계가 아니라 사람이기에, 당연히 생각하고 느끼고 판단한다. 머리를 비운 채, 위에서 시키는 걸 무조건 수행하려면 그가 지닌 인격(인간으로서의 속성, 인간의 품격)을 포기해야 할 수도 있다. 실제로 일터 괴롭힘 상담을 할 때면, 그곳에는 가해자-피해자 할 것 없이 사람은 없고 조직의 위계만 남아 있는 것 같다고 생각할 때가 많다.

물론 일터 괴롭힘이 모두 조직의 위계질서 탓만은 아니다. 그러나 조직의 위계질서가 강조될수록 피해자는 침묵하게 된다. 또한 신고한 피해자에 대한 2차 가해는 더 가혹해진다. 그리고 그 조직은 점점 더 변화하기 어려워진다.

민주적이라는 말은 다양한 의미로 쓰이지만 위계적이라는 말과 상반되는 의미로도 사용된다. 일터에 민주주의를 도입하는 일에 대해 이제 정말로 진지하게 고민해야만 하는 시점이다.

특히 일터 괴롭힘은 단순히 피해자나 가해자를 해당 조직에서 제거하는 방식으로는 완벽히 해결되지 않는다. 오히려 지금까지의 조직문화를 점검하고 이를 개선하기 위한 모두의 노력이 있어야만, 모든 노동자들이 안전하게 일할 수 있는 일터가 될 수 있다.


## 직장 내 괴롭힘 금지법의 의미와 한계

대개의 노동자는 집에서 잠을 자는 시간을 제외하면, 하루 중 많은 시간을 직장에서 보낸다. 그 시간은 우리 인생의 대부분이 될 수도 있으며, 우리 생활 전반에 걸쳐 많은 영향을 미친다. 실제로 직장 내에서 빈번하게 발생하는 모욕, 비하, 따돌림, 성적폭력 등 일터 괴롭힘은 우리의 삶에 부정적인 영향을 미치고 있다.

대법원에서도 노동자를 인간으로서의 존엄과 가치를 지닌 인격체라고 인정하면서, 이러한 노동자의 존엄성을 보호할 의무가 사용자에게 있음을 밝히고 있다(대법원 1996.4.23. 선고 95다6823판결). 일터 괴롭힘은 직장 내에서 노동자의 신체적·정신적 건강을 침해해 노동자의 존엄성을 훼손하는 행위다. 인격살인이라고 불릴 정도로<sup>●</sup> 피해자의 인격을 말살하는 것은 물론, 가해자 및 방관자의 인간으로서의 정상적인 사고와 공감 능력을 마비시킨다. 결국 조직 구성원 모두에게 악영향을 미치는 것이다.

## 직장 내 괴롭힘 금지법이 수면 위로 드러낸 것들

2017년 국가인권위원회의 직장 내 괴롭힘 실태조사 결과에 따르면, 최근 1년간 일터 괴롭힘 피해를 경험한 노동자가 전체 응답자 중 73.3%에 달했다. 10명 중에 7명 이상의 노동자가 1년 사이에 일터 괴롭힘을 경험해본 적이 있다는 뜻이며, 노동자의 노동 제공 기간 전체에 대해 질문한다면 더 많은 노동자가 괴롭힘을 경험해본 적이 있다고 응답할 것이다.

이러한 일터 괴롭힘은 소수의 '이상한' 가해자에 의해 몇몇의 직장에서만 발생하는 것이 아니다. 오히려 효율적인 인사관리 방안(예컨대, 저성과자 퇴출 프로그램이라는 명목으로 행해지는 업무 배제 등)으로 활용될 정도로 보편적이다.

일터 괴롭힘을 경험한 노동자 중 58.2%가 정신적·신체적 건강에 부정적 영향이 있다고 응답했고, 66.9%가 그로 인해 이직을 고민한 적이 있다고 응답했다. 일터 괴롭힘은 직장 내에서만 영향을 미치는 것이 아니라 노동자의 삶 전반에

● 류은숙·서선영·이종희, 《일터괴롭힘, 사냥감이 된 사람들》(코난북스, 2016)

걸쳐 중대한 영향을 미치고, 특히 건강에 악영향을 미친다. 이 때문에 일터 괴롭힘에 대한 사회적 대책 마련이 시급해졌다.

　　일터 괴롭힘 문제가 심각하다는 사회적 공감대가 형성되어 2018년 국회에서 근로기준법을 개정해 일터 내 괴롭힘을 금지하는 법안, 일명 '직장 내 괴롭힘 금지법'을 2019년 7월 16일 시행하게 되었다(근로기준법 제76조의 2~3). 법에서 정의하고 있는 직장 내 괴롭힘은 "사용자 또는 근로자가 직장에서의 지위 또는 관계 등의 우위를 이용하여 업무상 적정범위를 넘어 다른 근로자에게 신체적·정신적 고통을 주거나 근무환경을 악화시키는 행위"다. 직장 내 괴롭힘 금지법은 괴롭힘이 발생했을 때 1차적으로 사용자에게 신고해 회사 내에서 자체적으로 해결하도록 하고 있다. 이때 사용자가 괴롭힘 신고자에게 불리한 처우를 했을 경우에는 사용자에게 3년 이하의 징역 또는 3,000만 원 이하의 벌금형을 부과할 수 있다. 또한 직장 내 괴롭힘으로 인해 정신질환이 발생했을 경우, 근로복지공단에 산업재해 신청도 가능하다.

　　직장 내 괴롭힘 금지법이 생기고 난 약 1년 동안(2019.07~2020.05) 괴롭힘 신고는 4,066건●으로 다른 법 위반 사례들에 비해서 많은 편이었다. 이는 그만큼 일터 내 괴롭힘이 만연해 있음을 보여주는 동시에, 직장 내 괴롭힘

---

● 고용노동부에서 국회 양이원영 의원실에 제출한 〈직장 내 괴롭힘 관련 근로감독 현황〉 자료, 2020.06.25.

금지법이 많은 사람들이 목소리를 낼 수 있도록 하는 언어가 되어주었다는 사실도 보여준다. 즉, 기존에는 그냥 '사회생활이 원래 그렇지'라며 넘기던 문제들이 명시적으로 금지되었고, 그로 인해 괴롭힘 피해 사례들이 수면 위로 드러나게 된 것이다.

### 5인 미만 사업장이든, 프리랜서든 일하는 사람 누구나

"4인 이하 사업장에 근무 중입니다. 가장 큰 스트레스는 상사의 갑질입니다. 먼저 업무 시간 외 연락입니다. 출근 전, 출근 후, 주말에 연락을 계속합니다. 사적으로는 다른 사람 욕부터 시작해, 공적인 것은 사무실 운영 관련 내용을 조사해 보라고 합니다. 외모 지적도 있습니다. 저보고 덩치에 안 어울리게 행동한다, 얼굴에 뭐가 나니 천연두에 걸린 거 같다고 합니다. 이로 인한 스트레스로 저는 수면장애, 생리불순, 우울, 불안 등의 증상을 겪고 있습니다."

"직원이 5명이 되지 않습니다. 중간중간 사장님은 핀이 나가시면 저한테 '성격이 이상한 애다'라고 합니다. 남자친구를 들먹이면서 스킨십 횟수를 묻는 등 성희롱 발언도 잦습니다. 또 제가 실수한 상황에 대해 욕을 하면서 들고 있던 컵을 깨뜨리고, 제 책상의 파티션을 발로 차고 저를 위협하듯 다가와서 어깨를 손가락으로 밀고 폭언을 했습니다."

"직장 내 괴롭힘 신고를 했지만 담당 조사관이 신고 사업장은 202*년 *월 *일까지만 5인 이상 사업장이었으므로 그 기간의 사건만 조사하겠다는 입장입니다."

위 사례 속 노동자들은 모두 직장 내 괴롭힘 금지법의 보호를 받지 못한다. 직장 내 괴롭힘 금지법이 근로자 수가 상시 5인 이상인 사업장에만 적용되기 때문이다. 그러나 5인 미만 사업장에서도 직장 내 괴롭힘은 발생하고, 오히려 더 심각하다. 실제로 직장갑질119에서 진행한 조사에 따르면 5인 미만 사업장은 다른 사업장 규모보다 직장 내 괴롭힘이 심각한 것으로 나타났다.

직장 내 괴롭힘을 법적으로 금지하고 있는 입법 목적은 근로자의 최소한의 인권보호다. 노동자의 인권이 사업장 근로자 수에 따라 좌우되는 것이 아니라면 모든 노동자에게 직장 내 괴롭힘 금지법이 적용되어야 마땅하다.

2020년 골프장에서 일하던 캐디가 지속적인 직장 내 괴롭힘으로 인해 자살한 사건이 발생했다. 유족은 고인의 죽음에 대해 근로복지공단에 산업재해를 신청했지만, 근로복지공단은 고인의 근로형태가 프리랜서라는 이유로 산업재해를 인정하지 않았다. 이에 대해 유족은 법원에 직장 내 괴롭힘으로 인한 손해배상청구소송을 진행했고, 2023년 법원은 유족의 청구를 인정했다. 법원은 "직장에서 우위를 이용해 업무상 적정범위를 넘어 다른 사람에게 신체적, 정신적 고통을 주거나 근무환경을 악화시켰다면 그 피해자가 반드시

| 괴롭힘 행위자 | 사례수 | 전혀 심각하지 않다 | 심각하지 않은 편이다 | 심각한 편이다 | 매우 심각하다 | 심각하지 않다 | 심각하다 |
|---|---|---|---|---|---|---|---|
| 전체 | 301 | 7.0 | 44.5 | 35.9 | 12.6 | 51.5 | 48.5 |
| 중앙 지방 공공기관 | 28 | 3.6 | 46.4 | 42.9 | 7.1 | 50.0 | 50.0 |
| 민간 5인 미만 | 51 | 5.9 | 39.2 | 39.2 | 15.7 | 45.1 | 54.9 |
| 민간 5~30인 | 78 | 9.0 | 43.6 | 33.3 | 14.1 | 52.6 | 47.4 |
| 민간 30~300인 | 76 | 7.9 | 44.7 | 38.2 | 9.2 | 52.6 | 47.4 |

**직장 내 괴롭힘 심각성 직장 규모별 특성**(단위 %)●

(근로기준법상) 근로자여야 할 필요는 없다(의정부지법고양지원 2023.2.15. 선고 2022가합70004 판결)"라며 법인의 괴롭힘 책임을 인정했다.

현행 직장 내 괴롭힘 금지 규정은 근로기준법 안에 있기 때문에 근로기준법상 근로자가 아닌 경우에는 해당 규정 적용이 어렵다는 한계를 안고 있다. 그러나 위 사례에서 알 수 있듯이 직장 내 괴롭힘은 고용형태와 무관하게 발생할 수 있고, 이미 발생하고 있다. 플랫폼 노동, 프리랜서 노동 등 다양한 형태로 일하는 노동자들에게도 직장 내 괴롭힘 금지법이 적용될 수 있도록 개선되어야 한다. 그 외에도 직장 내 괴롭힘에 대한 법정의무교육 실시와 같은 추가적인 보완

● 　직장갑질119, 〈직장인 1,000명 실태조사〉 통계(2023.03).

입법이 이루어져야 할 것이다.


## 성적 괴롭힘으로서의 직장 내 성희롱


"화장을 진하게 또는 붉은 계열 립스틱을 바르지 않으면 화장을
안한 것으로 간주해 용모복장 불량 지적을 매번 합니다. 화장은
여자의 기본 생활이자 사회생활의 기본이라며 어딜 가도
사회생활을 못 할 거라고 했습니다."


"'여자면 여자답게 꾸며라', '화장하고 다녀라', '허벅지가
두껍다'라며 외모 지적을 합니다."


"제게 왜 화장을 안 하고 출근하냐, 너도 탈코했냐고 직원들
앞에서 비웃었습니다."


"옷차림 지적이 심합니다. 치마를 입으면 무릎 위로 3cm 이상
올라가면 안 된다고 합니다."


"청바지를 입고 출근하면 청바지 입었다고 뭐라 하고, 치마를
입으면 니 몸매에 짧은 치마는 아니지 않느냐고 말합니다.
사람들 앞에서, 살쪘는데 다이어트 안 하냐고 합니다."


"'○○이는 치마가 더 잘 어울리네', '오늘 이쁘네', '○○이는

몸매가 말랐네', '살 좀 쪄야겠다'라고 외모 지적을 하며,
성희롱과 성추행이 너무 심합니다."

## 일터에서도 성적으로 대상화되는 고통

앞의 사례들은 모두 실제 노동자들이 호소한 고충들이다.
이 중에는 용기 내어 불쾌함을 표현했다가 직장 내 따돌림,
계약만료 등 불이익을 당한 사례도 있다.

옷차림 지적, 화장 지적, 얼굴 평가, 몸매 평가까지 여성의
외모가 마이크로 단위로 평가되는 것이 일상인 세상이다. TV를
켜도, SNS를 해도, 인터넷에서도 여성이 나온 매체라면 외모
평가는 디폴트다. 더욱 심각한 문제는 일터에서조차 여성은
외모 평가로부터 자유롭지 못하다는 것이다. 일터에서 이러한
외모 평가가 가능한 까닭은 일하는 여성을 노동자, 동료가 아닌
'여성'으로만 대상화하기 때문이다.

법은 일터에서 어떤 방식으로든 누군가가 다른 이(반드시
여성일 필요는 없다)에 대해 일방적으로 성적 대상화하는 것을
금지한다. 즉, 직장 내 성희롱은 상사와 부하직원 사이가
아니라 동료 간에 발생할 수도 있고, 사무실이 아닌 출장지,
회식 등 업무와 관련된 만남에서도 발생할 수 있다.

또한 여성 노동자에게 상사, 동료 등이 화장 지적, 옷차림
지적 등 외모 지적을 하는 것 역시 여성을 성적대상화하여
수치심을 느끼게 하는 것으로 직장 내 성희롱에 해당할 수
있다(남녀고용평등법 제2조 2호).

직장 내 성희롱을 없애기 위해선 여성을 자기와 동일한 노동자로, 동료로 바라보는 관점을 키우는 게 최선의 해결책이겠지만 이는 시간이 너무 오래 걸린다. 인류 역사에서 아주 오랜 시간 유지되어 온 차별적인 시선이, 여성을 성애화해 대하는 방식밖에 모르는 사람들이 몇 번의 교육을 통해 하루아침에 바뀔 리 없다. 차선의 방법이긴 하지만 이럴 때 효과적인 것이 바로 규제와 처벌이다.

그런 의미에서 남녀고용평등법은 직장 내 성희롱을 명시적으로 금지하고, 이를 예방하기 위한 교육을 의무화하고 있다(직장 내 성희롱에 대한 직접적인 처벌 규정은 없다). 직장 내 성희롱이 발생하지 않도록 성평등 관점을 키우겠다는 의지다. 한편, '성폭력 처벌에 관한 특별법'에서는 업무·고용의 관계에서 자기보다 낮은 직급의 사람에게 위계 또는 위력으로 추행한 경우 업무상 위력 등에 의한 추행죄로 처벌하고 있다. 즉, 직장 내 성희롱이 신체적 접촉으로 발생했다면, 바로 112에 신고해야 한다. 반드시 신체 접촉이 있어야만 추행에 해당하는 것은 아니고, 나체 사진이나 동영상을 요구하는 경우 추행죄가 성립한 판례도 있다.

그 외에도 '성폭력 범죄의 처벌 등에 관한 특별법'에서는 강제추행죄, 업무상 위력 등에 의한 추행죄 외에도 강간, 업무상 위력 등에 의한 간음, 준강간/준강제추행(술이나 잠, 약물로 인한 심신상실, 항거불능 상태를 이용해 간음/추행하는 것), 통신매체를 이용한 음란행위 등을 금지하고 이에 대해 처벌하고 있다.

## 지지 않는 법

**직장 내 성희롱 Q&A**

**Q1. 회식 자리나 출장 중에 발생한 성희롱은 업무와 관련이 있는 건가?**

관련이 있다. 사무실이 아니더라도 업무 협의를 위해 만난 자리, 회식, 출장 등 업무 관련성은 넓게 인정된다.

**Q2. 가해자의 동기가 중요한가?**

아니다. 행위자에게 반드시 성적 동기나 의도가 있어야 하는 것은 아니며, 오히려 피해자가 성적 굴욕감이나 혐오감을 느꼈다는 것이 더 중요하다.

**Q3. 상사가 나한테 고백했다가 내가 거부했더니 괴롭히기 시작한다. 이것도 직장 내 성희롱일까?**

맞다. 성적 언동이 성적 굴욕감 또는 혐오감을 느끼게 하는 정도에 이르지 못하더라도 성적 언동에 불응한 것을 이유로 불이익을 주는 것도 직장 내 성희롱에 해당한다.

**Q4. 직장 내 성희롱을 조사하면서 허위 소문을 퍼뜨리는데 법 위반 아닌가?**

법 위반 맞다. 사업주가 직장 내 성희롱을 조사하는 과정에서 비밀을 누설하며 2차 가해를 하는 행위 또한 과태료 부과 대상이므로, 고용노동부에 진정할 수 있다. 또한 직장 내 성희롱 신고 이후 집단 따돌림이나 해고, 계약만료 등의 불리한 조치는 모두 법률상 금지되는 불리한 조치에 해당하며, 이 경우에 사용자는 형사처벌을 받을 수 있다(3년 이하의 징역 또는 3,000만 원 이하의 벌금).

# 스토킹 범죄이자 직장 내 성폭력이자 산업재해

아는 사람의 죽음은 모르는 사람의 죽음보다 더 슬프게 느껴진다. 그의 과거와 현재, 그리고 존재할 수 있었던 미래까지 상상되기 때문이다. 이런 의미에서 때로는 모르는 사람의 죽음이 아는 사람의 죽음처럼 느껴지기도 한다. 그의 과거와 현재, 그리고 미래를 어렴풋이 짐작할 수 있을 때, 즉 그의 삶에 '나'를 쉽게 이입할 수 있을 때 그렇다.

2022년 9월 발생한 '서울교통공사 직장 내 성폭력 사건'은 나에게 마치 아는 사람의 죽음처럼 느껴졌다. 사건이 일어난 신당역은 거의 가 보지 않은 역이었고, 나에게는 남성 직장 동료도 없었지만 그의 죽음이 남 일 같지 않았다. 당시 나는 누구나 들어올 수 있는 공간에서 주로 혼자 일하고 있었다. 누군가가 마음먹고 날 죽이러 온다면 그를 막을 수 있는 건 오로지 나의 몸뿐이었다. 슬프고 무력했다. 어떻게 하면 살 수 있었을까, 여러 가지 방법을 생각해 보려고 애썼다. 그런데 방법이 없었다. 피해자는 생전에 가해자에게 싫다고도 하고, 경찰에 신고도 하고, 심지어 불법촬영 범죄 피해까지 인정받았는데…… 뭘 어떻게 더 했어야 살 수 있었을까 싶었다. 회사에 출근하지 말아야 했을까, 아예 입사하지 말아야 했을까, 신고를 하지 말아야 했을까. 아무리 시뮬레이션을 돌려봐도 피해자가 스스로의 힘만으로 살아낼 방법은 없는 것 같았다. 그는 개인으로서 할 수 있는 걸 다 했으니, 그를 지켜줘야 했던 건 사회고 국가였다.

"이 문제는 개인의 문제로 볼 수 없기에, 노동자의 안전하게 일할 권리를 어떻게 요구하고 바꿔야 할지 생각했어요. 이튿날 아침에 가해자, 피해자가 직원이었고, 가해자가 피해자를 스토킹했다는 사실을 알게 되었어요. 그럼 명확하게 직장 내 성폭력의 문제인 거잖아요."•

일명 '신당역 살인사건'은 사실 스토킹 범죄이자, 직장 내 성폭력이고, 일하다가 노동자가 죽은 산업재해다. 정해진 시간 동안 반드시 머물러야 하는 공간, 그곳에서 시키는 일을 반드시 해야만 하는 공간, 직장 동료들과 그 서비스를 이용하는 사람들이 함께 모여 있는 그곳에서 죽었다. 그렇다. 이 사건은 노동자가 일터에서 일을 하는 도중에 죽은 명확한 산업재해다. 그렇기 때문에 사용자 역시 해당 사건을 예방하고 책임져야 하는 주체에 포함된다.

노동 안전 영역에서 자주 인용되는 법칙 중 '하인리히의 법칙'이라는 게 있다. 1건의 중대한 재해사고가 발생하기까지는 29개의 경미한 재해사고가 있었고, 그보다 더 가벼운 300개의 문제가 있었다는 것이다.

서울교통공사 '젠더 폭력 사고'의 바탕에도 성차별적인 조직문화가 있었다. 2020년 서울시성별임금격차 공시에

---

• 〈여전히 바뀌지 않은 현장, 연결된 여성노동자들의 목소리로 드러내어 바꾸기: 서울교통공사노동조합 책읽는여성노동자모임 인터뷰〉, 《일터》(한국노동안전보건연구소, 2022.11).

따르면 서울교통공사의 여성 노동자 비율은 10.3%에 불과했고, 성별 임금 격차는 35.71%로 26개의 기관 중 세 번째로 높았다. 동시에 회사는 구성원들 간 성차별적인 발언들을 너무 쉽게 용인하고 방치해 왔다. 생리휴가를 사용하는 여성 노동자에 대해 '왜 우리 사업장 여직원은 (생리휴가를) 월말에 쓰고 월초에 또 쓰냐'고 이야기하기도 하고, 추가 교대근무자로 여성 노동자가 오는 경우에 '남직원 받고 싶은데 여직원이 온다, 힘들어지니까 싫다'는 말들을 스스럼없이 할 수 있었던 것이다. 이런 조직문화에서 여성들은 움츠러들고 침묵하게 되며, 나아가 회사 내 신고 절차를 신뢰할 수 없게 된다.

"조직을 믿을 수 없을 때 좀 더 자기 안으로 숨거나 움츠러들 수 있는데, 그러지 않았으면 좋겠어요. 혼자 풀 수 없는 문제이니 같이 풀었으면 좋겠어요."

"변화가 너무 더디죠. 바뀌는 게 아무것도 없는 것 같고 실망스러운 일들이 계속 이어지는데 그래도 포기하지 말고 계속 목소리 내는 걸 멈추지 않았으면 좋겠어요. 여성들끼리 모여서 힘을 내는 경험을 더 많은 여성들이 했으면 좋겠어요. 그럼 너무 실망하거나 포기하지만은 않을 테니까요."•

• 앞의 책

우리는 이 사건이 서울교통공사만의 문제가 아니라는 걸 안다. 정신적 문제가 있는 개인의 이례적인 일탈이 아니라는 것도 안다. 그래서 두려움을 느끼고 무력감을 느낀다. 내가 일하는 곳에도 성차별적 조직문화가 있고, 이걸 문제라고 느끼지 못하는 사람들과 함께 일한다. 그렇기 때문에 혼자서는 스스로를 지켜낼 수 없다. 사회는 우리를 끊임없이 쪼그라들게 하고 납작하게 한다. 혼자서 몸을 부풀리는 것만으로는 부족하다. 서울교통공사 노동자들의 말처럼 "우리끼리 모여서 힘을 내는 경험"이 더 많이 필요하다. 지치지 않고 함께 몸을 부풀려 나를 지키고, 소중한 동료와 사랑하는 친구를 지키기 위해.

### 직장 내 성희롱, 딱 한 번도 넘어가지 말자!

직장 내 성희롱은 단 한 번으로 끝나지 않는다. 어쩌다 '실수'로 발생하지도 않는다. 그것은 의도적이고 계획적으로 발생한다. 처음엔 언어와 시선에 머물렀던 성적 괴롭힘은 점차 신체 접촉으로 나아간다. 우리가 목소리를 내지 않으면 가해자들이 스스로 이를 중단하는 일은 없다. 그러나 목소리를 내는 일은 어렵기에 반드시 연습이 필요하다.

## 지지 않는 법

### 소리내기 연습

#### ① 내 감각 신뢰하기
우리는 바보가 아니다. "오늘 옷이 잘 어울리네요"라는 단순한
칭찬과, "그렇게 입고 누구를 꼬시려고?"라는 성애화된 성희롱을
우리는 구분할 수 있다.

#### ② 내 감각에 대한 지지 얻기
주변 지인들에게 내가 경험한 일을 털어놓는다. 그리고 제3자의
시선으로 내 감각이 틀리지 않았다는 지지 기반을 만드는 것이
중요하다.

#### ③ 대응 방법 조사
직장갑질119, 민주노총 등 노동자 지원 단체나 한국여성민우회,
한국여성노동자회 등 여성단체에 상담을 받거나 관련 자료를
찾아보자. 제대로 알아야 제대로 대응할 수 있다.

#### ④ 시뮬레이션하기
혼자 또는 지인에게 반드시 시뮬레이션을 해보자. 머릿속으로
생각하는 것과 막상 입 밖으로 말을 꺼내는 건 다르다. 소리를 내어
연습해 보자.

### 직장 내 성희롱에 대한 법적 대응 절차

#### ① 증거 확보하기
사건 발생 당시/직후 현장을 사진으로 찍거나 동영상을 찍어두면 매우
유용하다.

### ② 가해자에게 성희롱 사실 확인하기

가해자는 사건 직후에는 가해 사실을 인정하는 경우가 많다. 따라서
가해자에게 성희롱 사실을 확인받고 이를 녹음해 두는 것도 좋다.

### ③ 경찰서, 병원 방문하기

성추행의 경우 경찰에 바로 신고하거나, 병원에 방문해 진료기록을
남기는 것도 도움이 된다.

### ④ 가장 중요한 건 기록

당시 상황을 구체적으로 자세히 기록하자. 법원, 경찰, 국가인권위원회,
고용노동부는 성희롱의 밀행성을 고려해, 피해자의 증언이 구체적이고
일관적인 경우에는 증언만으로도 성희롱 사실을 인정하는 경우가 많다.

## 에필로그: 이 책이 나오기까지, 그리고 지지 않는 말들
_헬북

이 책은 내가 십여 년간 출판 편집자로 살면서 처음으로 계약서를 '두 번' 쓴 책이다. 처음 계약했던 출판사에서는 내가 1년밖에 버티지 못했다. 노동문제를 다루는 책을, 결국 내 자신의 노동문제로 만들지 못하게 된 셈이다. 그 후로 책이 되어 나오길 기다렸는데 나오지 않았다. 처음 책을 내는 저자분들에게 '이게 책이 된다'고 설득한 일, 사실상 회사보다는 나를 믿고 계약해주셨는데 그럼에도 실물의 책을 안겨드리지 못한 일이 너무 죄송해서 계속 연락할 수도 없었고, 그렇게 3년이 흘렀다. 우연한 기회로 원고가 계약 파기 되었다는 소식을 접했고, 그러는 와중에 또 우연히 숨쉬는책공장 대표와 마주칠 기회가 있었다. 숨쉬는책공장은 출판사 이름이 말해주듯 노동문제에 관한 책들을 꾸준히

펴내는, 그리고 개인적으로 믿을 수 있는 출판사였다. 또다시 일을 그르치게 될까봐 무서웠지만 다시 한번 용기를 냈고, 그렇게 두 번째 계약서를 썼다.

이 책을 통해, 그리고 실제 저자분들의 마음 씀씀이와, 숨쉬는책공장 대표·강준선 디자이너님의 일하는 방식을 통해 나는 '좋은 노동'이란 무엇인지 다시 깨닫고 되새길 수 있었다. 이 책의 제목인 '일터에서 지지 않는 법'은 사실 존재하지 않는지도 모른다. 노동법이 항상 승리하지 않는다는 것은, 여러 곳의 직장생활을 통해서 이미 절절히 알고 있다. 다만 이분들이 '법'에 더해 끊임없이 이야기하고 실천하는 것 즉, 동료를 존중하며 함께 일하고 부당한 일에는 맞서 싸우는 태도야말로 나에게는 '지지 않는 법', 절대 질 수 없는 마음으로 느껴진다.

또 하나, 본문에 덧붙여 저자들이 다른 업계에서 분투하는 여성 노동자들을 만나 인터뷰했던 기록을 다듬어 싣는다. '여성이라서' 못한다고 여겨지는 일, 반대로 '여성이기에' 천직이라고 치부되는 일을 하는 노동자들의 이야기다. 사실 이 인터뷰를 실을까 말까에 대해 많은 논의를 했다. 3년도 더 지난 '과거' 인터뷰이기 때문이다. 하지만 여성 노동자들이 겪고 있는 문제는 3년 전이나 지금이나 크게 다르지 않고, 이분들의 말 자체가 언제까지나 '지지 않는 말들'이라고 생각해 싣기로 결정했다. 여성 노동자의 말이 세상에 펼쳐지기에 '너무 늦은' 때는 없다는 믿음으로.

부록
_인터뷰

# 여성 건설노동자가 소수라고 하지만, 사실 20만이 적은 수는 아니잖아요 : 건설산업연맹 부위원장 김경신

**2021.3.8. 인터뷰**

## 타워가 서 있었거든요. 분명히 보였어요.

페페로  우선 간단히 자기소개를 해주시면 좋을 것 같아요.

경신  저는 건설산업연맹 부위원장이고요. 연맹의 여성위원회 위원장을 4년째 맡고 있습니다. 그리고 현재 타워크레인 기사, 바로 현장에서 일하고 있는 비상근 임원이죠.

페페로  타워크레인 기사 일은 얼마나 하셨나요? 혹시 그전에 다른 직업을 하신 적이 있나요?

경신  2001년도 5월부터 타워를 타기 시작했고요. 타워 전에는 군인이었어요.

페페로  군인이요?

경신  네, 여군이었습니다. 3년 단기 군 생활을 하고 나온 거죠.

페페로 이전 직업이랑 비교했을 때 타워크레인 기사만의 어떤
업무상 특성이 있는지 궁금해요. 그리고 우리가 건설
현장을 떠올렸을 때 대개 남성이 다수인 사업장을
떠올리잖아요. 실제로는 성비가 어떤지, 여성이 하는
업무로서 어떤 특성들이 있는지 설명 부탁드립니다.

경신 저번 직업하고 이번 직업하고 비교했을 때 비슷한 점은
남성 중심이라는 거죠. 군인들의 성비는 정확히 얼마나
되는지 모르겠지만, 건설 현장은 여성 비율이 한 10%
정도 된다고 알아요. 작년, 재작년 통계에 건설 노동자
수가 200만 명 정도로 나오는데, 그중에 20만 명 정도가
여성이라고 하니까요. 그리고 타워 같은 경우는 정확한
수를 확인할 수 없습니다. 남성 수, 여성 수가 구분되어
있는 자료를 찾을 수가 없더라고요. 그런데 우리 민주노총
소속 조합원들만 보자면 타워 쪽이 약 2,300명 정도
되는데, 그중 한 80~90명 정도가 여성 조합원이에요.

페페로 5%도 안 되네요.

경신 그 비율은 타워 20년 역사에서 별로 변하지 않았어요.
그리고 타워크레인 일에 대해 설명드리자면, 건설
현장에서 일하고 있지만 정확하게 일하는 장소는
하늘이죠. 저기 타워 옆에 삐죽하게 튀어나와 있는 데가
운전실이에요. 그니까 고공에 매달려 있는 셈이지만, 고소
공포증이 없다면 남성이나 여성이나 일하는 데 별 지장은
없습니다. 근데 원체 위험한 작업이고 사고가 많이 나는
장비였기 때문에 여성의 비율이 별로 높지 않은 것 같다는

생각이 들고요. 그럼에도 불구하고 충분히 여성도 배울 수 있다고 생각할 수 있는 기회 자체가 거의 없어요. 그건 건설노동을 하려는 대부분 여성 노동자들이 비슷하게 느낄 거예요. 여자들이 기술을 배우려고 어딘가 알아보면 대부분 서비스나 돌봄 쪽으로 안내하잖아요. 건설 중장비 쪽은 대부분 남성들에게 안내를 하죠. 내가 저걸 배울 수 있다, 자격증을 따서 현장에 취업할 수 있다 하는 걸 잘 모르기 때문에 한 다리를 건너든 두 다리, 세 다리, 다섯 다리를 건너든 이런 일을 하는 여성들이 있다는 걸 알게 되지 않는 한 어려워요. 저 같은 경우도 제대를 앞두고 뭘 먹고 살아야 되나 고민할 때, 상업계 고등학교를 나왔기 때문에 제대하면 회사 경리나, 성적이 좋으면 은행 쪽으로 가는 게 보통이었는데, 저는 그런 쪽하고는 별로 맞지 않았어요. 그때 일반 사병들 중 1명이 자기 부모가 건설 중장비 일을 한다고 하면서 알려줬어요. 제가 뭔가 자격증 같은 걸 땄으면 좋겠다고 했더니 가르쳐준 거죠. 그리고 정말 운이 좋게 우리 부대 앞에 아파트 공사 현장이 있었는데 타워가 서 있었거든요. 분명히 보였어요. 우연히 창문 밖으로 건설 중장비를 볼 수 있었기 때문에 일해볼 생각을 하고, 알았던 거지, 안 그랬으면 저도 발을 들이지 못하지 않았을까 싶은 생각이 들어요.

**페페로**  타워 일은 아무래도 혼자서 하는 일이라고 봐야겠죠?

**경신**  일하는 시간에는 무전기로만 소통하고 혼자 일하는 건 맞지만 그 외에 작업을 하려면 밑에 있는 노동자들하고

계속 소통해야 해요. 군대에서는 상명하복 같은 위계가
분명한데 건설 현장 내에서는 좀 덜하지만, 맞춤 문화라고
해야 하는지 모르겠지만, 남성 문화는 그대로 있고요.
그래서 오래 일했던 여성분들 대부분은 남성화되어
있달까요. 저도 그렇고요.

페페로 남성화되어 있다는 게 구체적으로 어떤 걸까요?

경신 극단적으로 얘기하면 저쪽에서 성희롱을 하면 더한
성희롱으로 받아친다, 이런 정도요. 저쪽에서 말이 곱게
나오면 곱게 하지만 곱게 나오지 않으면 곱게 안 하는
것처럼요. 일반적으로 드센 여자, 기 안 죽는 여자라고
하죠. 그리고 힘쓰는 일을 하니까 목소리가 커지고, 옷도
이렇게 입고 다니게 되고. 그렇지 않으면 아예 전형적인
여성이 되는 경우도 있어요.

페페로 하긴 그럴 수 있을 것 같아요. 다수가 남성이면 여성성이
완전히 부각되기 때문에 둘 중에 하나로 선택할 수밖에
없는…….

경신 살아남아야 되니까요. 남성 문화에 동화되거나 아니면
아예 여성화돼서 일어나는 일들에 대해 대처하거나.
선택의 문제라기보다는 생존의 문제죠. 아마 일정한
성별이 다수를 차지하는 그룹에서는 여성이 됐든
남성이 됐든 살아가기 위한 방법이 그렇게 되지
않을까라는 생각이 들어요. 20년을 해오면서 보니까
이제 전 세계적으로 젠더나 성평등이 이슈화되면서 많이
바뀌어가고 있는 것 같은데 건설 현장 내에서는 아직까지

더딘 면이 있죠. 그걸 바꿔나가는 주체들이 대부분 여성이잖아요. 미투운동이 그렇듯이요. 그런데 건설은 바꿔나갈 주체가 몇 명 없는 셈이죠. 하루에 일하는 사람들이 약 500명에서 1,000명 가까이 되는데 여성은 10명, 이러니까 아무리 말을 하려고 해도 말할 수 없는 경우가 많죠.

## '여자 발밑'에서 일 못한다

페페로   부위원장님이 말씀하신 이력을 들었을 때 사실 군대에 있다가 이 타워크레인까지 왔다는 게 좀 특이할 수 있잖아요. 또래 다른 친구들에 비해서 특별히 그런 쪽에 가고 싶었던 이유가 있었는지 궁금해요.

경신   정말 단순하게 고등학교를 졸업하면서 대학을 갈 형편은 아니고 굳이 대학을 가야 된다는 생각도 못했어요. 그렇게까지 공부를 잘하지도 않았고요. 아까 말한 것처럼 상업계 고등학교를 나온 여성들이 할 수 있는 일은 적성에 맞지 않고 급여가 그렇게 높다고 생각하지도 않았는데, 그러면 여성이 전문직으로 제대로 일을 하면서 대접을 받을 만한 직종에 무엇이 있을까를 고민하다가 군대가 떠올랐어요. 군인이나 경찰은 지금도 경쟁률이 높잖아요. 딱히 공무원으로서의 메리트를 생각했다기보다는 저는 당시에 정말 혼자 사는 여자가 남자들한테 '개무시' 안 당하고 살 수 있으려면 제복을 입어야 한다는 생각이 있었죠. 그게 한 25년, 30년 전 얘기니까 그럴 수밖에 없는 상황이었던 것 같아요. 경찰 공무원 시험 같은 것들을 다 알아봤을 때 군대 입대 경쟁률이 약 50 대 1이라 그나마 낮았던 것 같아요. 제가 군대를 잘 아는 것도 아니고 그냥 그렇게 가게 됐는데 솔직히 군대가 잘 맞기는 했어요. 일 잘하고 말 잘 듣고 이런 건 좋은데, 윗라인에 잘 보이고 이런 건 별로 안 해서요. 그리고 스물세 살에 타워를 탔어요.

페페로   스물셋이요? 특히 나이 어린 여성이라 현장에서 처음 일하실 때 더 힘들었을 것 같아요.

경신   그렇죠. 여성이 소수이기도 하고 그렇게 어린 여성이 들어오는 경우도 별로 없었으니까요. 건설은 지금도 고령화되어 있지만 그때도 고령화되어 있었기 때문에 젊은 여성이 와서 일을 하니까 지금 생각하면 성희롱이라 할 수 있는 그런 일을 많이 당했죠. 여자 발밑에서 일 못 한다, 젊은 여자가 현장을 후리고 다닌다, 결혼은 했냐, 신랑은 뭐 하냐, 이런 말들을 일상적으로 들었죠. 그래서 30대 되고 나서는 그냥 신랑이 서울시청 건축과 공무원이라고 '구라치고' 그랬어요. 그러면 더 이상 말을 안 거니까. 그때 그런 문화를 좀 없애보고자 연맹의 여성위원회 사업과 건설노조 여성위원회 사업들을 하기 시작했죠. 10년 정도 되는 것 같아요. 근데 그전까지는 요즘에 얘기하는 젠더의식이나 성평등 지수 들이 높지 않았기 때문에 아까 얘기한 대로 성희롱을 하면

성희롱으로 받아치고 저쪽에서 소리치면 더 크게
소리쳤어요. 욕도 잘했고요.

페페로　그렇게 해야만 했을 것 같아요. 그러니까…….

경신　잘 살아남았겠죠. 노동조합 간부도 하고 있고. 안
그랬으면 전업했겠죠.


## 되게 재밌어 보였어요

페페로　노동조합 가입은 언제 하신 건가요?

경신　2002년도요.

페페로　타워크레인 타고 나서 노동조합은 어떻게 알고 가입을
하신 거예요?

경신　2002년도에 제가 수지, 죽전 이쪽에서 일을 했거든요.
근데 당시 타워노조가 전국적으로 만들어지고
2001년도부터는 타워가 일요일에 쉬어야 한다는 투쟁을
했어요. 그때까지만 해도 타워 노동자들이 한 달에 두 번
쉬었거든요. 그것도 정해진 날짜가 아니고 회사가 필요할
때 딱 두 번.

페페로　계속 일한 거네요. 한 달에 28일을.

경신　네, 당시에 그랬죠. 제가 알기로는 그래서 노동조합이
2001년도에 단체협약(단협)을 맺으면서 일요일 휴무를
따냈어요. 타워노조가 만들어지고 처음 하는 단협에서
엄청난 걸 따낸 거죠. 근데 제가 보기에는 당시에는
얻어낸 쪽도 주는 쪽도 그게 무슨 의미인지 몰랐던 것

같아요. 단협에 일요일 휴일이 있었는데도 계속 일들을
했거든요. 그래서 노동조합이 나섰죠. 단협이 있는데
왜 안 지키냐고요. 제가 나중에 선배들에게 듣기론 광주
쪽에서 일요일 날 신년 투쟁을 했어요. 단협 이행하라고
하는 신년 투쟁을 하면서 2003년도까지 매주 일요일
타워 가동 중지 투쟁들이 이어졌어요. 그때 제가 죽전에
있었는데 되게 큰 현장이었어요. 택지 개발 하는 데서
일하고 있는데 타워노조가 매일 와서 가입 권유도 하고요.
일요일에 쉬지 않는 걸 이상하게 생각했는데 노조가 그
투쟁을 하고 있었던 거잖아요. 그래서 노동조합에 대한
이미지가 나쁘지 않았던 거죠. 당연히 해야 되는 것들을
하는구나. 그것도 매주 현장에 찾아와서 점심, 저녁 시간
상관없이 그렇게 가입 권유를 하더라고요. 그런 걸 보면서
그 사람들이 하는 게 틀린 요구가 아니구나 싶었고,
그리고 되게 재밌어 보였어요. 그래서 가입하게 됐죠.
그리고 현장에 가서 노조에 가입을 하겠다고 얘기했더니
그때 당시 원청 관리자가 회사를 말아먹니 마니 이런
얘기를 하더라고요. 그럴 때 그냥 욱하기도 하면서 가입을
한 거죠.

페페로 지금은 그럼 잘 쉬나요?

경신 일요일 다 쉬고 빨간 날도 다 쉬고. 토요일은 특근으로
들어가고 그렇게 됐죠. 주 40시간을 하고 있습니다.

페페로 타워크레인이 큰 현장에는 다섯 개씩도 있지만 작은
현장에는 하나밖에 없는 경우도 많잖아요. 그러면 어쨌든

건설 다른 직군보다 숫자가 적었을 텐데, 타워크레인 지부 활동을 하는 게 어렵지는 않으셨나요. 아무래도 파워가…….

경신   일의 특성상 자재를 떠줘야 작업자들이 일을 하기 때문에, 타워가 소수라고 해서 활동에 지장을 받거나 그러진 않아요. 오히려 아까 얘기한 대로 주 40시간부터 시작해서 공휴일 다 쉬고 이런 부분들은 건설사업연맹에서 아마 타워크레인 쪽이 처음이었을 거예요. 제가 보기에는 타워가 현장에 미치는 영향력이라고 할 수 있는 부분들이 있었던 것 같아요. 그리고 뭘 모를 때도 저희는 전국적 소산별 중앙교섭을 했어요. 지금처럼 회사별로 하는 교섭이 아니고 전국의 타워 업체들 몇백 개를 한꺼번에 모아서 2년에 한 번씩 단협을 체결하거든요. 처음부터 그랬더라고요. 물론 처음에는 업체들 숫자가 적긴 했지만요. 제가 왜 그렇게 했냐고 물어보니까 처음부터 그렇게 하는 게 맞는 건 줄 알고 그냥 했대요. 근데 사장들도 그냥 그런 건 줄 알고 단협에 나왔다고 그러더라고.

페페로   맞아요. 그 얘기를 하시더라고요. 사장들도 잘 몰라서 일단 나갔다고요.

경신   그런 게 맞아떨어졌죠.

페페로   타워크레인 기사로서 좋은 점과 힘든 점은 어떤 게 있을까요?

경신   생리적인 문제에서는 화장실 사용이 힘들어요. 그건

여성이나 남성이나 다 힘들겠지만, 여성이 훨씬 더 힘들
거라는 생각이 듭니다. 왜냐하면 볼일을 보는 자세 자체가
다르잖아요. 저 조그마한 데에 의자와 기계 장비 외에
공간이 별로 없는데, 남성들은 서서 볼일을 보니까 해결할
수 있죠. 페트병 하나만 있으면 되니까. 여성들은 그게
안 되다 보니까 대부분 웬만해서는 위에서 볼일을 보지
않죠. 그래서 물을 먹지 않아요. 저희가 건설 전반에서
화장실 문제에 대해 이의제기하고 있어요. 또 힘든 점은,
온종일 올라가 앉아 있어야 되는 거죠. 어떤 면에서 보면
아침 7시에 올라가면 11시 반쯤 점심 먹으러 내려오고
1시에 올라가서 4시 반, 5시에 퇴근하면서 내려오는
게 왜 그래야 하나 싶을 수도 있지만, 여튼 혼자 있어야
되니까요. 작업하는 건 하는 거고 잠깐잠깐의 일상 속
대화 같은 것들이 없는 거잖아요. 특별한 일 아니면
무전기로만 소통을 해야 되는 거니까 어려운 점이 좀
있는데요. 그래서 그런가 핸드폰의 영향력이 엄청 크죠.

페페로　핸드폰으로만 소통할 수 있는 정도군요.

경신　저희는 장난삼아 핸드폰 없었으면 타워노조가 조직화되지
않을 수도 있었겠다는 얘기까지 해요. 서로 만날 일이
많이 없으니까 옛날 선배들은 기사들 건너건너 한 달씩
핸드폰 번호 따는 게 조직화 사업이었다고 그러더라고요.
핸드폰으로 그 현장 어디입니까? 묻고, 현장 한번
찾아가고 이런 식으로 했다니까 핸드폰 없었으면 조직 안
됐을 수도 있죠. 이런 것들이 좀 힘든 부분인 것 같고 좋은

점은 아까도 얘기한 것처럼 현장 내에서 충분히 영향력을 발휘할 수 있는 부분들이 있다는 것이죠. 그리고 타워만 봐서는 모르겠지만 저는 타워노조하고 같이 타워를 탄 거나 마찬가지다 보니까 거의 하나로 보고 있는 부분들이 있고, 전국적으로 같은 일을 하고 있는 사람들끼리 소통해서 이야기를 나눌 수 있고, 정책이 바뀐 것도 있고, 노동환경이 눈에 띌 만큼 좋아졌어요.

페페로 　부위원장님은 타워크레인 기사로 일을 하기 시작하면서 거의 비슷한 시기에 노동조합 조합원이 되셨고, 이제 이렇게 간부까지 하게 되셨는데, 어떤 목표가 있으셨는지 듣고 싶어요.

경신 　처음 시작은 지회, 그러니까 조그마한 지역에서 여성 노동자다 보니까 제가 지회 간부를 하게 됐어요. 그러다 민주노총이 할당을 내렸죠. 할당제가 시작되고 건설노조가 2007년도에 통합되면서 민주노총 지침을 따라야 되니까 여성 할당 부위원장을 뽑아야 되잖아요. 근데 건설노조는 아시다시피 당시 여성 조합원들이 거의 없는 상태에서 여성들이 동일노동 동일임금을 하고 있는 데가 타워노조였고 타워 간부들의 활동력이 높았어요. 왜냐하면 비상근이기는 하지만 일을 하다가 노조 활동으로 바빠지면 타워노조 내에서 타워 기사를 대체를 해주거든요. 딴 기사, 그러니까 대기를 타고 있던 백수 조합원님이 내 타워 대신 가주고 간부들은 단체 활동을 할 수 있는 체계가 있었어요. 인력이 조직 내에 있었던 거죠. 그래서 타워에서 여성 부원장을 뽑아야 되는 상황이 되면서 선배 여성 부원장이 나왔었고 그 선배가 연맹으로 가면서 공석이 됐는데, 당시 제가 서울에 있었고 지부 사무국장까지 했었으니까 뽑힌 거죠. 그러니까 어떻게 보면 민주노총에 여성 할당 부원장이라는 제도가 있었기 때문에 건설노조나 연맹의 여성 활동이 활발해졌던 거죠.

페페로 부위원장님은 처음부터 간부 역할을 하고 싶으셨어요?

경신 솔직히 말씀드리면 하고 싶은 마음은 10% 정도였죠. 지회, 지부 내에서 노조 활동들은 계속 했으니까, 그것들을 계속해야 한다고 생각하긴 했어요. 뭔가 바뀌는 게 재미있고요. 하지만 중앙 임원을 하고 싶다고 생각한 적은 없어요. 솔직히 그럴 능력이 된다고 생각해본 적도 없고, 물론 지금도 능력이 된다고 생각하지 않지만, 어쩔 수 없이 해야 하는 상황이었죠. 간부 활동을 할 수 있는 포지션 섹터가 편안한 게 그때 당시에는 타워였고 지방에 있는 여성 노동자가 올라오기는 너무 힘드니까 서울 쪽에 있는 사람이 했으면 좋겠다고 해서 거의 90%는 떠밀려서 한 거죠. 하고 싶어서 한 건 아닌 것 같아요. 물론 지금도 하고 싶어서 하고 있지는 않아요(웃음).

## 장식품처럼 있으려면 뭐하러 하겠어요

페페로 여성위원회 위원장도 맡고 계시다고 했는데 그건

희망하셨던 일인가요?

경신 그것도 아니에요. 여성 할당 부위원장으로 뽑혔기 때문에 당연히 여성위원회를 한다고 알고 있었어요, 관습적으로. 아무리 할당이라고 해도 임원이 됐는데 정말 아무것도 몰라서 꿰다놓은 보릿자루나 장식품처럼 가만히 앉아 있으면 이상하잖아요. 그러니 한마디라도 하려면 공부를 해야 했죠. 필요할 때 필요한 말을 하려면 알아야 하니까요. 물론 건설노조나 건설산업연맹의 정책 사항은 어차피 다 같이 듣는 거니까 다 같이 하는 거라고 하더라도 여성위원회 사업을 하고 있는데 여성에 관련된 사항이나 정책들을 모르면 창피하잖아요. 창피하니까 공부하는 거죠.

페페로 할당으로 된 거긴 하지만 그냥 장식품처럼 있고 싶진 않은…….

경신 그렇죠. 장식품처럼 있으려면 뭐하러 하겠어요. 퇴근하고 몇 시간 투자해 가면서 회의해야 되고 지역을 밤낮으로 돌아다니면서 해야 되는 상황인데 그냥 있으면 시간이 아깝잖아요.

페페로 재작년인가 여성 건설 노동자 사진전이 열려서 같이 갔었거든요. 그것도 그렇고 건설 여성 노동자 호칭 개선 캠페인 포스터도 본 적이 있어요. 이런 것들이 아마도 여성위원회에서 주도하는 사업일 것 같은데 소개 부탁드립니다.

경신 그전에는 여성 노동자 자체가 너무 적었기 때문에 활동을 하기가 쉽지 않았고, 그나마 한 5~6년 전부터 고민들을 좀 하기 시작했던 것 같아요. 그러면서 여성 노동자들이 조금씩 늘어나기도 했고요. 저희가 생각하는 가장 핵심은 건설에도 여성이 있다는 걸 알리는 거였어요. 그래서 처음에 사진전을 시작했던 거고요. 장식품처럼 이렇게 꽂혀 있는 여성 노동자가 아니고 우리도 한 사람의 기능인으로 현장에서 일하고 있다, 이걸 내부에 알리는 게 60%였어요. 이런 느낌으로 사진전을 했던 거고요. 작년까지 4회 차를 했어요. 그리고 호칭 개선 캠페인은 우리가 여기 있다는 걸 알리고 나서, 그러면 있긴 있는데 어떻게 있느냐, 현재 상황이 어떠냐 알리는 게 중요하다고 생각해서 하게 됐어요. 간단히 말하면, 건설 현장에서 여성 노동자를 부를 때 이모님이라고 부르거든요. 같이 일하고 있는데도요. 그나마 개선된 게 이모님이지, 그전에는 아줌마나 아가씨라고 했어요. 현장 노동자들끼리도 그렇고 관리자들도 그렇고요. 저 같은 경우에는 기계 자격증을 갖고 있는 사람이니까 기사라고 부르라고 했어요. 그 외에 목수나 형틀이나 철근 쪽 분들은 그냥 다 아줌마, 아가씨 이렇게 불렸던 거죠. 요즘에는 그렇게 부르지 말라고 하도 뭐라 그러니까 그나마 존중해서 여사님, 이모님. 그래서 저희는 여러분의 친척이 아닙니다, 같이 일하는 노동자입니다 말하고 있는 거죠. 화장실 문제나 성희롱 문제에 대해서도 계속 애쓰고 있어요. 소수인 여성 노동자라고 하지만 사실 소수가 아니죠. 20만이면 적은 수가 아니잖아요.
통계상으로도 잡힌 게 20만이니, 실제 이주 노동자들까지
포함하면 훨씬 더 많을 거라는 뜻이고요. 그 많은 여성
노동자들이 건설 현장에 있음에도 여성 노동자들에
대한 정책에서 배려가 아니라 당연히 해야 하는 의무를
행하고 있지 않은 걸 밝히는 정책 사업들을 하고 있어요.
그래서 오늘도 법 개정 기자회견을 하고 왔는데요. 20년
건설 현장에 있었지만 1년에 한 번 해야 하는 성희롱
예방교육을 단 한 번도 받아본 적이 없거든요. 저처럼
단 한 번도 받아본 적이 없다는 설문 조사 결과가 거의
80% 가까이 되고요. 대부분 안 한다는 거죠, 그쵸? 이런
현실을 알리고 바꾸라고 주장하고 있죠. 작년부터는 안전
문제에서 자재 자체가 너무 남성 기준에 맞춰져 있어서
너무 크고 무겁다는 문제 제기, 안전 장비에 대한 문제
제기도 서서히 하고 있어요. 이것들이 단지 여성만의
인권 문제라기보다는 결국 건설 현장의 안전의 문제라고
생각합니다. 성희롱도 안전의 문제고, 산재로 인정을 받고
있는 상황이잖아요. 직장 내 괴롭힘 중에서도 여성한테
가해지는 가장 큰 괴롭힘 중 하나가 성폭력인 거고요.

페페로  되게 중요한 부분인 것 같아요. 아까 말씀하셨던 것처럼
사실 안전 장비라든지 자재의 무게라든지 이런 건 특히나
여성 노동자의 신체적 구조는 전혀 배려하지 않은
거잖아요. 그렇기 때문에 여성 노동자들이 건설 일에
접근하기가 어렵고 하면서도 더 많이 다치거나 더 많이

힘들어하거나…….

경신    많이 이직하거나, 그쵸?

페페로   그렇게 되는 건데 이것 자체를 여성의 문제로 돌리잖아요.

경신    그렇죠. 여성이 힘이 없어서 일을 못하는 거라는 식으로,
       아니면 여성이 기능 습득하는 게 늦어서 일을 못하는
       거라는 식으로 매도하고 있는 거죠. 지금 현재 건설
       사업에서 기술은 그 현장에 들어가서 선배 기술자들한테
       배워야 하는 것들이 대부분이에요. 근데 여성 노동자들이
       들어가면 남성 노동자들이 잘 안 가르쳐줘요. 그래서
       계속 저임금 비숙련 노동자로 전전하게 되는 거예요.
       같이 현장에 들어간 남성 노동자들은 이듬해에는
       벌써 기능공의 임금을 받고 있는데 여성 노동자는
       그러지 못하고 있는 거죠. 그리고 일이라도 그나마
       시키면 다행인데 사무실 청소하라고 그러고, 막 화장실
       청소하라고 그러고, 이런 일들을 시키는 거죠. 여성
       노동자들한테만 이렇게 가중되는 차별이 있는 거니까
       이의를 제기하고 있는 겁니다.

페페로   소위 노가다라고 칭해지는 일들은, 대학생 때도
       남자애들은 가끔 가서 하는데 여자애들은 할 수 있다는
       생각 자체를 못했던 것 같아요. 아마 시켜주지도 않았을
       거고요.

경신    지금도 여성 노동자들은 현장에 취업할 때 여성이라고
       거부당하는 경우들이 많습니다. 같은 타워크레인
       기사인데도 여자 기사라서 싫다는 회사들도 있어요.

여성이라고 안 된다 그래 놓고 나중에는 현장에 여성
노동자들이 안 들어오고 배우는 사람들이 없다고 해요. 못
들어오게 하고 안 가르쳐주고 업무적 차별을 하는데 누가
들어오려고 하겠어요. 일정 기간 일을 하다가 정말 적응을
잘했던 사람들이나 정말 팀을 잘 만난 사람들이 잔류하는
거고 나머지는 못해먹겠으니까 때려치우고 나가는 거죠.
그렇게 이직해가는 경우들이 있는 거잖아요. 아주 힘들게
들어갔을 텐데 분명히, 일 자체를 알음알음 알아보는
것부터 너무 애쓰면서 건설 현장이라는 데로 들어왔을
텐데 오래 있지 못하고 나가는 경우들이 생기는 거죠.
그걸 여성의 탓으로 돌리고 있고요.

페페로   말씀하셨던 것처럼 그런 문제들이 여성 개인의 문제가
아니라 구조적으로 남성 중심으로 짜여져 있는 현장의
문제라는 걸 지적하는 일이 의미가 큰 것 같아요.
건설노조나 여성위원회의 이런 활동이 현장에 영향을
미친 사례들이 있을까요? 혹은 부위원장님 스스로
개인적으로 여성위원회 활동을 하면서 이렇게 변했다
하는 부분이 있으면 말씀해주세요.

경신   우선 제가 아직도 많이 부족하지만, 저 여성 노동자가
저렇게 행동을 하는 이유가 뭔지 이해할 수 있는 부분들이
좀 생겼죠. 물론 저는 아직 남성 그룹에 있는 게 훨씬
더 편한 건 맞습니다. 여성 관련 사업을 하지만 여성들
사이에서 지내기가 어려울 때가 있어요. 너무 오랫동안
남성 그룹에 있어서 그럴 수도 있죠. 그럼에도 불구하고

어쨌든 조금씩 바뀌어가고 있는 부분들, 이를테면 사건 처리에서 어떤 시각으로 봐야 하는지에 대한 부분들은 제가 변한 것 같고요. 현장이 변해가는 건 솔직히 아직 시작한 지 얼마 안 돼서 뭔가 아주 혁신적으로 변했다고 생각할 수는 없지만 이를테면 전국적으로 우리가 여성 휴게실 도입 사업을 선도적으로 했더니 핑크색 여성 휴게실을 설치하는 현장들이 생겼어요. 물론 핑크색은 마음에 안 들어요. 왜 핑크색이냐, 우리가 귀족이냐, 원래 핑크는 귀족 남성들을 위한 색깔이었다고 웃으면서 얘기하고 했지만 어쨌든 이런 식으로 조금씩 바뀌어가고 있는 부분들이 있는 걸 느껴요. 그리고 미미하지만 여성분들이 조직 내에 조금씩 더 많이 들어오고 있고요. 우리 조합원 내부에서이긴 하지만 오늘 3·8여성의날이라고 했더니 여성 조합분들 모아놓고 꽃과 빵을 전달하는 전달식을 하고 사진을 찍어서 올렸어요. 여성위원회만의 사업이었던 것들이 이제 건설산업연맹 내 모든 조직들이 같이해야 하는 거라는 생각이 조금씩 많아지긴 했어요. 그나마 다행이라고 생각합니다. 올해 제 임기가 마지막이기 때문에…….

**페페로**  그럼 이제 연임도 못하시는 건가요?

**경신**  못하지는 않죠, 그런 규정은 없으니까요. 안 할 거죠. 10년 했으니까 민주노총도 지도 10년 하면 안식년 주던데.

**페페로**  그건 그렇죠. 쉬기는 해야죠.

**경신**  네, 자체 안식년 들어갑니다(웃음).

## '합법적'으로 모여서 맨날 이야기하는 게 노조 아닌가

페페로    타워크레인은 물론이고, 건설노동 자체가 기술직

노동이잖아요. 같은 기술에 대해 임금 차별은 없는데, 그

숙련을 시키는 과정 자체에 차별이 있다고 보시나요?

경신    노조 내에서는 기술을 형성시키는 데 차별은 없죠. 노조는

지금 타워도 그렇고 토목건축도 그렇고 단협이 맺어져

있는 데는 동일노동 동일임금입니다. 물론 토목건축

같은 경우는 기능별로 임금의 차이는 있지만 성별에 따른

차별은 아니에요. 다만 비조합원인 여성 노동자들이

문제죠. 타워크레인 같은 경우에는 조직률이 50% 이상

되니까 그나마 나은데, 그 외에는 기능 습득에 대한

차별들이 있어요. 제가 보기에는 그냥 남성, 여성이라서

차별을 두는 거예요. 어떤 플랜트조합원 여성 노동자가

저한테 자기가 남자 반장보다 일을 훨씬 잘한다고

얘기하더라고요. 그런데 자기가 임금이 낮대요. 그냥

젊은, 들어온 지 얼마 안 된 남자애보다 임금이 낮다고요.

페페로    얼마나 더 오래 일을 하셨는데…….

경신    일을 20년 가까이 하신 분인데도 그러니까 왜요?

그랬더니 그냥 여자라, 그러세요. 왜 쟤보다 더 적게 주냐,

더 줘라 말하면 자기를 안 키운다는 거죠. 지금 건설노조

같은 경우는 그런 부분들을 싸워서 여성 조합원들을 넣고

있지만 조직이 없는 여성 노동자들은 그걸 해줄 사람이

없고 혼자 할 수 없으니까 임금을 깎아서라도 어쨌든 일을

해야 하니 들어가 하는 거죠.

페페로 그렇겠네요. 임금 말고 또 다른 부분에서 차별은 없나요?

경신 건설 기업노조 같은 경우에는 직무차별도 있어요.
왜냐하면 현장에서 일을 하고 중요 직책에서 일을 해야
진급이나 승급에 플러스가 되는데, 여성 노동자들은 주로
사무직에 있으니까요. 표면적으로 임금의 차별은 없는데
진급에서 눌리니까 임금 차별이 생기는 거 아니겠어요.
옛날 여성 노동자들은 그래야 된다고 생각했기 때문에
그런 거죠. 선배들이 계속 위험하게 뭐하러 현장 가서
일하니, 하고 주입시킨 탓이 크죠. 지금 젊은 여성
노동자들 중에서는 현장 인력이 많이 늘었어요. 여성
관리자들도 많아졌고요. 그럼에도 불구하고 중요한 직책,
공무에는 잘 안 보낸다는 거죠. 건설 사무 쪽에 있는 여성
노동자들은 직무 배제에 대한 불만뿐 아니라, 애초에
취업에서부터 화장실, 그리고 기능 습득까지 모든 게
불만인 거죠.

페페로 취업도 일단 여성이라 잘 안 되나요?

경신 네, 잘 안 되고요. 조직이 있는 사업장은 그나마 좀
나은데, 조직이 없는 데는 더 그렇죠.

페페로 여성이기 때문에 결혼을 하고 임신을 한다든지 이러실
수도 있잖아요. 출산휴가나 육아휴직 부분은 어떤가요?

경신 없어요.

페페로 생각해볼 수조차 없는 건가요?

경신 저희가 일용직 단기 노동자가 대부분이거든요. 비정규직

노동자이다 보니까 그걸 지원받을 수가 없어요. 제가
여성가족부 간담회에 오라 그래서 갔었던 적이 한 번
있거든요. 민주노총이랑 여가부 장관이랑 다 앉아서
얘기했죠. 난 정말 이런 데 날 왜 부르냐, 우리는 임신하면
잘린다, 애 낳으면 잘린다, 무슨 출산휴가, 육아휴직
같은 소리를 하냐, 이런 얘기를 했어요. 비정규직이다
보니 해당 프로젝트 공사가 끝나고 나면 복귀할 데가
없는 거잖아요. 우리는 일용 계약직인데 하루씩 일하는
사람들이 애 낳는다고 휴가를 주지는 않잖아요. 그러니까
어떻게 보면 모성 보호라고 하는 법률에 가장 취약한 게
비정규직이고, 비정규직 비율이 가장 높은 게 대한민국
여성들인데 출산율이 계속 떨어진다고 하면서도
비정규직에 대한 지원은 없고, 정규직, 공무원들만
출산휴가를 늘려주니, 진짜 모성 보호에 대한 정책 자체가
부익부빈익빈인 것 같아요.

페페로   그렇죠.

경신   저는 비혼이고 출산 의지가 전혀 없기 때문에 괜찮을 수도
있지만, 대부분 여성 노동자들은 출산 이후 경력단절된
경우가 많아요. 40대 이상 분들이 대부분을 차지하기
때문에 당장의 출산에 대한 부분을 이의제기하는
사람들은 없지만, 계속적으로 청년 노동자들이 건설에
많이 들어오고 있거든요. 임금이 오르고 노동시간이
줄어들면서요. 그럼 충분히 젊은 여성 노동자들도 많이
들어오게 될 테고, 이런 비정규직 여성 노동자들에 대한

지원은 정부에서 해야 되는데 정부는 그 생각을 별로 하고 있지 않은 것 같아요.

페페로 전체 민주노총 총연맹의 노조 가입률을 봤을 때 여성이 남성보다 더 적잖아요. 52:32로요. 실제로 노동조합을 하면서 여성 노동자들이 노조에 가입하기가 더 어려운 조건이라고 느끼시는 부분들이 있나요?

경신 가장 핵심적인 건 가사노동이라고 봐요. 남성들은 사회생활이라고 하는 틀 안에서 노조 활동하고 뭐 이러면 어떤 면에선 '가오'가 올라가는지 모르겠지만, 여성 노동자들은 일을 하고 퇴근해서 집에 가서 또 해야 될 일이 있잖아요. 노조 활동이라고 하는 게 전임 간부들은 일과 중에 일을 할 수 있지만 나머지는 다 일과 이후에 한 주 동안 해야 되는 것들인데, 정규직 자체를 대부분 남성들이 차지하고 있고 비정규직, 일용직 이런 분들은 최저임금 수준으로 일하다 노조 활동으로 하루 빠지면 내 일당이 빠지는 거죠. 그쵸? 그리고 집에 가서 또 다른 일을 해야 돼요. 그건 정말 생계가 걸린 부분들이 대부분이기 때문에 여성 노동자들 노동조합 가입률이 적다고 보는 겁니다. 일이 너무 많아요.

페페로 맞는 말씀이에요.

경신 진짜, 24시간이 모자라요. 저는 싱글이라 어떻게 보면 노조 활동을 하는 게 편했을 수도 있죠. 비혼이니까 집에 가서 내가 누구를 돌봐야 되는 건 아니니까요. 저만 돌보면 되니까. 전 노동조합 사무실에서 스스로 돌보면 되고 노동조합 사람들하고 술 먹으면서 돌봐도 돼요. 다른 분들은 안 그렇잖아요. 그쵸? 대부분 딴 분들을 돌봐야 되잖아요.

페페로 그쵸, 다른 돌봄을 해야 되니까요.

경신 여성의 노조 가입률이 낮은 또 하나 이유는, 물론 남성들은 그렇게 생각 안 하겠지만 노동조합 내부에서도 사람을 키울 때 여성들은 잘 키우지 않아요. 기술적 남성 노동자들이 남성 노동자들에게 자기 기술을 인수인계하는 것처럼 저는 노동조합도 그렇다고 봅니다. 대부분 여자들이 안 하려고 해서 그렇다고 얘기하지만, 그러면 여자들이 왜 안 하려고 그러는지 확인해서 노동조합이 지원해줘야 될 게 뭔지, 회의 시간을 어떻게 바꿔야 되는지 이런 것들을 고민해야 되는데 그런 걸 그냥 그들이 안 하려고 그래서 어쩔 수 없어 하고 손 떼고 있잖아요. 반면에 남성 간부들, 남성 지회장이나 남성 지부장이나 이런 사람들이 안 나오거나 이러면 임금을 더 올려주든, 원하는 게 뭐든, 조직 내에서 판단해서 시스템을 바꾸잖아요, 솔직히.

페페로 되게 중요한 지점인 것 같아요. 가사노동도 그렇고 조직문화 자체가 사실은 여성들이 노동조합 활동을 하기 어렵잖아요. 저희도 그랬던 것 같아요. 상상을 잘 못하는 것 같아요. 우리가 모여서 뭔가 할 수 있고, 특히 노동조합을 할 수 있다는 것을 잘 상상하지 못하는데 이렇게 실제로 하고 있는 사람들의 모습을 보여주면서

여러분도 충분히 할 수 있어요, 이런 메시지를 전달하고
싶거든요. 마지막으로, 여성 노동자들에게 연대가 왜
필요한지 말씀을 해 주시면 좋을 것 같아요.

경신　저희 건설노조에 여성 부위원장님이 계신데요. 그분이
항상 하는 얘기가 수다가 사람을 살린다는 거예요.
여성조합원분들 만나면 계속 그 얘기를 하고 다니세요.
건설의 소수 여성조합원들이 지역에 한두 명 이렇게
떨어져 있다가 모이면 할 얘기들이 많아서 얘기를 막
하세요. 처음에는 쭈뼛쭈뼛 하시다가 그 모임이 끝나고
갈 때쯤 되면 얼굴이 화사해져요. 그리고 다들 만났으면
좋겠다고 하시는데 제가 보기에는 우리가 모여서 당장
뭘 바꾸겠다, 세상을 정복해, 이런 건 아니지만 내가
지금 처한 상황이 어떻고, 내가 지금 하고 싶은 게 뭐고,
지금 내가 겪고 있는 게 제대로 대우를 받고 있는 건지
같이 만나서 이야기하는 게 어떻게 보면 변화의 시작일
거라는 생각이 들거든요. 그리고 여성 노동자들이 모여서
이야기할 수 있는 구조가 제가 보기엔 노동조합이
아닌가라는 생각이 드는 거죠. 업종을 넘어서 가장 하기
쉬운, 어떻게든 제도가 만들어져 있는 거니까. 합법적으로
맨날 모여서 이야기하라고 하는 게 노동조합이
아닌가라는 생각이 들어요. 그래서 여성 노동자들은
그 제도를 잘 이용해서 노조를 하고, 아니 처음부터
간부를 해서 앞에 나와 투쟁하고 연설하고 이런 것부터
시작하라는 게 아니고 그냥 노동조합이라는 데 모여서

내가 지금 처해 있는 데가 어떤 상황인지를 알고 이야기할
수 있고, 아니면 그냥 어제 드라마 내용이 어땠는지, 그게
세상 사람 얘기잖아요, 그죠? 그런 얘기들을 하면서부터
연대가 시작된다고 보고 있어요. 민주노총의 이미지가
원체 빨간 머리띠에 때려부수는 모습으로 되어 있지만
그것만이 노동조합 활동은 아니다, 어려워할 일은 아니다,
그냥 수단이다, 이야기하고 술을 좋아하는 분은 술을
먹고 노래를 좋아하는 분은 노래를 부르고 그냥 가만히
앉아 있는 게 좋은 사람은 그렇게 있고, 이렇게 모여서
할 수 있는 여러 가지 일들을 합법적으로 노동조합
내에서 했으면 좋겠다고 생각해요. 노동조합이 그렇게
어렵지만은 않다고 말하고 싶어요.

# 나가 봤자 현실은 똑같으니 여기서 바꿔야 해요
## :보건의료노조 금천수요양병원지부

**천은혜: 7년 차 작업치료사, 한 아이의 엄마**
**주정진: 11년 차 작업치료사, 7세, 5세 아이 엄마**
**전영은: 9년 차 작업치료사, 한 아이의 엄마**

**2021.3.15. / 2021.3.18. 인터뷰**

## 연차가 찼는데 결혼은 안 하냐

페페로  반갑습니다. 직업 소개를 부탁드릴게요.

은혜  치료사는 말 그대로 사람을 치료하는 사람인데, 구체적인
치료 범위에 따라 다양해요. 저희는 작업치료사인데, 그
외에 언어치료도 있고, 기타 등등 많아요.

페페로  병원업계에서 작업치료사가 많은 편인가요?

은혜  작업치료사는 주로 재활요양병원에서 일하는
치료사인데요. 흔히 물리치료사를 알고 계실 텐데,
물리치료사만큼 많지는 않지만 요새는 반드시 있어야
하는 치료사입니다. 신경계, 근골격계 재활을 위한 병원을
비롯해 치매센터와 정신과 등 여러 곳에서 활약하고

있습니다.

페페로   속해 계시는 노동조합인 보건의료노조
금천수요양병원지부(이하 금천수지부)도 소개
부탁드려요.

은혜   금천수지부는 저희 치료사들이 중심이 돼서 최초로
만들어진 노동조합입니다.

페페로   금천수요양병원 같은 개인 병원에 노동조합이 생긴 건
처음이라고 들었거든요. 어떻게 설립되었을까요?

정진   제가 2011년도에 금천수로 이직했는데, 5년짜리
소모품으로 여겨지고, 손목도 아프고 허리도 아프고,
이직률도 높고, 성희롱 문제, 연차 제한 등 불합리한
부분이 많아서 치료사 선배들 위주로 이런 불합리한
부분을 개선하고자 설립한 걸로 알고 있어요.

영은   저희가 입사할 때 처음에는 인턴제도가 있었어요. 인턴을
6개월하고 나서 최종 시험을 거치고 정직원이 된다,
이런 개념이죠. 인턴 때는 아무래도 선생님들이 잡다한
일을 많이 시키는 경향이 있었어요. 그리고 실장님이나
고연차 남자 선생님들이 농담조로 성희롱을 많이 했어요.
스키니를 입었더니, '남자친구가 벗기기 힘들겠다' 이런
식의 농담. 고연차 선생님들이 떡이 들어 있는 비닐봉지를
들고 다니며 벽을 치면서 '떡친다' 이런 발언을 하고.
저희는 당할 수밖에 없었던 성희롱이 많았어요. 그리고
선배들이 연봉협상 할 때 '너희 이제 연차가 찼는데
결혼은 안 하냐' 하면서 사실상 퇴사를 종용하는 이야기를

들었다고 했어요. 그런 게 화가 나서 노조 결성을 하게 되었다고요.

페페로    결혼하고도 일하는 분들은 없나요?

정진    2~3년차 젊은 치료사 위주로 운영됐고, 결혼하면 당연히 퇴사하고 임신하면 당연히 퇴사하고, 이런 분위기였어요.

## 노조 샘들이 하는 이야기가 옳다고 생각했어요

페페로    지금은 기존과 많이 달라진 것 같네요. 선생님들의 단결력과 노동조합의 역할을 이야기해주세요. 개인적으로 노동조합 활동을 결심한 계기도 좋고요.

은혜    저는 사회 초년생이고 여기가 첫 직장이거든요. 그래서 처음엔 원래 그런 줄 알았어요. 말이 안 되지만, 저는 중립을 유지해야겠다. 이런 생각 했거든요. 제3자 입장에서 관전하다보니깐 불합리한 게 바로 눈에 보이잖아요. 노조 샘들이 하는 이야기가 옳다는 생각이 들었어요.

정진    금천수재활요양병원(구 고려수요양병원)이 6월에 오픈하고 저는 9월에 입사했어요. 그때 2년 차였거든요. 처음엔 너무 좋았어요. 병원 생활도 좋고, 치료 배우는 것도 좋고. 근데 5년 차 되면서 불합리한 것들이 보이기 시작하는 거예요. 병원 경영이 어려워서 몇 명 권고사직을 할 수도 있다 공지하고, 연차를 공휴일로 하고, 이런 것들도 있었어요. 군대 문화나 성희롱 문화도 당연한 건 줄 알았는데 지도부가 노조 가입을 권유할 때 들으니 당연한 게 아니었던 거예요. 저는 제가 경험하면서 단박에 참여했어요. 제가 임신을 해서 활동은 많이 못했지만요.

영은 　저도 주정진 선생님이랑 비슷하거든요. 저희가 군대 문화가 심하다고 했잖아요. 그런데 그중에서 노조 지도부 선생님들은 굉장히 잘 대해주셨어요. 후배라고 무시하지 않고요. 그렇게 사람이 좋아서 가입한 것도 있고, 공휴일로 연차를 깐다고 했을 때 너무 불합리하다는 생각이 들어서, 저도 노조 가입 권유가 왔을 때 흔쾌히 한다고 했던 거 같아요.

페페로 　노동조합이 쉽지 않은데 흔쾌히 하기는 더 쉽지 않잖아요. 너무 대단하고 존경스러워요. 주변에서 노동조합 한다고 했을 때, 지인들의 반응은 어땠어요?

은혜 　불필요하다고들 생각해요. 가까이 있는 제 남편도 아직 이해 중이에요.

영은 　절이 싫으면 중이 떠나야지, 하는 생각인 거죠, 보통.

정진 　저희가 이직이 쉽거든요. 그래서 이직하면 되지, 이러는 거 같아요.

페페로 　이직해도 크게 다를 바가 없을 거 같은데…….

은혜 　근데 이직이 정답이라고 생각하는 것 같아요.

페페로 　다들 경험이 없어서 그런 거 아닐까요? 금천수에서 실제로 바꿔낸 걸 보면서도 계속 그렇게 이야기하시나요?

은혜 　육아휴직이나 복직 같은 게 치료사 업계에선 좀 어려운 일이긴 하거든요. 근데 저희는 노조 이후에 많이 복직하기도 하고, 복직을 두 번 하는 경우도 있고, 이런 것 자체가 누가 봐도 '여기는 보호받는구나'라고 느끼기 때문에, 남편 같은 경우에 지지를 해주긴 하지만 아직 대화는 많이 필요해요.

**페페로** 노조 활동 시간 때문일까요?

**은혜** 근무 후에 노동조합 활동을 하니까 더더욱 그게 왜 필요한지, 회사에서 불이익을 받았을 때 설명도 해야 하고 그런 부분도 있어요.

**페페로** 다른 분들은 어떠세요?

**정진** 워낙 초기라서 다들 잘 몰라가지고.

**영은** 병원에서는 오히려 따돌리고 소외시키고 이런 게 컸어요.

**정진** 이 문제가 힘들어서 퇴사한 선생님들도 있어요.

## 노조가 바꾼 엄청난 것들

**페페로** 노조하면서 병원 생활이 더 좋아진 점들은 구체적으로 무엇인가요?

**영은** 저희는 결혼하고 출산을 했으니깐 육아휴직을 갔다 와도 돌아올 곳이 있고, 작년부터 법적으로 출산 이후 1년 동안 단축근무를 할 수 있게 된 것도 보장받을 수 있어요. 제가 듣기로는 한 분은 다른 병원에서 단축근무를 신청했는데 안 돼서 그만두셨다고 하더라고요. 연차 같은 것도 자유롭게 쓸 수 있어서 너무 좋아요. 예전에 인턴 때 저희는 월, 금에 연차 쓸 수 있는 건 1년에 두

번밖에 없었거든요. 위 직급 선생님들이 먼저 연차를 쓰고
저연차들이 남은 날에 쓰는 문화도 있었는데, 지금은
자유롭게 쓰는 게 너무 좋아요. 생리휴가도 무급이지만
사용할 수 있고. 이런 게 정말 좋아요.

**정진** 연차가 가장 중요한 부분인데요. 아기 키울 때 정말
중요해요. 아기가 어린이집에서 아프다고 연락 오면
당장 달려가고 싶었는데, 초반엔 연차가 하루 2명
제한이라거나, 5일 전에 내지 않으면 못 쓰게 하는
경우가 있었어요. 지금은 연차 사용을 자유롭게 할 수
있는 게 가장 좋은 거 같아요. 가족돌봄휴가도 회사에서
허락해주지 않으면 못 가는 건데 법적인 테두리 안에서
저희가 사용할 수 있는 건 실제로 할 수 있는 게 좋아요.

**페페로** 성희롱도 줄어들었나요?

**영은** 아예 근절됐다고 봐야죠.

**페페로** 어떻게 대응을 하셨어요?

**은혜** 사실 성희롱이 성희롱인지도 몰랐던 게, 벽에 떡을
치면서 자기들끼리 웃는 거예요. 저는 이게 뭐지? 그냥
못 본 척 해야 한다고 느꼈던 거 같아요. 그 당시엔 뭐가
옳고 그른지도 모르고 내가 여기서 목소리를 낼 수
있는지도 몰랐어요. 그런데 노동조합 교육을 받으면서
아, 내가 그때 이런 이야기를 할 수 있었구나, 알게
되었어요. 저희 인턴 때는 정말 말도 안 되게, 머리를
어떻게 묶어라, 화장은 이렇게 해라, 하기도 했고요.
남성 고연차 선생님들이 규제하고 여성 고연차 선생님도

이야기했어요.

영은　이것도 마찬가지로 사례를 모아서 병원에도 이야기하고 법적으로도 문제제기하고 그랬던 거 같아요.

은혜　지금은 환자들이 성희롱을 하면 고충처리를 이용해서 해결할 수 있는 체계가 구축되어 있어요.

페페로　사실 혼자서는 목소리 내기가 정말 힘들잖아요. 노동조합 차원에서 성희롱을 근절하는 활동을 하는 게 정말 멋져요. 육아휴직, 성희롱, 연차 외에 또 노동조합으로 인해 달라진 점들이 있을까요?

은혜　딴지를 걸어요. 사소한 것들 있잖아요. 그냥 메모해놓는 것도, 나중에 글씨 못 알아봐서 못했다고 뭐라 할까봐 바쁜 와중에도 일부러 더 신경 써서 적고. 전화 응대할 때도 이름 말하기 같은 사소한 것에 대해서 자기검열을 하는 편이에요.

페페로　정말 힘드실 거 같아요. 그런 스트레스는 어떻게 해소해요?

은혜　조합원들끼리 욕해요. 많이 이야기를 하고 저희 조합회의를 매주 하니까 그때 어떻게 처리할지 방안을 이야기하고 실천하는 편이에요. 괴롭힘 혹은 성희롱을 당한 당사자가 지도부에게 말씀드리면 가해자와 직접 접촉하지 않고 노동조합에서 공문을 보내주기도 하고 그래요.

페페로　노동조합 활동하면서 가장 기억에 남는 사건이 있다면 어떤 것일까요?

정진   노동조합 설립될 당시에 제가 임신 중이었어요. 출산휴가
      육아휴직 갔다가 두 달 정도 후에 복귀했다가 바로
      둘째를 임신하는 바람에 또 출산휴가를 들어갔어요.
      그래서 육아휴직 갔다가 복직한 이후에 근로시간단축을
      할 수 있었는데 회사에서 복직하기 일주일 전에 그걸
      못해주겠다고 하는 거예요. 이사를 하면서 무급휴직을
      신청했는데 거부당하고, 애들 어린이집 문제도 있고
      그래서 퇴사할까 했거든요. 근데 조합원 선생님들이
      하루씩 돌아가며 연차를 쓰면서 우리 애들을 봐주고 해서
      위기를 넘겼던 적이 있어요.

페페로  감동적이네요.

은혜   제가 출산휴가, 육아휴직 들어가려고 할 때도 말도 안
      되는 이유로 막 미뤄지는 상황이었어요. 출산 예정일이
      한 달도 안 남았을 때까지 확정이 안 돼서 힘들었는데,
      선생님들이 같이 이야기를 해주고, 본조에서도 도와주고
      해서 잘 다녀온 적이 있어요.

페페로  그 후에는 더 수월해졌나요?

정진   지금은 당연하게 가는 편이에요.

은혜   저를 시작으로 해서 단축근무도 사용할 수 있도록
      되었어요.

페페로  노조 없는 다른 병원들은 어떤가요?

영은   예전에 구로고려수병원에 선배님이 다니셨는데 한 살 된
      애가 있었는데 단축근무를 못 쓰게 해서 그만두셨다고
      들었어요.

페페로   또 기억에 남는 사건이 있다면요?

영은   예전에 치료실에서 단체로 짜장면을 시켜 먹었던 적이
있는데, 그때 본부장이 와서 엄청 뭐라고 했거든요.
치료실에서 왜 냄새나는 것 먹냐고 꼬투리 잡으러 온
거예요. 선생님들이 짜장면을 먹지도 못하고 있는데 그때
지부장님이 나서서 본부장하고 고성을 주고받으며 저지해
주셨어요. 그게 가장 기억에 남아요. 원래는 치료실에서
자주 먹었어요. 그때 이후로 치료실에서 먹으면 징계를
주겠다고 하고.

페페로   그럼 이제 짜장면은 어디서 먹나요?

영은   그냥 식당에서 먹든가, 밖에서 먹어요.

페페로   그런 징계 남용이 힘들 거 같은데 어떻게 이겨내시나요?
치사하다, 때려치우고 나간다. 이렇게 생각할 수도 있을
텐데요.

은혜   나간다고 바뀌지 않으니깐 있는 거죠. 때로 어떤 상황을
직면했을 때 큰일이 될 거 같은 느낌이 있잖아요. 그때는
스트레스 때문에 힘든데, 그렇다고 다 그만두기엔……,
사실 다른 데도 다 똑같거든요. 나가봤자 어차피 현실은
똑같다, 여기서 바뀌지 않는 한 똑같다, 이런 생각이
있어요. 여기는 노동조합이 있으니깐 우리 목소리를 낼 수
있잖아요. 다른 데 가면 제가 제 목소리를 낼 수 있을지도
불분명한 거 같아요.

# 내 일이 생기고, 내일도 생기고

페페로 　지금 금천수지부의 가장 큰 현안은 무엇인가요?

정진 　임금 문제인거 같아요. 작년에 저희가 임금이 한 달에
3,000원 올랐거든요. 0.3% 올랐어요. 예전에는 연봉
통보를 했는데도 매년 올랐는데, 노동조합 설립 이후에는
저희(민주노총)가 대표교섭노조가 아니기 때문에 정말
미세하게 연봉이 오르고, 세금이 더 많이 오르니까 오히려
지금이 3년 차에 받았던 실수령액보다 적은 거예요.
그래서 지금 현재는 임금이 가장 큰 문제예요.

페페로 　노조 활동이 후회된 적도 있으신가요?

영은 　솔직하게 말하면 월급명세서 볼 때. 거의 다 결혼을 했고
아이도 있는데 계속 동결되다시피 아주 조금씩 오르고.
저는 남편이랑 월급을 모으는데 남편이 한마디씩 해요.
9년 차가 왜 이렇게밖에 못 받냐. 이럴 때마다 후회가
되긴 하더라구요.

은혜 　전 남편이 최저임금이 올라야 오른다고 이야기해요.

정진 　저는 계속 연차도 거부당하고, 무급휴직도 거부당하고,
근로시간단축도 거부당해요. 이럴 때 제가
조합원이라서 거부당하나? 이런 생각이 들고, 남편이 또
노동조합원이라서 그렇다고 이야기를 하니까 좀 후회한
적이 있어요.

페페로 　노조 가입 이후에 개인적인 변화가 있다면 어떤 걸까요?

영은 　차를 타고 가거나 길을 걷다가 노조 현수막이나 시위나

농성이 보이면 저도 모르게 주의 깊게 보게 되더라고요. 예전 같으면 그냥 지나가거나 시끄럽다고 할 거 같은데 지금은 더 관심이 가고, 무슨 일 있나 보게 되더라구요.

**은혜** 저는 친구들이랑 만났을 때 '나 병원에서 이런 일 있었어' 이런 말을 들으면 저도 모르게 '아, 진짜? 너 계약서 좀 줘봐' 이렇게 되더라구요. 몇 번 이렇게 하니깐 친구들이 저한테 물어보더라구요. 그래서 노무사 소개해주고 작업치료사협회 온라인 상담공간을 알려주고 하니까 기분이 좋더라구요.

**정진** 저는 원래 개인주의 성향이 강했어요. '너 나한테 피해 주지 마, 나도 너한테 피해 안 줄게' 이런 의식이 강했던 거죠. 제가 입사했을 때 동기가 15명이었는데 동기 때문에 같이 혼나고 같이 남고 하는 것들에 스트레스를 받곤 했어요. 그런데 여기 선생님들이랑 공동의 이익을 위해 같이 활동하며 더 좋아지는 게 있으니까. 공동체 의식 같은 걸 많이 배운 거 같아요.

**페페로** 마지막으로, 내가 생각하는 노동조합은 ○○이다!

**정진** 노동조합은 '내일'이다. 왜냐면 개인의 문제라고 생각했을 때 아파서 그만두고 회사 문제로 그만두고 육아로 그만두고 이랬는데, 노동조합이 있어서 내일이 생긴 거 같아요. 내 일이 생기고, 내일도 생기고.

**은혜** 노동조합은 연대라고 생각합니다. 굳이 나서지 않아도 되는데 왜 저렇게까지 날 도와주시지 하는 부분이 굉장히 많았어요. 그러다 보니깐 저도 돕게 되더라구요.

같이 뭉치니깐 문제가 해결되는 게 느껴지면서
신기하더라구요.

영은    이하동문인데, 노동조합이란 든든한 조력자다. 힘들 때
항상 뒤에서 받쳐주고 위에서 끌어주니까.

\* 그동안 금천수지부는 조합원 수가 꾸준히 늘어나 2024년 현재는
교섭대표노조가 되었고, 회사와 직접 임금 교섭을 하고 있다.

# 노조를 시작하니 아이들이 더 예뻐 보여요
## : 공공운수노조 보육지부장 함미영

**2021.2.23. 인터뷰**

### 어린이들을 안 좋아했어요

페페로  첫 번째는 간단한 자기소개인데, 정말 간단하게
부탁드려요.

미영  정말 간단하게, 안녕하세요. 공공운수노조 보육지부장
함미영입니다.

페페로  네, 반갑습니다. 보육교사가 되시기 전에 되게 여러
직업을 가졌었다고 들었는데, 어떤 일들을 하셨는지
궁금해요.

미영  학생 때는 가난하잖아요. 그래서 투잡, 쓰리잡도 했죠.
고깃집에서 고기 구워주고, 불판 갈아주는 아르바이트도
했고, 그다음에 퀵서비스에서 콜 받아주는 거, 그다음에

인터넷 콜센터…….

페페로 서비스직 중에서도 굉장히 어려운 것들을 하셨네요.

미영 왜냐하면 제가 도전적이고 활동적인 걸 좋아해요. 적응할
만하면 옮겨요. 그래서 어학원도 했고, 보디빌더도
했어요.

페페로 우와, 보디빌더요? 요즘 제가 정말 관심이 많은
분야인데요.

미영 헬스트레이너도 했고, IT 벤처기업에도 있었어요.

페페로 정말 다양한 직업에 종사하셨네요. 그런데 어떻게 하다가
보육교사가 되셨어요?

미영 제가 사실 어린이들을 안 좋아했어요. 제가 컴퓨터 강사
일도 했었거든요. 아이들 사이에서 제가 좋게 말하면
얼음공주, 나쁘게 말하면 마녀로 불렸거든요. 초등학생들
컴퓨터를 가르치는데 정말 딱딱하게, '이거 이렇게
해' 이런 식으로 했죠. 그러다가 결혼을 하고, 아이를
낳아야겠다는 생각은 했는데 쉽지 않더라구요. 불임
판정을 받고, '나한테는 아이가 없는 건가?' 생각하던
차에 어렵게 자연 임신이 된 거예요. 아이를 낳았는데,
정말 왜 이렇게 예뻐요? 아이를 쳐다보느라 목이 아플
정도였어요. 제가 한 번도 쉬지 않고 투잡, 쓰리잡을
하다가 육아휴직을 쓰고 쉬는데 동네 엄마들하고
육아 팁도 나누고 하잖아요? 그런데 다른 아이가 코를
흘리는데 저도 모르게 손이 가더라구요. 더럽지가 않고.
'나한테 이런 모습이?' 하고 놀랐어요. 그러다가 저희

아이를 어린이집에 처음 보내게 됐는데, 아이가 말을 늦게 뗐거든요. 저는 아이가 왜 말이 느린지, 왜 우는지 몰랐어요. 그런데 어린이집 선생님은 아이의 하루 일과를 얘기해주시는데, '어머니, ○○가 이랬는데 그건 어디가 불편해서 그런 거예요, 지금은 이런 시기예요'라고 하는 거예요. 너무 전문적이고 베테랑다운 모습인 거죠. 거기에 확 빠진 거예요. 나 같은 초보 엄마들에게는 꼭 필요한 존재구나. 그래서 그 직업이 너무 궁금해져서 1년 공부를 해서 자격증을 땄고, 보육 현장에 들어오게 됐어요. 그런데……(웃음).

## 보육교사는 근로기준법이 아니라 영유아보육법에 따라야 한다?

페페로 또 다른 세계가 시작된 거군요. 그러면 이전 직업들과 비교했을 때 보육교사만의 특징이 있을까요?

미영 가장 좋은 점은 공휴일에 쉴 수 있다는 것이에요. 그전에는 주로 서비스직 업무를 했다 보니까 주말에 일할 때가 많았거든요. 그리고 보육교사는 내 아이를 데리고 다닐 수가 있다는 메리트가 있어요. 그게 저한테는 엄청 컸어요. 2015년 이전에는 내 아이를 우리 반에 등록시킬 수 있었어요. 맞벌이하는 엄마들은 출근하면 우리 애가 뭐 하는지 궁금하고 불안하잖아요.

페페로 방금 말씀해주신 것들은 보육교사의 굉장히 좋은

점이네요. 그러면 반대로 힘든 점은 없을까요? 아까
말씀하시려던 것 같은데(웃음).

미영  처음 실습했던 곳이 가정어린이집이었어요. 원장님이
있고, 원감이자 조리사는 원장님의 엄마고, 교사 한 분은
원장님의 여동생이고, 한 분은 원장님의 친구였어요.
요즘 말하는 가족경영. 거기에 제가 뻘쭘하게 들어 있는
거죠. 저는 초임이고 아무것도 몰랐죠. 보육교사는 아이만
보면 되는 줄 알았는데, 청소랑 설거지랑 음식 조리까지
하는 줄은 몰랐어요. 그런데 이 모든 게 다 불법이었던
거죠. 당시에는 몰랐지만. 그리고 그때 직원이 5인이
됐다가 안 됐다가 왔다 갔다 했거든요. 연차 같은 게
없는 거죠. 아파도 쉬지도 못하고, 얼굴이 새파랗게
질릴 때까지 일했어요. 그러다가 원장님한테 "원장님,
왜 보육교사는 쉬는 날이 없나요?"라고 물어봤더니
원장님이 "원래 못 쉬는 거예요"라고 말씀하시는 거예요.
그래서 "근로기준법에 따라 쉬어야 되는 거 아닌가요?"
했더니 원장님이 보육교사는 영유아보육법에 따라야
한다고 하셨어요. 그래서 인터넷을 찾아봤더니 아닌
거예요. 근로계약서를 쓰는 근로자라면 근로기준법에
따르는 거죠. 원장님한테 또 얘기했죠. 그랬더니 이번에는
원장님이 "선생님, 근로계약서에 연차대체 합의한다고
쓰셨잖아요"라고 하시는데, 연차대체가 뭔지 모르잖아요.
그래서 그게 뭐야? 하고 근로계약서를 보니 '공휴일은
연차휴가를 사용한 것으로 한다'는 내용이 있는 거죠.

아, 내가 당했구나(웃음). 제가 원장님에게 태클을 계속 거니까 부당한 대우를 많이 하셨어요. 제가 보는 앞에서 저희 아이를 막 혼내는 거예요. 두 살, 세 살 되는 아이를 벽 보고 서 있게 한다거나. 문제제기를 하면 '선생님 반 아니니까 가시라'고 하고. 그래서 제가 우리 아이를 그 어린이집에서 뺐거든요? 그랬더니 반 정원이 모자라게 됐으니 내일부터 나오지 말라고 하더라구요.

페페로   그렇게 해고를 한다고요? 정말 충격적이네요.

미영   그때부터 전쟁이 시작된 거죠. "원장님, 해고예고 안 하셨으니까 예고수당 주세요" 했더니 자기가 언제 그랬냐고 발뺌하는 거예요. 제가 녹음했다고 말했어요. 원장님이 아이들을 함부로 대하는 모습을 많이 봐서 녹음을 종종 했거든요. 원장님이 완전 당황하시더라고요. 그리고 1년 마치고 퇴직금 받으려고 했더니 근로계약이 3월 1일부터가 아니라 3월 2일부터라서 못 준다는 거예요. 그래서 또 싸웠죠. 막 따졌더니 결국에는 주시더라구요. 제가 이 어린이집에서 겪었던 일들은 현재까지도 많은 보육교사들이 겪고 있어요. 정말 기본적인 건데요.

페페로   첫 직장에서 정말 많은 일을 겪으셨네요.

미영   정말 좋은 경험이었죠. 지금은 감사해요. 그 원장님한테. 그 원장님이 계셨기 때문에, 저한테 부당한 대우를 해주셨기 때문에 지부장까지 할 수 있게 된 거죠(웃음).

## 원장 위에 행정부처, 그 위에 복지부하고 얘기해보면 어떨까

**페페로**  그때 당시에는 노동조합의 도움 없이 다 혼자 싸우셨던 거죠?

**미영**  네, 저는 노동조합이 뭔지도 몰랐어요.

**페페로**  그러면 어떻게 노동조합 활동을 하시게 된 거예요?

**미영**  제가 가정어린이집을 다니다가 규모가 큰 곳을 가면 좀 낫지 않을까 싶어서 민간어린이집으로 옮겼거든요. 그런데 민간어린이집은 더 심하더라구요. 계약 내용도 선생님마다 다 달라요. 저처럼 큰 목소리 내는 사람들한테는 다 해주는데, 만만해 보이는 사람한테는 안 해주는 거죠. 여기는 또 특이하게 교사들이 중간에 그만둘까봐 계약서를 3월 중순쯤에 쓰더라고요. 아무튼 여기서 1년을 더 일해보니 그때부터 재밌기 시작하더라고요. 어린이집의 괴롭힘 양상이. 제가 원장을 할 생각이 있어서 1년마다 직장을 옮겨 다녔거든요. 경력도 쌓고, 각 어린이집마다 어떤 특징이 있는지 알아보려고요. 마지막으로 지금 다니는 어린이집에 오게 됐는데, 원장님이 교사 회의 시간에 굉장히 큰 걸 주는 것처럼 "선생님들, 원래 보육교사는 연차가 없는데 제가 특별히 1년 일하신 분은 하루, 2년 일하시는 분은 이틀을 드릴게요" 하는 거예요. 저는 잘못 들은 줄 알았어요. 그래서 "원장님, 혹시 저희 1~2년 일하면 주는 15일

연차휴가에 더해서 주신다는 거죠? 보너스로?"라고
물어봤죠. 그랬더니 다들 절 이상하게 보더라고요. 옆에
있던 주임 선생님이 저한테 "선생님, 그걸 말이라고 해?
감사한 줄 알아야지"라고 해서 저도 모르게 막 웃었어요.
그럼 안 되는데 막 깔깔거리면서 "어디 가서 그렇게
말씀하지 마세요, 창피해" 했더니 원장님이 저한테
버릇없다고 하는 거죠. 그때부터 괴롭힘이 시작됐어요.
왕따 식으로요. 근데 제가 컴퓨터 강사를 해서 컴퓨터를
되게 잘하거든요. 다들 뒤에서는 제 욕을 해도 일은
또 저한테 부탁할 수밖에 없는 거예요. 그러다가
어린이집에서 휴게시간에 쉬지도 못하게 하면서 돈도 안
주는 걸 신고해야 되나? 생각하게 됐어요. 그러다가 1급
승급 교육을 하러 가서 만난 짝꿍 선생님이 노조에 대해서
얘기를 많이 해주시는 거예요. 그래서 제가 "노조가
뭐예요?"라고 물어봤더니 저를 조용히 부르시더라고요.
뭔가 진짜 기밀인 것처럼 알려준 밴드(band)가 있었어요.
보육교사 상담해주는 밴드였거든요. 그래서 그 밴드를
가입하고 보면서 '와, 이런 것도 있구나' 알게 된 거죠.

페페로 그게 직장갑질119에서 만든 밴드인가요?

미영 네, 맞아요. 그런데 거기서 무슨 설명회를 한다는 거예요.
'한번 가볼까?' 하는 호기심으로 갔죠. 갔는데 되게
재밌는 거예요. 나 같은 사람이 많구나 느끼면서 그
힘으로 일했어요. 그런데 노조에서 휴게시간 관련해서
다 같이 신고를 한다는 거예요. 저도 합세해서 같이

했거든요. 어린이집이 발칵 뒤집어진 거죠. 노동청에 가서 조사를 받는데 조사를 제대로 안 해주는 거예요. 그래서 노조에 전화를 했어요. 그랬더니 노조에서 노동청 감독관한테 전화를 했나 봐요. 감독관이 다시 조사를 하는데 전이랑 태도가 달랐어요. 그래서 '와, 되게 신기하네? 노조가 힘이 있는 건가?' 하면서 노조를 다시 생각하게 된 거죠.

**페페로** 노조 가입은 언제 하신 거예요?

**미영** 늦게 했어요. 2018년도? 근데 가입 안 했을 때도 활동은 했어요. 노조에서 무슨 꽁트를 하는데 제가 막 지원했어요. 하고 싶다고요(웃음). 그리고 휴게시간 버스킹에도 참여했어요. 그 현장에서 울분을 토해내다가 '에라 모르겠다, 가입하자' 해버렸죠.

**페페로** 지부장님은 노조 가입하시기 전부터 여러 활동을 해오셔서 큰 차이가 있을까 싶긴 한데, 혹시 노동조합 가입 전과 후를 비교했을 때 달라지신 점이 있을까요?

**미영** 전에는 네이버가 제 친구였어요. 내가 궁금한 것들을 물어보고 답을 찾는 걸 네이버를 통해서 했죠. 답을 찾으면 그걸로 끝이었어요. 그런데 노동조합을 하면서 나의 권리가 무엇인지, 내 권리를 위해 어떻게 행동해야 되는지, 반대로 내 의무는 무엇인지 이런 것들을 명확하게 알게 된 거죠. 그리고 같이 일하는 선생님들에게도 이러한 상황이 왜 부당한지, 선생님의 권리는 무엇인지를 명확하게 알려줄 수 있게 됐어요.

페페로  노조에 가입하신 다음에 거의 바로 지부장님이 되신
       건가요?

미영    그렇게 됐네요(웃음)? 1기 지부장님이 임기를 다 마치고
       어린이집으로 복직하신다고 하더라구요. 그래서 새로운
       지부장을 뽑아야 되는데, 저 정말 고민 많이 했어요.
       그냥 현장 선생님들 만나서 얘기 나누는 것만으로
       즐거웠거든요. 그런데 노조 활동을 하면서 이런 생각을
       많이 했어요. 보통 원장님하고 일 대 일로 투쟁하잖아요.
       만약 원장보다 더 위에 있는 행정부처, 그 위에 있는
       복지부, 그 사람들하고 얘기를 해보면 어떨까? 그
       사람들하고 얘기를 해서 바꾸는 게 더 빠르지 않을까?
       하는 생각요. 그래서 지부장에 출마하게 됐죠.

## 노조가 다 해줘야 한다? 조합비는 보험료가 아닙니다

페페로  보육노조는 조합원 수가 어떻게 되나요?

미영    보육교사가 전국에 24만 명이 되는데, 조합원이
       1%도 안 돼요. 노조에 대한 인식이 아직도……. 저도
       처음에 노조가 뭔지도 몰랐고, 빨간 띠 두르는 모습만
       떠올랐어요. 그래도 제가 처음에 노조에 가입했을
       때보다는 세 배 이상 증가했고, 기자회견 한 번 할 때마다
       전화도 많이 와요. 어린이집 업계에는 블랙리스트라는 게
       있어서 용기 내는 게 쉽지 않아요. 실제로 블랙리스트가
       유출된 사례도 있었거든요.

페페로 그럼에도 2018년보다 세 배 이상 조합원 수가 증가한 건 대단한 일 같아요.

미영 그게 휴게시간 대응했을 때, 그리고 작년에 페이백 대응했을 때 많이 늘었어요. 어떻게 보면 원장님들한테도 감사해요. 원장님들이 그런 비리를 저질러주셨기 때문에 노조를 알릴 수 있는 계기가 생겼어요(웃음). 그리고 지금 보육교사님들 스스로가 기본적으로 나의 권리가 무엇이다, 저런 건 불법이다, 하는 인식이 전보다 강해진 것 같아요. 원장들 카페에서도 "원장님, 그건 안 돼요. 노동조합 못 보셨어요? 그건 불법이에요"라고 하면서 노동조합이 자연스럽게 거론되더라구요.

페페로 보육교사 노조에 가입하려면 어떻게 해야 되나요? 노조 자체를 모르니까 가입을 어떻게 해야 되는지 모르시는 분들도 많을 것 같아요. 가입 요건 같은 게 있나요?

미영 가입 요건 전혀 없어요. 보육지부는 어린이집에서 근무하는 보육교직원, 원장 빼고 다 가입할 수 있어요. 셔틀기사님, 조리사님, 보육교사, 연장반 교사, 다양하게 있으시고 또 보육교사님들 연차 가셨을 때 대신해주시는 대체 선생님들도 조합원으로 계세요. 저는 옛날에 노조를 알음알음 들어왔잖아요. 지금은 제가 기자회견하고 인터뷰를 하면서 보육노조 가입할 수 있는 사이트를 알려드려요. 지금 가입하시는 분들은 대부분 온라인을 통해서 오세요. 갑질119에서 만들어주신 밴드에 들어가면 온라인 가입 신청서 있거든요. 아니면 저희 전화번호가

워낙 많이 뿌려져 있으니 편하게 전화를 주시면 됩니다.

페페로 혹시 보육노조에 남성 조합원도 있나요?

미영 보육교사 24만 명 중에 3.6%가 남자인 걸로 알고 있어요.
그런데 안타깝게도 아직 남자 조합원은 없습니다. 하지만
노동조합에서 교육 같은 걸 하면 오시는 분들은 많아요.
왜 노조 가입은 안 하시는지 물어봤었는데, 남성 보육교사
수 자체가 적다보니까 가입하면 바로 어린이집에 유출이
되기 때문에 조심스럽다고 하시더라고요.

페페로 노동조합 가입했을 때 필수적으로 해야 하는 활동이
있나요?

미영 그런 건 없어요. 그런데 노동조합을 처음 가입했을
때 노조가 다 해준다고 생각하시는 분들이 의외로
많더라고요. 조합비를 내는 게 내가 나중에 도움받기
위한 보험료라고 생각하시는 분들이 계시는데, 여기
계시는 조합원들 모두가 그 자체로 노조이고, 저 지부장
1명이 아니라 조합원분들이 함께 행동해주셔야 현장이
바뀐다고 말씀드리거든요. 처음에는 "다 해줄 것처럼
얘기하더니"라고 말씀하셨는데, 지금은 조합원들이 제 말
뜻을 이해해주시더라구요.

페페로 어린이집이 규모가 작은 경우가 많잖아요. 한 사업장에서
일하는 보육교사 여러 명이 가입하는 경우가 흔치 않을 것
같은데, 1명만 가입하는 것도 가능한가요?

미영 그럼요. 당연하죠. 말씀하신 대로 어린이집은 규모가 크지
않기 때문에 1명, 2명 가입하는 경우가 굉장히 많아요.

굉장한 용기죠. 가끔 10명씩 한꺼번에 가입하시는 경우가
있기는 한데, 확실히 조합원 수가 많으면 원장님들이
비리를 절대 못 저지르시더라고요.

페페로 한 분만 노조에 가입을 하면 활동은 어떻게 하나요?
단체교섭을 하기도 하나요?

미영 그럼요. 교섭합니다. 교섭 내용은 주로 직장 내
괴롭힘이에요. 직장 내 괴롭힘 금지법이 있기는 하지만
처벌받는 경우가 거의 없잖아요. 원장들의 괴롭힘이
교묘해지고 더 심해지고 있는 상황이라서 이 부분을
특히 신경 쓰고 있어요. 다른 노조는 막 임금교섭도
하고 그러잖아요. 그런데 저희는 아주 기본적인 사항들,
근로기준법을 지켜라 하는 내용으로 교섭해요. 그런데도
원장님들이 거부하시죠.

페페로 보육노조 현안들이 많이 있잖아요. 보육교사들의 경우
휴게시간이 잘 안 지켜지는 것, CCTV로 감시하는 것,
연차사용 강요하는 것, 임금반납(페이백) 강요 등 다
얘기하면 좋겠지만 이 중에서 '휴게시간'과 '연차사용
강요', '페이백'에 대해서 좀 더 듣고 싶어요. 노조가 이와
같은 문제들에 대해서 어떻게 대응하고 있는지, 또 현장을
바꾼 것들이 있는지 말씀해주시면 좋겠습니다.

미영 휴게시간 관련해서는 버스킹 행사를 하면서 홍보를
많이 했거든요. 그래서 이제 선생님들도 휴게시간에
쉬어야 하는 노동자라는 인식을 하고 있어요. 특히나
조합원분들은 휴게시간 꼭 지켜달라고 말씀하세요.

노조 차원에서 복지부 찾아가서 민원제기도 했고요. 지금은 저희 보육교사들 업무 형태가 좀 바뀌었거든요. 바뀐 내용이 현장에 잘 적용될 수 있도록 복지부랑 협의하고 있어요. 그리고 코로나19 때 무급휴가 강요, 연차휴가 사용 강요, 페이백 강요 문제가 많았어요. 그래서 작년에 페이백 근절 운동도 하고, 복지부도 찾아가고, 권익위원회와 함께 협업하면서 페이백이 많이 근절됐어요. 그게 벌써 1년 됐거든요. 이번 기자회견을 통해서 실제로 처벌받았던 원장들에 대해서 얘기했었고요. 원장들 연합회에서도 연락이 왔어요. 노조에 신고되어 있는 어린이집 있으면 알려달라고, 우리가 임금 돌려주라 하겠다고 얘기하더라고요. 페이백 신고 후에 처리가 느슨해지니까 다시 시도하는 원장들도 있었는데, 이제 예전의 선생님들이 아닌 거죠. 바로 신고해버리니까 페이백은 어느 정도 근절되어가고 있다고 생각해요.

페페로 보육노조가 현장에 끼친 긍정적인 영향이 참 많은 것 같네요. 노조 차원에서는 말씀을 많이 해주셨는데, 노조를 하면서 조합원들 개인적인 측면에서 느끼는 긍정적인 변화가 있을까요?

미영 선생님들이 어린이집이 재밌어졌다고 하셨어요. 아이들이 더 예뻐 보인다고 하더라고요. 노동환경이 안정적으로 변하다 보니까 스트레스 받을 일이 없잖아요. 그러니 선생님 본연의 모습이 나오는 거죠. 내일은 아이들이랑 어떤 수업을 할까 설레하고. 도살장 끌려가듯이 가는 게 아니라 출근길이 즐거운 거죠. 이 얘기를 들었을 때 정말 기분이 좋았어요.

페페로 우와, 방금 기사로 치면 헤드라인급의 문장이 나왔네요. 노조 활동 후, 어린이집 출근길이 즐거워지다! (웃음)

## 돌봄노동: 여성의 경제활동을 다른 여성이 받쳐주고 있는 상황

페페로 이제 여성노동자 관련한 쟁점으로 넘어가볼까 해요. 보육교사는 소위 말하는 '여초직업'으로 불리는데, 여초직업으로서 특별히 느끼는 문제점 같은 게 있으신가요?

미영 가장 큰 문제의식은 돌봄노동이 저평가되어 있다는 거예요. 그리고 돌봄은 여성이 해야 된다는 편견이 있죠. 제가 어렸을 때도 저희 엄마는 맞벌이임에도 불구하고 혼자 청소며 아빠 밥이며, 저희 도시락과 간식까지 다 준비해주신 완벽한 원더우먼이셨거든요. 할머니가 아프시면 병간호하는 것도 당연히 엄마 몫이었죠. 그런 모습을 보고 자랐기 때문에 저도 그게 당연한 거라고 생각했어요. 근데 제가 일을 해보니, 엄마가 되어 보니 절대 당연한 게 아니더라고요. 저도 지금 일을 하면서 집안일을 같이 하고 있잖아요. 어느 날 저희 아이가 밥을 다 먹고 "엄마, 내가 도와줄까?"라고 하는 거예요. 근데 갑자기 제가 기분이 너무 상하는 거예요. "네가 나를 도와주는 게 아니고, 우리가 한집에 같이 사는 공동체 구성원이라면 당연히 니가 해야 될 몫이야. 도와주는 게 아니야. 그리고 니가 너의 몫을 할 나이가 되었기 때문에 그냥 하면 돼"라고 얘기했어요.

페페로 아이가 좀 놀랐겠는데요(웃음)?

미영 그런데 어차피 아이들이 어릴 때부터 제가 노동조합 활동하는 것을 지켜보고 함께 현장을 다녔기 때문에 그런 말을 많이 들었어요. 제가 아이한테 저 말을 한 순간부터 저도 여성 노동자라는 것에 대해 생각하게 됐어요. 엄마들이 많이 실수하는 게 아들들은 부엌에 못 들어오게 하잖아요. 본인의 열악한 상황에 대해 안타까워하면서도 나중에는 며느리한테 자기 아들의 돌봄을 떠넘기는 상황이잖아요. 그러다 보니 남성들은 너무나 쉽게, 늘 돌봄을 받아왔기 때문에 소중한 걸 모르는 것 같아요. 돌봄노동이 소중하다는 것은 나중에 빈자리가 생겼을 때 느낄 수 있는 거거든요. 엄마의 부재. 갑자기 엄마가 아파서 병원에 입원했다든지 여행을 간다든지 했을 때 남성들이 되게 우왕좌왕하잖아요. 어떤 그릇이 어디 있는지도 모르는 경우가 많잖아요. 사람이 태어나서 자라고 다치거나 아프게 되는 모든 생애주기에 돌봄이라는 노동자들의 손길이 필요하니까, 돌봄노동자라고 국한할 게 아니라 누구나 돌봄을 해야 하는 상황이에요. 그런데 유독 여성들이 하는 돌봄노동은 굉장히 저평가되고 있고, 최저임금 수준을 받고 있고, 또

'너 아니어도 돼'라는 인식이 팽배해져 있죠. 이에 대한 가장 큰 문제는 여성들이 하는 돌봄을 전문적인 것이라고 인정하지 않는다는 거죠.

페페로 돌봄노동자 스스로도 돌봄노동을 전문적이라고 생각하지 않는 경우가 많죠?

미영 네, 맞아요. 그냥 엄마니까. 이번 코로나19 시기에도 돌봄노동자가 없었으면 경제활동이 멈췄을 것이라는 생각이 들어요. 코로나19 시기에 어린이집은 긴급보육을 했고, 보육선생님들이 보육환경에 있었기 때문에 아이를 맡길 수 있었던 거잖아요. 그렇기 때문에 양육자들이 마음 놓고 경제활동을 할 수 있었던 거고요. 현재는 모든 돌봄을 여성의 몫이라고 생각하고 있는데, 만약 돌봄노동이 없었다면 많은 여성들이 경력 단절을 겪었을 거라고 생각하거든요. 여성의 경제활동을 다른 여성이 받쳐주고 있는 상황인 거죠.

페페로 저희 마지막 질문이 여성들이 왜 연대해야 하는가였는데 여기서 대답이 벌써 나온 것 같아요.

미영 여성 노동자들이 연대해야 하는 건 이렇게 우리 노동이 연결되어 있기 때문이라고 생각해요. 여기 계신 노무사님들도 다 여성분들이신데, 다른 여성 노동자를 상담해주시면서 연대해주시면, 그분들이 또 자신의 권리를 찾게 되고, 자기의 자리에서 책임감 있고 전문적으로 일할 수 있게 되잖아요. 또 돌봄노동이라는 자리를 제가 지킴으로써 여성 노동자들의 경제활동을

원활하게 할 수 있도록 돕는 것이니만큼 여성들의 연대가
중요하다고 생각해요.

## 딱 한 발만 내딛어주신다면

페페로 혹시 출산휴가나 육아휴직 사용으로 불이익을 입는
보육교사님들도 많이 계신가요?

미영 많죠. 어제도 어떤 분이 임신했다고 하니까 해고됐다는
얘기 들었습니다.

페페로 혹시 이게 1년 단위로 계약을 하는 관행하고도 연결되는
문제일까요?

미영 1년 단위 단기계약도 문제이지만 더 중요한건 인식인
것 같아요. 저는 학부모님들이 선생님들한테 임신하면
안 된다고 하는 얘기를 들어본 적이 없어요. 오히려
임신하신 선생님을 보면 일하는 게 힘들지는 않을까
안타까워하세요. 영양제를 주시는 분들도 봤어요. 그런데
항상 원장이나 중간관리자의 생각과 인식 부재가 굉장히
심해요. 어린이집에서 일어나는 부조리나 부당한 일들은
다 원장의 인식 문제예요. 보육교사가 감정노동자로서
전혀 보호받지 못하는 것도요. 안타깝지만 하늘나라로
가신 선생님이 계시잖아요. 그것도 원장이 제대로 된
역할을 하지 못해서인 거죠. 학부모한테 민원이 왔으면
중간에서 조율을 잘해줘야 하는데, 오히려 발을 빼고
부추기는 경우가 많아요. 만약에 본인이 싫어하는 교사에

대해서 민원이 들어왔다 그러면 '옳다구나' 하는 거죠.

페페로   현재 보육노조는 여성 조합원 100%로 이루어졌는데, 다른 노동조합과 비교했을 때 두드러지는 특징이 있을까요?

미영   네. 제가 지부장 되고 많이 들었던 얘기가 노조 환경이 많이 바뀌었다는 거예요. 저는 아이 둘을 데리고 노조 활동을 했거든요. 제가 노조 활동할 때 제 아이들이 유아였어요. 회의할 때 아이들을 방치할 수 없잖아요. 그런데 저희는 보육교사들로만 이루어져있다 보니까 이럴 때 "아이 돌봐주실 분?" 할 수 있죠. 당연히 시급은 많이 드리고 식대랑 교통비도 지원해드렸어요, 지부 자체에서. 저희 노조에는 엄마 활동가들이 많아요. 그리고 저희 행사할 때 아이들 되게 많이 와요. 가끔씩 노조 중앙이랑 회의할 일이 생기잖아요. 그래서 회의할 때 아이들 데려갈 자리가 있냐고 물어봤더니, "아, 보육지부!" 이렇게 되는 거예요. 간식이랑 공간 다 마련해주세요.

페페로   노조 분위기 자체가 다르겠네요. 아이들이 있다 보니까 딱딱한 분위기가 아닐 것 같아요.

미영   아이들은 어르신들한테도 막 '형', '누나' 이래요. 기자회견 가서도 기자분들한테도 그래요. 노조 내 큰 행사가 있을 때 여성 노동자들에 대한 인식이 많이 바뀌는 것 같아요.

페페로   기존에 노동조합에 대한 이미지, 막 빨간 띠 두르고 있는 남성들이 대표적인데, 보육노조가 활동하는 모습을 보면 그 생각이 바뀔 수 있을 것 같아요.

미영　어린이집에 가보면 되게 아기자기하잖아요. 저희 다 그런 거 좋아하거든요. 노조마다 색깔이 다른데 저희 보육노조의 색깔은 아기자기함인 것 같아요(웃음).

페페로　조합 활동 외에 조합원들끼리 취미생활을 같이 하기도 하나요?

미영　코로나19 때문에 지금은 많지 않지만, 아이가 있는 조합원들은 같이 만나서 많이 놀러 다녀요. 저희 노조는 마스코트가 있어요. 빠꾸하고 별이라고. 큰 강아지거든요? 그 안내견 하는 리트리버. 아이들이 이 친구들이 오면 회의 참석을 해요. 같이 안고 뛰는 거예요.

페페로　빠꾸랑 별이는 조합원들 반려견인가요?

미영　네, 저희 조합원들. 지회장님하고 사무국장님 아이들이에요. 연말에 송년회할 때 아이들한테 상 주거든요. 너희가 있었기에, 엄마를 뒷바라지해서 상을 준다고 하면서 '뒷받침상' 같은 거. 아이들은 되게 신나하거든요. 빠꾸랑 별이한테도 큰 뼈다귀 선물을 줘요. 그 전에 가족의 단위는 엄마, 아빠, 아이들, 이렇게 사람으로만 생각했는데, 반려견하고 사는 것도 가족이고, 여성이 혼자 살 수도 있고, 가족의 형태가 다양할 수 있다는 생각을 하게 됐어요. 노조 활동을 하면서 배운 거죠.

페페로　마지막으로 여성 노동자에게 하고 싶은 말이나 보육노조 홍보를 위한 한마디 부탁드립니다. 최근에 젊은 여성분들을 조직하시기 위해 노력하는데 잘 안 된다는 얘기를 들었습니다(웃음).

미영  어떡해, 왜 홍보할 생각을 못했을까요(웃음). 일단은
      선생님들께서 보육 현장은 다른 곳보다 블랙리스트
      때문에 활동하기 힘들다고 생각하시는데, 이게 보육
      현장만 그런 건 아니에요. 어떤 직군이나 어려운 점이
      있을 수 있는데, 부당한 대우를 받고서도 스스로 말을
      하는 게 두려워서 말을 하지 않는다면, 눈감아준다면,
      현장은 바뀌지 않아요. 한 발을 내딛는 건 힘들지만,
      그다음에 또 한 발 내딛는 건 정말 쉽거든요. 한 발만
      내딛어주시면 함께 손잡아드리겠습니다. 조금만 힘내셔서
      노동조합 문을 똑똑 두드려주셨으면 좋겠습니다.

# 일터에서 지지 않는 법

: 일하는 여성을 위한
 여성 노무사 4인의
 실전 코칭

© 이슬아, 최여울, 여수진, 김한울, 2024

| | |
|---|---|
| 발행일 | 초판 1쇄 2024년 5월 2일 |
| 지은이 | 페페로: 이슬아, 최여울, 여수진, 김한울 |
| 기획 | 헬북 |
| 편집 | 헬북, 김유민 |
| 디자인 | 순순아빠 |
| 펴낸이 | 김경미 |
| 펴낸곳 | 숨쉬는책공장 |
| 등록번호 | 제2018-000085호 |
| 주소 | 서울시 은평구 갈현로25길 5-10 A동 201호(03324) |
| 전화 | 070-8833-3170 |
| 팩스 | 02-3144-3109 |
| 전자우편 | sumbook2014@gmail.com |
| 홈페이지 | https://soombook.modoo.at |
| 페이스북 | /soombook2014 |
| 트위터 | @soombook |
| 인스타그램 | @soombook2014 |

값 18,000원 | ISBN 979-11-86452-98-1   03330